KB252652

엄마 폭발

글쓰기로 자신을 보호해온 28인의 엄마 블로거 **지음 • 안진이 옮김**

 어른이 감정을 주체하지 못하고 징징거린다.

 생활연령이 3세로 후퇴한다.

 자신의 생각이나 입장을 이성적이고 논리적으로 표현하지 못하게 된다.

 자존감이 크게 손상되고 있다고 느낀다.

 모든 것이 파괴되는 한이 있더라도 자신의 목표를 이루려고 한다.

The shit hits
the fan
빵
엄마의 폭발은
어느 곳에서나 터진다

당신이 엄마라면 마땅히 그럴 자격이 있다

모성, 그것은 흔히 고운 빛깔로 채색된다. 자장가가 배경음악으로 흐르고 나비가 춤추며 꽃이 활짝 피어나는 가운데 우리, 즉 세상의 모든 엄마들은 천사로 묘사된다. 우리는 잘못을 저지르지 않는다. 우리는 아이를 키우는 엄마니까.

보호자, 엄마는 보호자다. 뭐든지 엄마의 손이 닿으면 더 좋아진다. 의사가 못 고치는 상처도 엄마의 뽀뽀 한번이면 싹 낫고, 아무리 예민한 아이라도 엄마의 부드러운 목소리를 들으면 누그러진다.

우리는 초자연적인 능력을 지니고 있다. 그래서 무거운 책임과 끝없는 폭풍처럼 밀려오는 할 일들 가운데에서도 언제나 사랑이 넘치는 반듯한 여인의 자태를 유지한다. 언제나… 어떤 상황에서도… 우리는 차분하게 대처한다.

헛소리 좀 그만 하자.

모성은 선명한 무지개가 뜨고 유니콘들이 오페라 아리아를 노래하는 장밋빛 동화가 아니다. 친구들이여, 육아는 홈드라마가 아니다. 솔직히 말해서 육아는 전쟁터 한가운데 설치된 고리 3개를 연달아 통과하는 서커스와 더 비슷하다. 우리는 무기를 몸에 둘러멘 서커스 곡예사다.

우리는 천사와 거리가 멀다. 때때로 우리는 '훈족의 아틸라(4세기에 로마를 침공했던 훈족의 지도자. 무시무시한 인물로 알려져 있다 - 옮긴이)' 마저도 테레사 수녀처럼 보일 만큼 사나워진다. 완벽? 그런 건 없다. 식은 죽 먹기처럼 쉬운 육아? 그런 것도 없다. 엄마들은 다 안다. 아빠들은 의아해할지도 모른다. 육아의 현실을 모르는 사람들은 이 책에 실린 비현실적이고 불쌍한 이야기들이 가짜이길 바라며 아직도 꿈만 꾸고 있다.

이 이야기들은 가짜가 아니다.

당신은 겁이 나는 게 당연하다.

겁이 아주 많이 나는 게 당연하다.

모든 엄마는 자기자신이 최대의 적이 되는 순간을 경험한다. 불과 100만 분의 1초 사이에 엄마의 아름다운 후광은 산산이 부서지고, 격렬한 감정에 사로잡혀 펄펄 뛰게 된다. 영원히 잊을 수 없는 순간이다. 그런 순간을 한마디로 표현한다면?

'엄마 폭발' 이다.

지금부터 소개할 이야기들은 폭발의 순간을 경험한 엄마들이 쓴 글이다. 어른인데도 너무나 힘들고 절망한 나머지 아이처럼 마구 난동을 피우고 싶었던 경험은 누구나 있을 것이다. 그럴 때마다 우리는 눈물을 흘린다. 절망한 채로 털썩 주저앉아, 벌써 수천 년째 내려오는 질문을 던진다. "왜 내게 이런 시련이 닥칠까?"

뚱이 더지더지 묻은 방, 공항 보안요원에게 모유를 검시당한 사연, 번화가 한 가운데서 낯선이와 큰 소리로 싸운 일 등 30명의 엄마 블로거들이 쓴 적나라한 이야기들을 서슴없이 공개한다. 어쨌든 우리는 살아남았고, 폭발이 찾아올 때마다 한 줄기 희망의 빛도 따라온다는 걸 알고 있으니까.

자, 와인을 한잔 따라놓고 푹신한 의자에 기대앉아 엄마들의 좌충우돌 이야기에 푹 빠져보자. 당신이 엄마라면 마땅히 그럴 자격이 있다.

차례

계획대로 되지 않는 일

리사 위더스푼

고백하건대 나의 '엄마 폭발'은 내가 아직 엄마가 되지도 않았을 때 시작됐다!

지금부터 그 이야기를 해보자.

임신 중에 반짝반짝 빛을 발하는 여자들을 아는가? 살이 적당히 찔 뿐 아니라, 완벽한 농구공 모양의 둥글고 예쁜 배에만 살이 붙는 여자들. 세련미 넘치는 임부복을 구해서 입고 다니거나, 신비롭게도 열 달 내내 임부복이 아닌 옷을 입고 다니는 여자들. 개중에는 막달까지 굽 높은 구두를 멋지게 소화하는 이들도 있다. 에너지가 왕성한 그들은 잡지에서 오려낸 것처럼 아기 방을 멋지게 꾸미는 일에도 적극적이다. 그들이 만삭 사진을 찍으면 머리 손질을 완벽하게 끝낸 슈퍼모델처럼 나온다. 당신도 그런 여자들을 만난 적이 있는가? 아, 혹시 당신이 그런 여자인가?

나는 그런 여자가 아니다. 

나는 그런 여자가 아니다. 나는 임신할 때마다 20킬로그램이 넘게 체중이 불었다. 발이 붓고, 손가락이 붓고, 얼굴도 부었다. 임신 3개월 무렵부터 임부복을 입기 시작해서 출산 후 3개월 정도까지 입었다. 괴상하게 부풀어 오른 나의 몸을 사진으로 남길 생각은 차마 해보지 못했다. 내 몸뚱이는 거대했다. 나는 불편하고 피곤하고 비참했다.

그 점을 염두에 두면서 그 여름으로 가보자. 그때 나는 첫 임신을 했고, 출산일을 코앞에 두고 있었다. 몹시 더운 7월이었는데 몸이 퉁퉁 부어 있었고 기분도 좋지 않았다. 사실 나는 분만을 일찍 하고 싶었다. 나의 직업은 교사여서 여름에 출근하지 않았기 때문에 가만히 앉아서 기다리는 것 외에 별다른 할 일이 없었다. 어서 진통이 시작되고 아기가 탄생하길 바랐다. 하지만 아기는 나의 바람에 따라주지 않았다.

모든 부모가 아기의 탄생을 기다리며 흥분과 기대를 하는 것처럼 우리 부부도 이제 태어날 우리의 첫 아기를 만날 생각에 흥분을 감추지 못했다. 더욱이 우리가 아기의 성별을 미리 알아보지 않았기 때문에 주변 사람들은 더욱 초조한 심정이었다. 병원에 와서 기다리고 있던 가족과 친지들은 모두 아기를 빨리 만나고 싶어 했다.

처음으로 부모가 되는 사람들이 흔히 그런 것처럼 우리 부부도 출산교실에 참석했고, 나는 나름대로 준비된 산모였다. 적어도 나는 그렇게 생각했다. 나는 분만의 각 단계에 대해 잘 알고 있었다. 양수가 터지는 게 어떤 건지, 내가 어떻게 힘을 줘야 하는지도 알았다. 내가 무통분만을 원치 않는다는 점에 대해서는 한 치의 의심도 없었다. 게다가 원래 나는 주사바늘을 싫어했다. 누군가가 커다란 바늘을 내 척추에 박아 넣는다는 건 생각만 해도 끔찍한 일이었다. 게다가 평소 나는 고통을 잘 참는 편이었기 때문에 마취제 없이도 산통을 견뎌낼 수 있을 거라고 확신했다.

혹시 기억하는지 모르겠지만, 이 글의 제목은 '계획대로 되지 않는 일'이다. 분만이 절반쯤 진행됐을 때 나는 진통제를 달라고 요청했지만 경막외 마취를 통한 무통분만은 극구 거부했다. 시간이 지나자 약효는 떨어졌고, 극심한 통증이 12시간 동안이나 계속되었다. 출산교실에서 배운 것이나 책에서 읽은 것과는 영 딴판이었다.

나는 다시 검사를 받았다. 간호사는 자궁 문이 7센티미터까지 열렸다면서 지금이 경막외 마취제를 주사할 마지막 기회라고 통보했다. 지금 거부하면 기회는 없다!

지푸라기라도 잡고 싶었지만 여전히 주사바늘이 무서웠던 나는 간호사에게 물었다. "앞으로 얼마나 더 걸릴 것 같아요?" 간호사는 바보 같은 질문이라고 생각하는 듯했지만 친절하게 답해줬다. "그건 알 수가 없어요. 앞으로 한 시간일 수도 있고 여섯 시간일 수도 있어요. 그보다 더 걸릴 수도 있죠. 분만은 원래 예측하기가 어려운 거예요.”

그때 내 귀에는 “여섯 시간”이라는 말밖에 안 들렸다. 그리고 “그보다 더”라는 말도. 여섯 시간? 그보다 더 길어진다고?

나는 ‘엄마 폭발’을 일으켰다.

정신을 차릴 수가 없었다. 그날 하루 동안의 모든 감정, 아니 아홉 달 동안의 모든 감정이 나를 짓눌렀다. 기쁨, 두려움, 흥분, 아픔이 너무 커져서 더이상 혼자 감당할 수가 없었다.

병원 침대에 앉아 있었는데, 내 지친 몸이 덜덜 떨리기 시작했다. 나는 울음을 터뜨렸다. 비탄에 빠져서, 격렬하게, 보기 흉한 모습으로 엉엉 울었다.

눈물이 얼굴을 타고 줄줄 흘러내리는 동안 나는 남편을 향해 불필요한 사과를 거듭했다. “정말 미안해. 이걸 여섯 시간이나 더 할 순 없어. 생각했던 것보다 훨씬 아프고, 너무 피곤하단 말이야! 마취 주사가 무섭긴 하지만 더는 견딜 수가 없어서 주사를 맞아야겠어. 미안해. 정말 미안해!”

그 폭발은 내가 나약한 사람이라는 증거라고 나는 생각했다. ‘나는 내가 생각했던 것만큼 강한 사람이 아니었어.’ 하지만 남편의 생각은 달랐다. 남편은 자궁 안에 직접 생명을 잉태하지는 않았지만 두근거리는 마음으로 함께 아기를 기다려왔고, 저녁마다 나와 함께 산책을 해준 사람이었다. 나의 병원 약속에 거의 매번 따라다녔고, 내가 꼬박 12시간 동안 고통스러워하는 모습을 지켜본 사람이었다. 내 손을 잡아주고 아픈 근육을 주물러준 사람이었다. 내가 그의 가슴팍에 얼굴을 파묻고 울던 순간, 그는 가만히 나를 안아주면서 감정을 표출하게 해줬다. 그는 내게 마취주사를 맞고 싶어 하는 게 나쁜 일은 아니라면서 다 잘될 거라고 말해줬다.

이윽고 나의 울음이 잦아들었다. 감정을 폭발시키고 나니 나에게 꼭 필요했던 정신적·감정적 이완 상태가 찾아왔다. 나는 남편의 격려와 위로에 힘입어 평정(분만 중인 여자에게 '평정'이라는 표현이 가당하기나 할까?)을 되찾을 수 있었다. 나는 다시 다음 단계로 나아갈 마음의 준비를 했다. 그리고 우리의 아기가 곧 나오기만을 기도했다.

잠시 후 마취과 의사가 왔다. 나의 남편, 내 마음의 소용돌이를 가라앉혀줄 유일한 약인 남편이 내 앞에 서 있었다. 남편은 나를 떠받쳐줬다(물리적인 의미에서도 그랬고, 비유적인 의미에서도 그랬다). 마취는 다음 진통이 찾아오기도 전에 끝났다. 거대한 주사바늘이 무섭다며 폭발까지 일으켰지만 막상 해보니 마취는 별것 아니었다. 분만의 고통이 너무 커서 마취주사의 아픔 따위는 느끼지도 못했다.

물론 마취제의 효과가 금방 나타나진 않았다. 하지만 마취가 된 후에 내가 느낀 건 위안밖에 없었다. 달콤한 위안. 12시간 동안 진통을 하면서 힘든 시간을 보내고 나서야 편안함에 가까운 상태에 도달한 셈이다. 몸의 긴장이 풀리고 더이상 고통이 느껴지지 않았다. 아마 내게는 바로 그런 게 필요했던 것 같다. 마취주사를 맞은 지 1시간도 지나지 않아 자궁문이 다 열렸기 때문이다. 이제 밀어내는 일만 남았다. 고문과 같은 고통도 없고 억눌린 감정도 다 쏟아냈으므로 아기를 밀어내는 일에 모든 에너지를 집중할 수가 있었다. 한 시간 정도 지나서, 나는 예쁘고 건강한 딸을 품에 안고 있었다. 생애 최초의 경험이었다. 갓 태어난 아기의 조금 부어오른 얼굴을 들여다보는 동안 환희와 자부심과 뜨거운 사랑이 나를 가득 채웠다. 폭발의 원인이 됐던 고통과 혼란과 온갖 부정적인 감정은 흔적도 없이 사라졌다.

그때는 몰랐지만, 분만실에서의 그 폭발은 그 후에 내가 경험할 수많은 폭발 중 하나에 불과했다. 그때 이후로 나는 딸을 둘이나 더 낳았다. 폭발도 여러 번 있었는데, 어떤 것은 크고 어떤 것은 작았다. 아이들이 말을 잘 듣지 않아서 화가 날 때 나는 고래고래 소리를 질렀다.

하지만 지금 돌아보면 내가 아직 엄마가 되지도 않았을 때 분만실에서 일으켰던 첫 폭발은 나에게 아주 중요한 교훈을 선사했다. 엄마 역할이란 내가 최선을 다하더라도 계획대로 되는 게 아니다! 때로는 계획에 사소한 변화가 생긴다. 아기가 조금 늦게(아니면 조금 일찍) 세상에 나오거나, 아이들이 장염에 걸리거나, 축구시합이 취소되거나 하는 일들이 그렇다. 때로는 계획을 대폭 수정해야 한다. 직장 때문에 다른 곳으로 이사를 가야 한다거나, 애완동물의 죽음을 경험하거나, 집안형편이 어려워지거나 하는 일들이 그렇다.

확실하게 말할 수 있는 건, 모든 일은 계획대로 되지 않을 때가 있다는 것이다. 계획이 틀어지면 나는 화가 나기도 하고 슬퍼지기도 하고 겁이 나기도 한다. 나는 또 폭발을 일으킬지도 모른다. 여러 번 폭발할지도 모른다. 하지만 지금에 와서 돌아보니, 나의 폭발들은 피할 수 없는 것이었지만 오래 가지는 않았다. 대개의 경우 폭발의 맞은편 끝에 더 나은 결말이 나를 기다리고 있었다.

 블로그 '더 골든 스푼스(The Golden Spoons)'

리사 위더스푼(Lisa Witherspoon)은 전업주부이며 '스푼' 집안의 가사 부서 총괄책임자다. 여행사 영업사원인 남편과 15년째 살면서 세 딸을 키우고 있다. 리사가 주로 하는 일은 다음과 같다. 컴퓨터 앞에 앉아 글을 쓰면서 소셜미디어의 동향 살피기, 미니밴을 택시처럼 활용해서 딸들을 각종 행사와 수업에 데려다주기, 가족들이 좋아하지 않을 확률이 높은 새로운 조리법에 도전하기, 자원봉사 요청에 "예"라고 대답하기. 리사는 그녀의 기쁨과 슬픔과 추억을 '골든 스푼스' 블로그에 기록한다.
www.the-gold-spoons.com
www.facebook.com/TheGoldenSpoons

하 하 하!
임신이래!
날 찍었군.
마들아~
한 가지만.
응?!
우아~!
다니엘레,
행복한 거
맞죠?
당연히 행복하지.
그날 밤 와인 한 병과
초밥 한 접시의 기적이야.

'진상' 환자 그리고 엄마의 시작

다니엘레 헤르조그

생리가 사흘이나 늦어지고 있었다. 우리 부부가 아이를 가지려고 노력하기 시작한 지 한 달도 채 되지 않았을 때였다. 사람들은 우리에게 피임약을 끊더라도 임신을 하려면 몇 달은 걸릴 거라고 충고했다. 그래서 임신 테스트기에서 긍정적인 신호를 발견했을 때 나는 화들짝 놀라서 어쩔 줄 몰랐다.

나는 비슷한 상황에 처한 다른 여자들이 으레 하는 행동을 했다. 두 번째, 세 번째, 그리고 네 번째 테스트를 해본 것이다. 솔직히 말하자면 그 두 번째, 세 번째, 네 번째 테스트는 한꺼번에 해버렸다. 그 다음에는 비슷한 상황에 처한 다른 여자들이 잘 하지 않는 행동을 했다. 곧바로 차를 몰고 산부인과에 간 것이다.

그렇다. 예약도 하지 않고 무작정 산부인과로 달려갔다. 그러고는 접수대 앞에서 이렇게 말했다. "어…. 혈액검사를 해보고 싶어요. 임신 테스트기에 임신이라고 나왔는데 그럴 리가 없거든요."

놀라지 마시길. 그다음의 내 행동은 상상을 초월한다. 나는 접수대 안내원의 책상 위에 나의 임신 테스트기를 올려놓았다. 정말이다. 그녀에게 그걸 보여주려고 책상 위에 올려놓은 것이다. 아, 물론 뚜껑은 닫혀 있었지만 그렇다고 해서 덜 역겨웠을 것 같진 않다. 안내원은 아주 침착한 태도를 유지하면서 테스트기를 쳐다봤다. "임신이네요. 이제 제 책상에서 그것 좀 치워주실래요?"

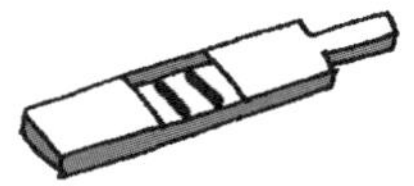

나는 겸연쩍은 몸짓으로 테스트기를 집어 들었고, 안내원은 옆에 있던 항생제 묻힌 천으로 책상을 닦기 시작했다. 나는 그녀에게 이야기를 계속했다. 내가 벌써 임신했을 리가 없으니 혈액검사를 꼭 해봐야겠다고. 그러자 사람들이 이상한 눈으로 나를 쳐다보기 시작했다. 나는 곧 하늘로 날아가려는 비행기처럼 두 팔을 격하게 휘두르면서, 대기실에 있는 모든 사람을 향해 열변을 토하고 있었다. 나는 15년 동안 피임약을 먹다가 끊은 지 며칠밖에 안 됐다고요. 딱 하룻밤 데이트를 했는데 임신했을 리가 없잖아요. 와인 한 병과 맛난 초밥 한 접시로 아기가 생긴다는 게 말이 되나요?

고맙게도 무한한 인내심을 지닌 그 안내원은 간호사를 불렀다. 내가 타당한 요구를 해서 그랬다기보다는, 애먼 구경꾼들의 눈앞에 대고 임신 테스트기를 흔들어대면서 끊임없이 떠드는 미친 여자로부터 자신을 보호하기 위해서였을 것이다. 간호사는 혈액검사를 하기 위해 나를 안쪽으로 데려갔다.

피를 뽑는 동안 간호사가 내게 말했다. "있잖아요, 부인은 임신일 가능성이 높으니까 그냥 사실을 받아들여야 할 거예요."

아니, 아니, 아니지. 이 사람들이 왜 자꾸 터무니없는 소리를 하지? 내가 아기를 원했던 건 사실이다. 하지만 이건 아니다. 마음의 준비를 할 시간이 몇 달쯤은 있을 줄 알았다. 생리주기 달력을 써볼 시간이나(내가 그걸 이해하고 있다는 뜻은 아니다), 한 시간 만에 모든 사람의 육아 고민을 해결해 준다는 천재적인 영국인 보모(〈베이비 위스퍼〉의 저자인 트레이시 호그를 가리킨다 - 옮긴이)에게서 조언을 구할 시간이 있을 줄 알았다.

혈액검사가 끝나자 안내원은 나에게 검사 결과를 기다리는 동안 밖에 나가서 아기용품이라도 구입하라고 말했다. 그녀는 한 시간 안에 연락을 해주겠다고 했다.

그 한 시간은 내 인생에서 가장 긴 시간이었다. 나는 우선 커피를 마시러 갔다. 정말 임신한 거라면 커피를 마시면 안 된다는 것 정도는 알고 있었다. 그렇지만 나는 임신이 아닐 거라고 나름대로 확신하고 있었으므로 더블 에스프레소에 초콜릿 넣은 커피를 주문했다. 그걸 마신 후에는 저항하기 어려운 어떤 힘에 이끌려 유아용품 매장 안으로 들어갔다. 나는 어슬렁거리면서 물건을 집어 들었다 다시 내려놓았다. 59분 동안 같은 행동을 반복하다가 마침내 가구 매장의 편안한 1인용 소파에 앉았다. 아기들이 앙앙 우는 모습과 큰 아이들이 진열대에서 물건을 막 꺼내는 모습을 보니 내 앞날이 저럴 수도 있다는 생각에 덜컥 겁이 났다. 엄마들은 모두 지칠 대로 지쳐 보였고 미장원에도 못 다녀온 모습이었다. 나는 40분이나 투자해서 반듯하게 편 내 머리카락을 만져보면서 두 눈을 질끈 감았다.

1시간 경과. 나는 그 놀랍도록 편안한 소파에서 벌떡 일어나 산부인과에 전화를 걸었다. 내가 이름을 말하자 안내원은 웃음을 터뜨렸다. 그녀는 깔깔 웃으며 짧게 대답했다. "제가 말씀드린 대로예요."

나는 전화를 끊었다. 두 눈을 감고 소리 없이 울었다. 그 소파에 10분쯤 더 앉아 있으면서 울었던 것 같다. 얼굴에서 손을 떼고 깊은 숨을 들이마셨을 때, 나는 그게 기쁨의 눈물이라는 사실을 깨달았다. 너무너무 기뻐서 흘리는 눈물.

나는 그렇게 해서 내가 임신했다는 사실을 확인했다. 그날 나는 다짜고짜 병원에 찾아갔고, 죄 없는 안내원의 책상 위에 임신 테스트기를 놓았고, 유아용품 매장에서는 물건을 훔치려는 사람처럼 수상쩍게 행동했다. 하나 더 알려줄까? 과거로 돌아간다 해도 나는 아무것도 바꾸지 않을 것이다. 그날은 내 인생 최고의 날이었으니까.

 블로그 '마티니스 앤 미니밴스(Martinis and Minivans)'

다니엘레 헤르조그(Danielle Herzog)는 '마티니스 앤 미니밴스'라는 블로그를 운영한다. 그녀의 블로그는 종일 미니밴을 몰고 돌아다닌 후에 마티니 한 잔을 간절히 원하는 모든 사람을 위한 곳이다. 아니, 어떤 이유로든 마티니를 원하는 모든 사람에게 열려 있는 곳이다! 뉴욕에서 엄마로 살고 있는 다니엘레는 7년 전부터 자유기고가로 활동하고 있으며 다소 풍자적인 글을 쓴다.

www.martinisandminivans.com
www.facebook.com/MartinisAndMinivans

드디어 엄마폭발!
너 그러다 엄마한테 혼날 텐데?
그만! 그만!
아들! 그만,
위이잉!…

"깨진 유리는 엄마가 치워!"

제니퍼 켈

당신은 우리 아들을 모를 것이다. 만약 안다면 당신은 십중팔구 이런 말을 할 것이다. "몇 살이에요? 일곱 살이라고요? 정말요? 이 아이가 방금 나한테 열역학 제2법칙을 설명해 주었는데요? 나는 열역학 제2법칙이라는 게 있는 줄도 몰랐어요." 그러면 나는 고개를 끄덕이며 이렇게 대답할 것이다. "네, 얘가 원래 그래요. 하하. 희한한 일이죠? 얘가 어떻게 그런 걸 외우는지 저도 모르겠어요." 그리고 마지막으로 이렇게 덧붙이고 싶다. "그건 축복인 동시에 저주랍니다."

축복인 동시에 저주. 축복과 함께 오는 저주. 저주… 저주… 저주… 저주라는 말이 내 머릿속에서 메아리친다.

우리 부부는 아들에게 '해체주의자'라는 별명을 붙여줬다. 아들이 뭐든지 분해하는 일을 너무나 좋아하기 때문이다. 나는 아들의 행동을 격려해 주는 편이다. 그러면서 언젠가 그 반대의 일도 일어나기를, 그러니까 아들이 뭔가(저렴한 로봇 장난감이라든가 하늘을 나는 자동차 같은 것)를 조립하는 날이 오기를 내심 바라고 있다.

당신이 우리집에 와서 집안을 돌아보면 다 뜯긴 카세트테이프, 무선조종 자동차 내부에 있던 부품, 그리고 집 앞 차도에 흩어진 드라이어 부속품을 발견할 것이다.

때때로 우리 아들은 대단히 정밀한 손놀림으로 자기가 보고 있는 '환자(?)'에게서 부품을 제거한다. 그래서 나는 아들이 나중에 의사가 될 거라는 생각도 해본다. 말이 나왔으니 말인데 우리 아들은 완벽한 연장(크기가 딱 맞는 스크루드라이버라든가 끝이 바늘처럼 뾰족한 펜치 따위)을 찾아내기 위해 굉장히 공을 들인다. "엄마, 엄마가 얼굴에서 털을 뽑을 때 쓰는 도구 어디 있어?"와 같은 질문에 나 역시 친절하게 답해준다. 연장을 찾은 아들이 나에게 연속 30분이라는 기적 같은 시간을 선사해서 마카로니치즈(mac and cheese : 삶은 마카로니에 치즈소스를 곁들인 것으로, 미국인에게는 라면처럼 대중적인 음식이다. - 옮긴이) 요리를 만들 수 있게 해주는 경우에 한해서 말이다.

항상 그렇게 순조로운 건 아니다. 때때로 우리 해체주의자가 조심성 없이 행동하는 날이면 나는 아들이 나중에 의사가 되리라는 생각을 버린다. '그래, 건조물 철거 전문가나 해라.' 그런 날이면 해체주의자는 꼭 이런 질문을 던진다. "아빠가 쓰는 망치 어딨어? 내 망치는 손잡이가 짧아서 세게 때릴 수가 없단 말이야." 그런 날이면 나는 아들에게 망치질이든 해체 작업이든 조립이든 간에 마당에 나가서 하라고 말한다. 그리고 엄청나게 시끄러운 소음을 줄이기 위해 나만의 방법을 쓴다. 아들이 뒤뜰에서 작업하는 동안 음악을 크게 틀어놓고 다른 일에 집중하기. 그런데 알고 보니 그것도 축복인 동시에 저주였다.

우리가 쓰던 드라이어기 고장 나서 새 드라이어를 장만했을 때의 일이다. 해체주의자는 "저걸 갖다 버리기 전에 분해를 해봐도 돼?"라고 물었다. 나는 문제될 게 없다고 판단했다. 어차피 고장난 드라이어인데 뭐. 기계가 작동하지도 않을 거고, 어차피 나중에는 집 앞에 내놓고 고철 모으는 아저씨에게 주워 가라고 할 텐데 뭐. 그래서 우리는 고장난 드라이어를 뒤뜰에 내놓고 아들에게 마음대로 가지고 놀라고 했다.

돌이켜보면 아들이 연장통을 가지러 집안에 들어왔을 때 내가 더 신경을 썼어야 했다. 아들이 아빠의 망치가 필요하다며 계단을 내려갔을 때 내가 뭔가를 느꼈어야 했는지도 모르겠다. 아들이 보안경이 어디 있는지 물었을 때 나는 빨간 신호등이 켜졌다는 사실을 감지했어야 했다.

처음에는 조용했다. 아들은 외과의사에 필적하는 섬세한 손놀림으로 스크루드라이버와 렌치와 내가 이름도 모르는 다른 연장들을 사용하고 있었다. 뒤뜰을 살짝 내다보니 드라이어의 각종 부속이 바닥에 나뒹굴고 있었다. 나는 빙그레 웃으며 속으로 생각했다. '저런 경험을 통해 귀중한 걸 배우겠지. 어쩌면 최초로 뭔가를… 만들어낼지도 몰라.' 나는 원래 하던 일(글쓰기, 청소하기, 이메일에 답하기, 요리하기)을 계속했다. 아들이 적어도 한 시간쯤은 바쁠 거라고 예상했다. 그런데 쾅쾅 소리가 나기 시작했다. 뭐가 잘 안 돼서 쾅쾅 두드렸는지, 아니면 신이 나서 그랬는지는 나도 모르겠다. 드라이어 내부의 뭔가를 꺼내려고 했을까, 아니면 그저 기계를 부수려고 했던 걸까? 어쨌든 바깥을 내다보니 아들이 드라이어 뒤쪽에다 망치질을 하는 모습이 눈에 들어왔다. 나는 그걸 음악을 더 크게 틀고 아예 청소기까지 틀어야 한다는 신호로 받아들였다.

그래서 나는 그렇게 했다. 얼른 청소기를 틀었다. 침실과 놀이방에 이어 온 집안을 다 청소했다. 온갖 지저분한 것들을 청소기로 빨아들이면서 내가 좋아하는 디스코 음악을 흥얼거렸다. 음악은 부엌에 있는 나의 작은 아이팟 전용 스피커에서 흘러나오고 있었고, 부엌 바로 옆에는 뒤뜰로 통하는 작은 문이 있었다. 만약 그때 부엌에 있는 다섯 개의 창문 중 하나를 통해 밖을 내다봤더라면 내 심장은 1분간 멈췄을 것이다. 그때 알았더라면 바로 코앞에서 벌어지고 있는 무분별한 파괴 행위를 막을 수 있었을 것이다.

그건 나의 불찰이었다. 사실이 그렇다. 우리 아들은 그 망치로 뭘 하다 익숙해지면 환희에 가까운 기쁨을 느낀다. 그리고 그 기쁨이 지나치게 커진 나머지 쾅쾅 두드리는 일을 계속하고 싶은 충동에 사로잡히게 된다. 나중에는 모든 이성을 상실한다. 쾅쾅 소리에 리듬이 생기기 시작했을 때 나는 아들이 이미 무아지경에 가까운 상태라는 걸 깨달아야 했다. 아들은 파괴를 위한 파괴를 하고 있었다. 하지만 나는 거기까지 생각하지 못했다.

그래서 나는 청소기를 다 돌리고 나서야 창밖을 내다봤다. 그 순간 내 눈은 만화 속의 한 장면처럼 툭 튀어나왔고 **커다란 느낌표가 내 머리 주위를 빙빙 돌았다.**

아들이 드라이어 앞쪽의 강화유리를 자디잘게 부숴놓았다. 아주 작은 유리 조각들이 뒤뜰의 파티오(뜰의 일부에 포석을 깔아서 테라스처럼 만든 곳 - 옮긴이)와 화단에 사방팔방 흩어져 있었다. 아들은 개중에서 큰 유리 조각들을 쾅쾅 내리쳐 더 작은 조각들로 만드는 데 푹 빠져 있었다.

나는 충격과 공포에 휩싸였다. 나는 뒤뜰로 달려가면서 폐에 무리가 갈 만큼 큰 소리로 외쳤다. "그만! 그만! 그만!" 해체주의자는 흥에 겨운 몸짓으로 있는 힘껏 유리를 내리치고 있었다. 망치를 휘두를 때마다 소리 내어 웃었다. 산산조각 난 강화유리가 사방으로 날아가고 있었다. 나는 아들의 성과 이름을 한꺼번에 불렀다. "퍼스트 미들 라스트(First

Middle Last)! 그만!" 그리고 나는 겁도 없이 가까이 다가갔다.

드디어 아들이 나를 처다봤다. "왜?"

"뒤뜰에 유리 조각이 가득하잖아!" 이제 내 목에서는 항상 목이 쉬어 있는 마녀 같은 소리가 나왔다. 우리는 부모와 아이가 흔히 하는 대화를 시작했는데, **나중에는 내 머리를 망치로 내리치고 싶어졌다.**

"응? 엄마가 이거 가지고 놀아도 된다고 했잖아. 내 마음대로 하라면서?"

"그래, 가지고 놀라고 했지, 유리를 깨라고 한 적은 없잖아!"

"이게 유리인 줄은 나도 몰랐어. 플라스틱인 줄 알았거든."

"유리라는 걸 알았으면 그만뒀어야지."

"그게, 재미있었거든." 

이 시점에 내 목소리는 유리를 깰 수도 있을 것 같은 소리로 변했다. 아직도 깰 수 있는 유리가 남아 있다면 말이다. "재미있었다고? 재미?! 이걸 다 치우는 일은 어떨 것 같니? 재미있을 것 같아?"

"아, 하지만 내가 치울 수는 없잖아." 아들은 진지한 말투로 대답했다.

"너도 치울 수 있어. 지금 당장 엄마랑 같이 이걸 치우자."

“전에는 나더러 깨진 유리를 만지지 말라고 했잖아. 유리가 깨질 때마다 엄마가 그랬어. 유리를 다 치울 때까지 방에서 나가 있으라고 했어. 그러니까 이것도 엄마가 다 치워.”

“뭐?! 너 말 다 했어? 엄마가 치우라고?! 이 말썽쟁이야, 당장 이 유리를 다 치워. 안으로 들어가서 목장갑을 가져와. 이 근사한 아이디어가 떠올랐을 때부터 장갑을 꼈어야지. 얼른 목장갑 가져와서 엄마가 유리 치우는 일을 도와야 한다.”

해체주의자는 매우 짧게 대답했다.

“싫어.”

“뭐? 싫어? 너 상황 파악이 안 되니? 이 난장판을 만든 건 너야. 엄마가 아니라고. 네가 책임질 일이야. 그래서 엄마가 너보고 책임을 지라고 말하는 거다. 여기저기 유리 흩어진 거 보이지? 유리 조각이 하나도 없다는 걸 확인하기 전까지는 개들을 마당에 풀어놓을 수도 없어. 그랬다간 동물병원 응급실에 가야 하니까.”

아들은 멍한 표정으로 나를 응시했다.

“얼른 가서 장갑 가져와.”

나는 옆문을 통해 집안으로 들어가서 빗자루와 쓰레받기를 가지고 다시 나왔다. 아들은 장갑을 찾기 위해 파티오에 난 문으로 들어갔다. 10분쯤 유리를 치우던 나는 아들이 청소를 돕고 있지 않다는 사실을 문득 깨달았다. 옆문 쪽으로 가서 아들을 불렀다. 그런데 옆문은 잠겨 있었다. 어라. 내가 빗자루를 가지고 나오면서 습관적으로 잠가버렸나 보군. 나는 파티오 문 쪽으로 걸어갔는데 그 문도 잠겨 있었다. 젠장. 이 문은 저절로 잠기지 않는데. 나는 문을 쾅쾅 두드리며 아들의 이름을 부르기 시작했다. 큰 소리를 치고, 비명을 지르고, 쿵쿵 두드리기를 계속했다. 개들이 미친 듯이 짖어대며 문을 향해 펄쩍 뛰어오르다가 흥분해서 발작 직전까지 갔다. 나의 상태도 개들과 비슷했다.

갑자기 모든 소음이 사라졌다. 개들이 더 크게 짖을수록 다른 소리도 더 크게 들렸다. 점점 커지는 텔레비전 소리. 그 소리는 개 짖는 소리, 나의 비명 소리, 뒷문의 마녀 같은 내 목소리를 압도하고 있었다.

TV가 있는 방의 창문을 쾅쾅 두드렸다. 하지만 창문을 덮어놓았기 때문에 아들은 나를 볼 수가 없었다. 나는 화가 나서 부글부글 끓었다. 예전에 바깥에 감춰둔 열쇠를 미친 듯이 찾기 시작했지만, 사실은 열쇠가 그곳에 없다는 걸 알고 있었다. 지난번에 내가 실수로 옆문을 잠갔을 때 썼기 때문이다.

이럴 때 나는 아이들이 도무지 이해가 안 된다. 해체주의자는 정말로 그렇게 생각하는 걸까? 자기가 나를 무시할수록 나는 점점 화가 나는데, 그게 자기에게 유리하다고 생각하는 걸까? 정말로 내가 영영 집안에 들어가지 않기를 바라는 걸까?

다행히 바로 그때 남편이 차를 몰고 나타났다.
"뭐 하는 거야?"

"열쇠 찾고 있어." 소리를 질러댄 탓에 내 목소리는 거칠거칠했다.

"당신 좀 이상한데? 애는 어디 있어? 어쩌다 둘이 갇힌 거야?"

"둘이 갇힌 게 아냐. 당신 아들이 날 가뒀어."

"뭐라고? 대체 왜?" 남편은 내 뒤쪽을 가리키며 물었다.

"앗! 저런 짓을 하도록 놔둔 거야?"

"그걸 질문이라고 해? 내가 저런 짓을 하도록 놔뒀냐고? 유리를 깨부술 줄 내가 어떻게 알았겠어?"

"애한테 망치를 왜 줬는데?"

"내가 망치를 준 게 아니거든. 원래 자기 망치가 있잖아. 그리고 드라이어를 가지고 놀아도 된다고 우리가 허락했잖아."

"그래도 이런 일이 벌어지지 않게 잘 봤어야지."

"잘 봤어야 한다고? 미리 알았어야 한다고? 그럼 이게 내 탓이란 말이야? 당신 아들이 온 마당에 유리 조각을 뿌려놓았고, 이제 개들이 목욕하러 밖에 나오면 발을 다칠 거고, 아들이 날 가둬버렸는데, 이게 내 잘못이라고?"

내 목소리는 더 높아지고 신경질적으로 변했다.

"**됐어. 이건 당신이 처리해.** 그렇지 않으면 당신이랑 당신 아들은 앞으로 쫄쫄 굶고 살 거야. 그리고 다시는 날 못 볼 거야."

"뭐? 내가 왜?"

“이걸 나더러 치우라고 했다간 우리가 다같이 10시 뉴스에 나올지도 몰라. 그러니까 얼른 그 문을 열고, 자동차 열쇠를 주고, 저 끔찍한 뒷마당을 치우란 말이야.”

나는 열쇠와 가방을 잡아채다시피 해서 재빨리 집에서 멀어졌다.

몇 시간 후 나는 집으로 돌아왔다. 그래도 나는 엄마이기 때문에, 남편은 요리를 할 줄 모르고 아들은 굶고 있을 게 분명하기 때문에 죄책감이 느껴졌다. 집에 가보니 남편이 마지막 유리 조각을 청소기로 치우고 있었다. 실내에서만 쓰는 청소기가 나와 있는 게 거슬렸지만 차마 그걸 지적할 수는 없었다. 사실은 이렇게 말하고 싶었다. “당신 지금 뭐 하는 거야? 그게 잘 하는 거라고 생각해?” 하지만 남편이 모처럼 호의를 베푸는데 트집을 잡을 수는 없는 법. 그래서 나는 그냥 안으로 들어갔다.

아들은 그래도 생각되는 바가 있었는지 후회하는 빛을 보이며 나에게 미안하다고 말했다. 나는 고개를 저었다. 아들은 다시 미안하다고 말하면서 나를 포옹했다.

“알았어, 우리 아가, 알았어. 하지만 정말 못된 짓이었던 거, 알지? 엄마를 마당에 가두다니. 유리를 깨놓고 안 치운 건 그렇다 치더라도, 문을 잠그고 엄마를 가둬버린 건 너무하잖아.”

그러자 아들은 울음을 터뜨렸다. 일단 진정이 되자 자신이 한 일을 깨닫고 진심으로 후회하는 듯했다. 아들이 가짜로 연기를 했다고 해도 그보다 효과가 좋을 수는 없었을 것이다. 내 마음은 다 녹아내렸다. 나는 아들을 꼭 안아주면서 말했다.

"괜찮아."

그래, 괜찮다. 그리고 내가 깨진 유리를 치울 필요가 없었던 게 천만다행이다.

 블로그 '마이 스큐드 뷰(My Skewed View)'

제니퍼 켈(Jennifer Kehl)은 홈스쿨을 하는 엄마이자 작가이며 음악에 조예가 깊은 사람이다. 자칭 감각처리장애 전문가, 식품 알레르기 전문가, 사진가, 혼란 수습 전문가, 존 쿠삭(영화배우) 애호가인 그녀는 자신을 하나의 범주로 분류하기를 거부하고(그건 지루하기 때문이다) 다방면으로 재미를 추구하며 산다. 그녀는 자신이 중요하게 여기는 것들을 '마이 스큐드 뷰'라는 블로그에 올려 사람들과 공유한다.
http://jenkehl.com
www.facebook.com/myskewedviewbyjenkehl

뻥
나도 저랬지!
오늘은 내 인생 최악의 날이야! 으앙
마녀 아바타!
엄청 소리 질러!

세상에서 제일 행복한 곳에
와서 왜 우세요?

다나 헤멜트

디즈니월드. 이 말만 들어도 아이들의 얼굴은 환해진다. 그런데 세상 없이 조용하고 침착한 부모들이 디즈니월드라는 말에 길길이 뛰며 화를 내기도 한다.

나는 디즈니월드를 사랑한다. 남편과 아이들도 그렇다. 우리가 맨 처음 디즈니월드에 간 건 딸 그웬이 다섯 살, 아들 제임스가 두 살이었을 때였다. 두 아이는 알라딘과 아기곰 푸우를 비롯한 온갖 캐릭터를 만날 때마다 기뻐하며 포옹을 하고 사인을 받기 위해 수줍게 수첩을 내밀었다. 제임스는 아직 오후 낮잠을 잘 나이였으므로 우리는 날마다 한두 시간씩 쌍둥이용 유모차를 펼치고 쉬면서 긴장을 풀었다. 그건 마법 같은 휴식이었다. 적어도 나는 그렇게 기억하고 있다.

우리 가족이 두 번째로 디즈니월드를 찾은 건 2년 후였고 그때 아이들은 각각 일곱 살과 네 살이었다. 어쨌든 우리는 디즈니월드에 와 있었다. 그러니까 사소한 불편쯤이야 참아줄 수 있었다. 구피Goofy(개를 모티브로 한 디즈니 애니메이션 캐릭터)와 포옹할 때 아이들의 얼굴에 떠오른 웃음은 나를 굉장히 행복하게 해줬고, 아이들이 일종의 롤러코스터인 '선더마운틴 레일로드'를 타면서 비명을 지르고 킥킥거리며 고함치는 소리는 음악처럼 감미롭게 들렸다. 제임스가 8달러짜리 문신을 새기고 싶다고 졸라댔을 때 나는 기꺼이 들어줬다. 비록 문신은 몇 시간 후 딸아이가 제임스의 팔에 선크림을 발라주다가 떨어지고 말았지만. 제임스의 소원을 하나 들어줬으니 그웬에게도 레게머리 시술을 허락했다. 그놈의 레게머리는 두 달 동안 머리를 감아대도 유지되더니 어느 날 밤 그웬이 자는 동안에 고맙게도 떨어져 나갔다. 우리는 저녁마다 디저트를 먹었다. 나중에 집에 돌아가면 옷장 구석에 처박힐 기념품도 여러 개 샀다. 가장행렬이란 가장행렬은 다 구경하고, 하루는 저녁 9시까지 남아서 불꽃놀이를 봤다.

엡콧Epcot(플로리다 주에 위치한 디즈니 놀이공원의 이름 - 옮긴이)은 일반적으로 아이들이 별로 좋아하지 않는 곳이라고 한다. 하지만 우리 아이들은 그곳을 진심으로 좋아했다. '매직 킹덤Magic Kingdom(디즈니월드에 소속된 다른 놀이공원 이름-옮긴이)'에서 하루를 보내고 단잠을 잔 후 우리는 엡콧으로 갔다. '미래세계'는 그냥 지나치고 '세계박람회'로 곧장 가서 세계 각국의 전시관을 돌아봤다. 물론 새로운 나라로 갈 때마다 뭔가를 먹었다. '노르웨이 멜스트롬 Norway Maelstrom' 이라는 놀이기구를 두 번째 인가 세 번째로 타고 나서 우리는 은빛으로 빛나는 구 모양의 '스페이스 십 어스' 라는 놀이기구를 향해 걸어갔다. 스페이스십 어스는 엡콧의 상 징과도 같은 유명한 놀이기구였다.

그때였다. 내 손을 잡고 걸어가던 그웬이 징징거리기 시작했다. 정확 히 무엇 때문이었는지도 기억나지 않는다. 그웬은 피곤하다고 하면서도 아빠에게 안기거나 유모차에 타는 걸 거부했다. 배가 고프다고 하면서도 배낭에서 꺼내준 간식을 안 먹겠다고 했다. 그리고 그웬은 스페이스십 어스를 타기 싫다고 했다. 지난번에 왔을 때 그걸 탔던 일은 기억나지 않 지만 왠지 재미가 없을 것 같다고 했다. 그웬의 목소리는 점점 커지고 있 었고 징징거리는 소리는 톤이 높아져서 귀에 거슬릴 지경이었다. 그웬은 발을 동동 구르면서 한 발짝도 나아가지 않고 버텼다. 가슴 앞에 팔짱을 척 끼고 작은 엉덩이는 옆으로 틀었다.

그러더니 그웬은 결정적인 한마디를 던졌다. 그건 그때까지 그웬의 입 에서 나온 말 중에 가장 바보 같고 억지스러운 말이었다.

"오늘은 내 인생 최악의 날이야!"
딸아, 너 지금 장난하니?

나는 내가 잘못 들은 줄 알고 그웬을 향해 고개를 돌렸다. 이제 징징거 리는 울음소리는 진동수가 아주 높아져서 강아지들이나 들을 수 있을 듯

했다. 애가 그런 말을 했을 리가 없지. 지금까지 살았던 2,500일 중에 디즈니월드에서 보낸 오늘이 최악이라고? 소아과에서 주사를 세 대나 맞았던 날도 있잖아. 그날이 오늘보다 낫다고? 플라스틱 돌고래의 지느러미를 밟는 바람에 발을 다쳤던 날도 있잖아. 오늘에 비해 그렇게 아팠던 때가 무지개와 유니콘이라고? 나는 남편을 힐끔 쳐다봤다. 남편은 사태가 어떻게 전개될지 잘 알고 있었다. 7년 동안 함께 아이를 키우면서 말 없이 텔레파시로 소통하는 우리의 능력은 완벽에 가까웠다. 남편은 이번 전투에서는 당신이 우위에 있다고 텔레파시로 알려줬다.

나는 다시 매서운 눈초리로 그웬을 쳐다봤다. 그웬의 얼굴과 디즈니 공주 카디건에 닭똥 같은 눈물이 떨어지고 있었다. 먼저 물러서는 법이 없는 그웬은 내 시선을 정면으로 맞받으면서 "싫어"를 연발하기 시작했다. 부모들은 이게 어떤 상황인지 알 것이다. 이제 건널 수 없는 강을 건넜다. 내가 뭐라고 말해도 그웬은 "싫어"라고 대답할 것이다. 이 댐은 곧 터진다.

나의 시야가 좁아졌다. 세상은 그웬과 내가 마주보고 서 있는 가로세로 1.8미터 넓이의 사각형으로 축소됐다. 우리는 '세계박람회'와 '스페이스십 어스' 사이의 길 위에 서 있었다. 길에는 다른 가족들도 많았다. 감사하는 아이들과 평온해 보이는 부모들. 하지만 내 눈에는 아무것도 보이지 않았다. 내 눈에는 나의 귀중한 딸, 사랑하는 딸만 보였다. 마법 같은 휴가를 망치고 있는 딸.

다음에 일어난 일은 희미한 기억으로만 남아 있다. 나는 화를 꾹꾹 참으면서 그웬을 설득하기 시작했다. 너무 고집 피우지 말고 남들이 하는 대로 하는 것도 괜찮다고 설명했다. 그래도 소용이 없었기 때문에 이성과 논리를 포기하고 원망과 힐난으로 넘어갔다. 잠시 후 나는 중간 볼륨으로 그웬에게 소리를 질렀다. "넌 왜 그렇게 감사할 줄 모르니? 아빠가 이번 여행에 필요한 돈을 벌기 위해 얼마나 열심히 일했는데! 미키마우스를 만나고 싶어도 못 만나는 애들이 얼마나 많은지 알아? 여긴 세상에서 가장 행복한 곳이잖아! 디즈니월드에서 울고 있다는 게 말이 되니?"

내 목소리가 커질수록 그웬은 더 크게 울어댔고, 그웬이 눈물을 흘릴수록 나의 폭발 강도도 높아졌다. 이제 나의 시야는 정상으로 돌아왔다. 근처를 지나가던 정상적인 가족들은 웬 이상한 여자가 착하고 불쌍한 아이를 향해 꽥꽥 소리를 질러대는 광경을 보고 입을 딱 벌렸다. 엄마들은 눈길을 돌렸고 아빠들은 고개를 절레절레 흔들었다. 고분고분한 아이들은 놀이공원의 새로운 구경거리를 보듯이 우리를 쳐다봤다. "엄마, 엄마! 이 캐릭터는 줄을 안 서도 되나 봐요! 수첩에 '마녀왕비'의 사인을 받아도 되나요?" 이렇게 말하는 듯했다.

그때 현명한 남편이 내가 퇴장할 시점이라고 판단하고 차분하게 선수

교대를 해줬다. 나는 제임스의 손을 잡고 벤치에 앉아 있으면서 생각했다. '이 아이는 언제 나한테 대들게 될까?'. '폭발하는 엄마'가 다시 사랑하는 엄마로 돌아온 걸 확인한 아들 제임스가 나를 향해 미소를 지었다. 내 심장박동은 정상으로 돌아오고 줄줄 흐르던 땀도 멎었다. 어느 정도 마음을 가라앉힌 후에 다시 딸 쪽을 쳐다봤다. 그웬은 아빠의 손을 잡고 스페이스십 어스를 향해 걸어가고 있었다. 남편이 맹수를 어떻게 길들였는지는 알 수 없었지만 그건 아무래도 좋았다. 폭발은 끝났다. 마법의 장소에서 소동을 피웠다는 이유로 내가 수갑을 차고 끌려가지 않은 것만도 다행이다.

그 이후로 우리는 디즈니월드에 세 번이나 더 갔다. 다시 갈 때마다 폭발의 횟수는 줄어들었고 폭발의 정도도 약해졌다. '최악의 날'은 그후에도 몇 번 더 있었지만, 나는 그걸 고집 센 여자아이의 멜로드라마로 여기고 조금 더 수월하게 넘어가는 요령을 익혔다. 그럴 때는 그냥 무시하거나 침착한 태도를 유지해야 아이의 짜증이 빨리 풀린다는 것도 알게 됐다. 물론 말이 쉽지 그걸 실천하기는 어려웠다. 하하. 그웬이 황소고집과 불같은 성미를 누구에게서 물려받았겠는가?

다음 번에 엡콧에 놀러갔을 때의 일화 하나. 우리 가족은 세계박람회장에서 여러 나라를 방문하면서 유쾌한 오후를 보낸 후에 똑같은 길을 또 걷고 있었다. 남편과 나는 독일산 맥주를 마시고 있었고, 아이들은 말랑말랑한 과자를 씹어 먹으며 만화영화 캐릭터가 그려진 배지를 서로 비교하고 있었다. 스페이스십 어스를 타기 위해 걸어가다가 우리는 어린아이가 있는 어느 가족 옆을 지나치게 됐다. 보아하니 '미키 폭발'이 한창 진행 중이었다. 한 여자아이가 울고 있었고, 엄마가 고함을 치고 있었고, 아빠와 남동생은 불행하고 곤혹스러운 표정을 짓고 있었다. 나는 남편의 손을 잡고 아주 살짝 웃어줬다. 그리고 폭발 중인 엄마에게 나의 '마녀 왕비' 왕관을 물려줬다.

 블로그 '키스 마이 리스트(Kiss My List)'

다나 헤멜트(Dana Hemelt)는 임상심리학 석사학위를 활용해서 영리하고 적응력이 뛰어난 아이 둘을 키우는 전업주부다. 항상 일을 벌이는 성격인 다나는 강박에 가까운 에너지를 발산하기 위해 '키스 마이 리스트'라는 블로그를 개설했다. 그녀는 위대한 차세대 소설가, 개그우먼, 패셔니스타, 인테리어 디자이너의 자질을 가지고 있지만, 한적한 교외에서 엄마로 살아가느라 빛을 보지 못하고 있다. 적어도 그녀 자신의 생각에는 그렇다.
www.kissmylist.com

오, 별!
네 머리카락을
어쩐거니!
머리카락은
또 자랄 거예요.
기다리다 미쳐

네 살짜리가 자기 머리를 자르다니!

앤마리 구벤코

폭발에 관해서 글을 쓰자면… 첫째 아들 니코가 열 살 때 계단 열 칸 정도를 한꺼번에 내려가면 어떻게 되는지 보려고 펄쩍 뛰었다가 목발 신세를 졌던 일에 대해 쓸 수도 있다. 토미와 이사벨라가 두 살 때 분홍색 사탕인 줄 알고 펩토비스몰 Pepto-Bismol 이라는 위장약 한 상자를 다 먹어서 급히 응급실에 갔던 일에 대해 쓸 수도 있다. 벨이 콧구멍에 M&M 초콜릿을 집어넣었는데 꺼낼 수가 없어서 결국… 그렇다, 응급실에 갔던 일도 있다. 아니면 벨이 어쩌다 지아를 밀어서 지아의 입술이 찢어지고 결국… 어떻게 됐게?… 그렇다. 응급실에 갔다. 우리집에서 응급실을 찾는 것 따위는 흔해빠진 일이다.

내가 지금부터 이야기하려는 것을 두고 어떤 이들은 그냥 통과의례라고 말한다. 하지만 나는 그 정도면 성숙한 성인이어야 할 35세 엄마가 대폭발을 일으킬 만한 일이라고 생각한다.

그때 나는 빨래를 개고 있었는데, 금발의 딸 벨이 내게 다가와서 수다를 떨었다. 벨은 〈미녀와 야수〉의 여자주인공에게서 따온 이름이었다. 우리가 공주 이름을 지어준 이유는 딸아이가 내 유전자를 물려받았다면 머리색이 짙어서 그녀와 비슷하리라고 예상했기 때문이다. 그런데 딸아이가 태어나고 보니 〈피터팬〉의 팅커벨 Tinker Bell과 더 닮아 있었다. 아무튼 그때 벨은 네 살이었고 10월이 시작될 무렵이었다. 우리는 어느 위글 Wiggle(상하좌우로 실룩실룩 움직인다는 뜻. 여기서는 세계적으로 유행하는 춤을 가리킨다. - 옮긴이)이 가장 귀여운가에 관해 이야기하고 있었다. 그런데 사랑스러운 딸의 눈이 평소보다 조금 더 튀어나와 보인다는 생각이 문득 들었다. 자세히 보니 원래 금발인 머리카락이 이상하게 짙은 색을 띠고 있었다. 검정에 가까운 색깔.

"벨, 너… 머리에 화장품 칠했니? 엄마 화장품 가지고 놀았구나?"
나는 벨에게 물었다.
벨은 순진무구한 표정으로 나를 쳐다보며 대답했다. "아니~"
내가 눈을 가늘게 뜨고 벨의 머리를 더 자세히 보려고 했더니 벨의 얼굴이 약간 붉어졌다. 거짓말을 하고 있다는 확실한 신호다.
"벨, 네 얼굴에 '엄마 점'이 보인다. 화장품을 만진 게 맞구나."
거짓말을 했다가 들킨 벨은 울음을 터뜨렸다. 니코가 어렸을 적에 나는 "네가 거짓말을 하면 이마에 엄마만 볼 수 있는 점이 생겨."라고 말해 줬다. 그래서 우리집에서는 '엄마 점'이라는 말이 통용된다.

"아냐. 거짓말 아냐. '엄마 점'이 틀렸어."

벨은 울면서 이렇게 말했다. 눈물이 똑똑 떨어지자 얼굴에 까만 물줄기가 두 개 생겼다.

"벨, 거울 좀 보고 말하렴." 딸아이는 빼도 박도 못하게 됐고, 나는 화가 많이 났다. 딸이 내 화장품을 가지고 놀아서가 아니라 거짓말을 했기 때문이다. 나는 거짓말을 절대 용납하지 못하는 사람이다. 벨은 잘못했다고 말하면서 흐느끼기 시작했다. 나는 네 행동을 반성하라고 말하면서 벨을 방으로 들여보냈다. 보통 때 같으면 벨은 5분마다 "이제 나가도 돼?"라고 소리친다. 그런데 그날은 방문 틈으로 내다보는 소리조차 안 들렸다. 아이들이 조용하다는 건 십중팔구 말썽을 피우고 있다는 뜻이다. 그때 나는 벨이 뭔가에 몰두하고 있다는 걸 짐작했어야 했다. 하지만 나는 벨이 잠들었다고만 생각했다. 네 살짜리 아이가 자고 있을 때는 절대로 방해하면 안 된다.

다른 아이 둘을 돌보느라 바쁘게 움직이고 있을 때 벨이 방에서 나가도 되냐고 소리쳤다. 나는 큰 소리로 그러라고 했다. 저녁식사 준비를 하면서(각종 스포츠 연습에 아이들을 데리고 다니기 전에는 나도 저녁식사를 직접 만들었다는 사실!) 벨에게 이야기를 늘어놓았던 기억도 난다. "엄마가 안 된다고 했는데 네가 화장품을 가지고 놀아서 엄마가 화가 난 거야. 방에 들어가 있으라고 한 건 네가 화장품을 가지고 놀았으면서 거짓말을 했기 때문이지. 앞으로도 거짓말은 절대 안 된다." 내가 어릴 때 부모님은 우리 자매에게 하느님에 대한 두려움을 불어넣었다. 그렇게 하면 우리가 거짓말도 안 하고 못된 장난도 치지 않았기 때문이다. 그날 나도 그런 말을 덧붙였던 것 같다. "거짓말은 죄라서 하느님이 노여워하신다. 하느님은 '엄마 점'을 보지 않고도 아셔. 모든 걸 꿰뚫어보시지."

다음 몇 시간은 비교적 평범하게 흘러갔다. 나는 한두 건의 싸움을 중재하고, 벨을 이상한 눈으로 쳐다보는 니코를 나무랐다. 그것 때문에 벨이 째지는 목소리로 비명을 질렀는데 그 소리에 개들의 고막에서 피가 날 것만 같았다. 나는 토미가 서랍장 위에서 뛰어내리려는 걸 발견하고 아슬아슬하게 붙잡았다. 드디어 기다리고 기다리던 아이들의 목욕시간. 벨의 머리를 감기는데 뭔가 이상한 게 만져졌다. 내 손가락을 집어넣을 수가 없었다. 벨의 젖은 머리를 빗기면서 머리카락 사이로 빗을 넣는데 이번에도 뭔가가 이상했다. 나는 그제야 사태를 파악했다.

벨의 앞머리가 없어졌다! 가지런히 잘라 이마에 늘어뜨린 앞머리가 하나도 안 남았다!

벨의 머리카락은 세상에서 둘째가라면 서러울 정도로 예뻤다. 길고 부드러운 금발. 벨은 앞머리를 촘촘하게 내리고 구불구불한 뒷머리는 폭포처럼 늘어뜨리고 다녔다. 그건 내가 늘 갖고 싶었던 머리였다. 날마다 다른 스타일을 연출할 수 있는 머리. 사람들은 항상 벨에게 머리가 참 예쁘다고 말해줬다. 어떤 여자는 나에게 벨의 머리가 "천사가 키스하고 간 머리" 같다고 말했다. 그런데 벨의 이마에서 그 머리가 다 없어지고 들쭉날쭉한 머리카락 한 줌만 남았다. 내가 나 자신을 잘 추슬렀다고 말한다면 그건 새빨간 거짓말이 되리라. 실제로 일어난 일은 다음과 같다….

"으악! 벨, 너 무슨 짓을 한 거야?"

내가 빽 소리를 질렀다.

벨은 금세 울음을 터뜨렸다.

"머리가 어떻게 된 거야?" 나는 다시 소리를 질렀다. 반쯤 돌아버린 여자가 눈을 동그랗게 뜨고, 귀여운 딸의 머리를 손으로 꽉 잡고서 머리카락을 찾는 모습을 상상할 수 있겠는가? 그 순간의 나는 바로 그런 모습이었다. 나는 없는 머리카락을 다시 돋아나게 만들려고 기를 쓰고 있었다.

벨은 훌쩍이면서 웅얼거리는 소리로 미안하다고 말했다.

"대체 왜 그랬니? 머리카락은 어디 갔어? 네가 잘랐니? 이렇게 괴상하게 자른 게 너야? 가위는 어디서 구했는데?"

벨의 울음은 그치지 않았다. "내 방에서." 벨은 이렇게 대답하고 코를 훌쩍였다.

“이번 주에 사진 찍어야 되는데, 그 예쁜 머리가 없어져서 어떡해!”

“엄마, 미안.”

그제야 벨도 나만큼이나 심란해하고 있다는 사실을 깨달았다. 나는 아이를 끌어당겨 내 무릎에 앉혔다. 벨은 커다란 초록색 눈으로 나를 쳐다봤는데 머리카락이 없으니 보기가 참 안쓰러웠다. 나는 이렇게 말했다.

“괜찮아. 방법을 찾아보자.”

나는 눈물을 흘리면서 친구이자 이웃이자 미용사인 젠에게 전화를 걸었다. 경황이 없어서 젠이 전화를 받았을 때 내가 어느 나라 말로 했는지 기억조차 안 난다.

“젠, 큰일났어요. 벨이 자기 앞머리를 잘라버렸어요. 조금만 자른 게 아니라 싹 다 잘라냈어요. 머리가죽이 다 보인다니까. 이번 주에 사진촬영이 있는데, 내가 보기엔 아무리 솜씨 좋은 미용사도 도리가 없을 것 같아요. 머리가 아주 들쭉날쭉해서. 젠, 머리카락이 남아 있질 않아요. 앞으로 우린 벨이 네 살 때 유치원에서 찍은 사진을 볼 때마다 이 순간을 영원히 기억하게 생겼어요. 허, 참. 네 살짜리가 자기 머리를 자르다니! 어떻게 하면 좋아요?” 나는 숨을 몰아쉬었다.

젠은 자기 경험에 따르면 어린 여자아이들이 다 한 번씩 저지르는 일이라고 내게 말해줬다.

“그게 정말이에요?” 어릴 때 나는 머리를 짧게 잘라 바가지 머리를 하고 다녔다. 뒤로 묶을 수 있는 긴 머리를 동경했던 나는 일부러 내 머리카락을 자른다는 생각은 꿈에도 해보지 못했다. 게다가 우리 엄마는 내가 종이 말고 다른 걸 자르면 안 된다는 사실을 알 만한 나이가 되기 전까지 절대 가위를 주지 않았다. 학교에 다니는 동안 내가 "노력 요함"이라는 평가를 받은 유일한 항목이 바로 '오리기'였다.

젠은 나에게 벨을 데려오라고 했다. 그리고 우리를 진정시켰다. 젠에게는 순식간에 사람을 안심시키는 특별한 재주가 있다. 나의 예전 스타일리스트기 염색을 잘못 해서 니를 에디 먼스터 Eddie Munster(1960년대 미국 TV드라마에 등장했던 늑대인간 소년 - 옮긴이)처럼 만들었을 때도 젠은 침착하게 말했다. "지금 당장 고쳐줄게요." 그리고 젠은 약속을 지켰다. 문제의 그날 저녁에도 나는 어마어마한 폭발을 일으켰고, 젠이 가져다준 마가리타 한잔을 마신 후에야 벨의 머리카락 노려보기, 소리 지르기, 울기를 멈췄던 것 같다.

젠이 들쭉날쭉한 머리카락 다발을 매만지는 동안 나는 고민에 빠져 있었다. '네 살짜리 아이가 모자를 쓰고 사진을 찍으면 어떻게 보일까? 베레모를 쓰면 그래도 세련된 느낌이 나지 않을까? 이런 일은 부활절 즈음에 생기면 안 되나? 타깃 Target(미국의 유명한 대형할인점 이름 - 옮긴이)에 가면 깜찍한 부활절 모자를 살 수 있는데.' 벨에게 헤어밴드를 씌울까도 생각해 보았다. '하지만 그러면 옷도 새로 사줘야 하고, 옷을 새로 사주면 신발도 새로 사야 해. 무척 값비싼 통과의례가 되겠는걸.' 그러다 나의 생각은 다른 데로 옮겨갔다. '벨도 나랑 똑같이 가위질에 서투른 아이가 될 운명이로군. 아주 오랫동안 벨 주변에 가위를 놓지 말아야겠어.'

젠은 기적을 일으키는 미용사였다. 누가 보기에도 벨은 앞머리가 있는 아이처럼 보였다. 유치원 때 사진을 지금 봐도 벨이 자른 머리 부분이 어디인지를 알 수 없다. 하지만 내가 폭발한 것도 무리는 아니었다. 그날 이후로 벨의 머리는 전처럼 예쁘게 자라지 않았기 때문이다. 벨은 자신이 스스로 만들어낸 삐죽 일어선 머리카락을 가리기 위해 앞머리를 길게 길러야 했다. 그 '사건' 이후로 벨은 항상 머리를 등 한가운데까지 내리고 다녔다. 누군가가 그 머리에 가위를 대려고 하면 나는 아직도 움찔한다.

나에게는 참 당황스러운 일이지만, 벨이 자기 머리를 스스로 손질할 수 있는 나이가 되자 황금 같은 곱슬머리는 사라졌다. 벨은 타고난 자신의 머리를 좋아하지 않았고 머리를 곧게 펴는 걸 선호했다. 이 이야기의 가장 큰 반전은 최근에 벨이 "나중에 커서 미용사가 되고 싶어."라고 말했다는 것이다. 머리를 자르는 일은 말고 모양내는 일만 하고 싶다나. 혹시 네가 처음으로 사람 머리카락을 잘랐을 때 엄마가 멘붕을 일으켜서 그런 거니?

가끔 이 이야기가 나오면 벨은 매번 "그때 엄마가 기절할 것처럼 놀랐다."는 표현을 쓴다. 솔직히 그건 엄마로서 가장 자랑스러운 순간은 아니다. 다 지나가고 나서 생각해 보면, 내가 고작 머리카락 때문에 울고불고

했다는 사실이 우습기도 하다.

 블로그 '티드비츠 프롬 더 퀸 오브 카오스(Tidbits from the Queen of Chaos)

앤마리 구벤코(AnnMarie Gubenko)는 전직 교사이자 작가 지망생이며 전업주부다. 그녀에게는 땅 위의 아이 넷과 하늘나라의 아이 하나가 있다. 대학 시절 사귀던 연인과 결혼해서 롤러코스터 같은 생활을 함께 해나가고 있다. 아이들을 축구, 농구, 야구, 치어리딩, 배구, 발레 연습에 데려다주고 6인 가족에게서 나오는 어마어마한 양의 빨래를 개고 정돈하면서 짬짬이 글을 읽고 쓴다.
http://tidbitsqueenchaos.com
www.facebook.com/tidbitsfromthequeenofchaos

폭발에 대처하는 12가지 방법

엄마 #1 : "한번은 시댁 식구들 앞에서 폭발하고 말았어요. 일곱 가지 욕을 내뱉고 나서 방을 뛰쳐나갔죠. 이제 시댁 식구들이 무서워서 우리집에 못 오겠대요."

엄마 #2 : "그건 아무것도 아니에요. 요전에 나는 학교 주차장에서 폭발했다니까요. 다른 학부모들과 선생님들이 내가 욕을 퍼붓는 소리를 다 들었어요. 휴가 나온 선원들이 술집에서 행패 부리는 것처럼 시끄러웠을 거예요. 학교 경비원이 퇴근한 후여서 그나마 다행이었죠."

엄마 #3 : "나는 그보다 더해요. 공원에서 폭발했는데 경찰이 출동하고 구급차가 왔어요. 정신을 잃고 쓰러져서 병원에 며칠 있었는데, 그 며칠 동안의 일이 제대로 기억나지도 않아요. 그래도 요즘은 그럭저럭 잘 대처하고 있답니다."

아이를 키우는 부모라면 누구나 비슷한 경험을 해봤을 것이다. 신경이 날카로워지고, 유머가 소진되고, 몸이 부들부들 떨린다. 당신이 기운을 내서 할 수 있는 일이라고는 소리 지르는 것밖에 없다. 그래서 당신은 고래고래 소리를 질러댄다.

'엄마 폭발' 의 종류는 다양하다. 조용히 주먹을 꽉 쥐는 순간이 있는가 하면, 비명을 지르고 머리카락을 잡아뜯는(아이 머리카락은 안 됨! 당신 머리카락을 뜯으시오!) 대규모 폭발도 있다. TV의 리얼리티 프로그램에서나 볼 수 있는 장면이 연출되기도 한다. 그래도 대처 방법은 있다. 아래의 팁들을 잘 기억했다가 실생활에서 활용하길 바란다. 다른 실용적인 팁과 마찬가지로 당신에게 도움이 되는 것만 취하고 나머지는 버리면 된다.

유아 파트너를 활용해서 화를 풀어라. 필요하다면 요이 파트너를 샌드백으로 써도 좋다. 파트너가 남편이라면 팬티에 드롭킥을 날리고 싶어질지도 모른다. 하지만 그것만은 피하자.

마셔라. 반드시 와인이나 주류를 마실 필요는 없다. 오전 10시 전에는 주류를 피하는 게 좋다. 시원한 물 한잔(당신 얼굴에 끼얹어도 무방하다. 꼭 그렇게 하고 싶다면.)으로도 스트레스 해소가 가능하다. 특별한 날에 꺼내 먹으려고 고이 보관해 둔 수제 레몬차를 마시면서 균형을 회복하는 것도 좋다.

전화를 걸어라. 감정이 폭발한다는 이유로 119에 전화를 걸어 하소연을 하지는 마라. 제복 입은 구급대원들을 직접 만나는 게 소원이라면 몰라도. 되도록이면 아이를 키우는 친구들이나 당신의 엄마, 여동생, 언니, 이모에게 전화를 걸어라. 문자나 메일을 보내도 좋다. 그러면 그걸 받는 사람들도 점심시간에 할 일이 생겨서 기뻐할 수도 있다.

유머감각을 발동시켜 웃어보자. 큰 소리로, 자주 웃으며 살자. 아이들은 당신이 열 받고 있다는 사실을 정확히 안다. 설령 그걸 모르더라도, 아이들은 어떻게 하면 당신을 화나게 할 수 있는지 금세 알아차린다. 그러니 아이들의 미운 행동에 웃음으로 반응해서 상황을 역전시켜라. 아이들에게 그건 어리석은 행동이라고 말해주어라. 그러면 몇 년 동안 명절에 친척들이 모인 식사 자리에서 떠들 수 있는 추억거리가 생긴다. 당신 자신을 위해서도 웃어라. 미친 듯이 화를 내고 나서 곰곰이 생각해 보면 당신의 행동이 무척 바보 같았다고 여겨질 것이다.

격렬한 감정을 인정하라. 감정을 계속 억누르기만 하면 언젠가는 지쳐서 나가떨어진다. 격렬한 분노는 실제 상황이고 당신을 힘들게 하지만 그런 순간이야말로 당신이 삶에 가장 충실해지는 시간이다. 운이 좋다면 누군가가 당신의 모습을 동영상에 담아줄지도 모른다.

자리를 떠라. 아이를 슈퍼마켓이나 도서관, 식당, 타이어 가게, 주유소, 의류매장에 놓아두고 그냥 나오라는 이야기는 아니다. 아이들을 모두 차에 태우고 드라이브를 하거나 공원으로 데리고 나가라. 만약 집안에 있어야 하는 상황이라면 아이들은 뒤뜰에서 자유롭게 뛰어놀게 하고 당신은 조용히 생각에 잠겨라. 그러면 분위기가 빠르게 전환된다.

머릿속으로 주문을 외워라. "또 하루가 지났다. 넌 하루 더 살았어. 좋은 날이었어." 이 문구를 베개에 수놓아 뒀다가 멘붕이 찾아올 때마다

마음을 가라앉히는 데 활용해라. 위기일발의 상황이 생길 때마다 마음을
진정시키기 위한 주문을 자유롭게 만들어보자.

운동을 하라. 아이들이 어리다면 모두 유모차에 태우고 산책이나 조깅을 하러 가자. 어느 정도 큰 아이들이라면 당신이 마당이나 집 주위, 또는 아파트 단지를 한 바퀴 도는 동안 아이들을 풀어놓자. 음악채널을 틀어놓고 혼자 막춤을 춰보자. 그렇게 움직일 수 있는 공간이 없다고? 그럼 운동 대신 심호흡이라도 하면서 누구의 소리도 들리지 않는 깊은 명상의 세계로 떠나보자. 스님들이 그렇게 마음을 다스린다는데 당신이라고 왜 못 하겠는가?

폭발의 효과를 고려하라. 당신이 마음껏 폭발하면 아이들의 행동이 좋은 쪽으로 변하는가? 아이들이 싸움을 중지했나? 아이들이 달아나서 어딘가에 숨었는가? 당신은 지금 혼자서 쿠키를 먹고 있는가? 그렇다면 당신이 이긴 걸로 하자.

폭발의 순간을 피하기 위해 자신을 위한 시간을 만들어라. 당신 자신을 살뜰히 보살펴라. SNS에 매달리는 시간을 30분 더 늘리라는 소리가 아니다. 목욕이나 샤워를 하고, 잠깐이라도 달콤한 낮잠을 자고, 독서를 하고, 손톱 손질을 하고, 가벼운 TV 프로그램을 보라는 이야기다. 뭐가 됐든 당신에게 진짜 선물처럼 느껴지는 일을 하라.

당신만의 타임아웃을 실행하라. 우리는 모두 사람이기에 간혹 힘든 날이 있다. 어른에게도 힘든 날이 있다는 걸 아이들에게도 알려주자. 잠시 혼자만의 시간이 필요하다고 아이들에게 말한 후에 욕실에 들어가 문을

잠그거나, 서늘하고 어두운 창고 안에 가만히 앉아 있어라. 단, 방구석에서
잠들어버리면 곤란하다. 아이들이 집을 다 점령하기 전에 타임아웃을 끝
내야 한다.

진실을 말하라. 당신의 감정을 부인하거나 이미 일어난 폭발을 숨기지
마라. 스스로 떳떳하지 못한 것처럼 행동하면 점점 부정적인 생각에 젖어
들게 된다. 폭발을 일으키는 사람은 당신 혼자가 아니며, 세상에는 이를 증
언해 줄 엄마 블로거들이 잔뜩 있다. 당신의 이야기를 글로 써보라. 그런
다음에는 그 글을 어딘가에 공개해도 되고, 버려도 되고, 그냥 보관했다가
다음번 폭발 때 읽어봐도 좋다.

모성에 관한 가장 위대한 진실은 당신이 혼자가 아니라는 것이다. 당신
과 똑같은 걸 느끼는 사람이 어딘가에 반드시 있다. 당신과 비슷한 처지에
있는 그녀도 마룻바닥에 주저앉은 자신을 일으켜 계속 앞으로 나아가야
한다. 그녀 역시 화가 나서 집어던진 유리나 도자기 파편을 치워야 한다.
그녀 역시 종종 사과를 하면서 살아간다. 그녀 역시 환상 속의 '올해의 엄
마' 상을 타기 위해 지금 이 순간에도 노력하고 있다.

두개의 심장
캐스린과
타이니...
사랑해.

서서히 달아오르다가… 쾅!

알렉사 B.

어떻게 보면 나의 세 번째 임신 기간은 서서히 일어난 하나의 폭발이라고 말할 수 있다.

세 번째 임신은 시작부터 무난하지 않았다. 나는 집에서 3세 아이와 15개월짜리 아이를 돌보기 위해 직장을 그만둔 직후였다. 아이들과 함께 집에 머무르는 건 식은 죽 먹기일 거라고 생각했다. 사법기관의 독선적인 남자 동료들과 부대끼며 일하는 것보다야 육아가 쉽겠지. 사실 내 직장 동료들의 대다수는 행동이 아이들과 크게 다르지 않았다. 그래. 나는 육아를 잘 해낼 수 있어….

세상에, 내 앞에는 기절초풍할 일만 있었다!

전업주부로서 멋진 새 생활을 시작하기 위해 잠에서 깨어난 첫날 아침, 나는 온종일 두 아이와 뭘 하며 시간을 보내야 할지 몰라서 멍해졌다. 그전까지 내 생활은 아이들을 데려와서 저녁을 먹이고, 목욕을 시키고, 놀아주고, 같이 책을 보고, 밤잠을 재우는 일로 채워졌다. 그 일들은 눈 감고도 할 수 있었다. 그리고 주말은 가족끼리 보내는 시간이었다. 그런데 이제는 내가 온종일 아이들을 즐겁게 해줘야 한다니!

그래서 나는 다른 엄마들과 똑같이 행동했다. PBS 어린이채널을 틀어 놓은 후, 내가 직장생활을 하는 동안 아이들을 봐준 도우미에게 전화를 걸어 보통 때 일과가 어땠는지 물어봤다.

나는 아이들과 책 몇 권을 보고, 간식을 먹고, 어린이 프로그램을 시청했다. 자, 이제 뭘 해야 하나? 오전이 반밖에 지나지 않았는데 아이디어가 바닥났다. 책을 더 읽기도 싫었고, 바닥에 앉아서 레고를 가지고 노는 것도 그만 하고 싶었다.

며칠 후, 어느 이웃이 나를 동네 엄마들의 모임에 초대해 주었다. 엄마들의 모임에 나가면 아이들에게는 소풍 겸 단체놀이의 기회가 생기고, 나 역시 성인 친구들이 생겨서 좋다고 그녀는 말했다. 다음 번 모임은 공원에서 열린다고 해서 나도 한번 가보기로 했다. 결과는 실패였다.

운이 나빴는지, 전업주부로서 보낸 나의 첫 일주일은 봄방학 기간과 겹쳤다. 그래서 엄마들이 공원에 나오면서 자기 아이들을 모두 데려왔다. 큰 남자아이들은 자기보다 어린 남자아이들을 괴롭히는 게 재밌는지, 운동장에서 어린아이들을 쫓아다니고 장난감을 빼앗았다. 세 살이었던 내 아들은 줄곧 비명을 지르고 울어댔다. 자기보다 큰 형들이 거듭 장난감을 빼앗으며 괴롭혔기 때문이다.

15개월짜리 딸은 운동장 곳곳을 뛰어다니며 시간을 보냈다. 아이가 아무 데나 기어 올라가는 바람에 나는 마음이 불안해서 아이 뒤를 졸졸 따라다녔다. 다른 엄마들과 잡담을 하거나 편히 쉴 시간은 없었다. 아이들이 함께 노는 동안 엄마들이 서로 위로해 주면서 커피를 마신다고 누가 그랬더라? 내가 벌써 50번째로 아들을 위로해 주다 보니 딸아이가 유아에게는 너무 높아 보이는 단의 가장자리에 서 있었다. 딸아이를 잡으려고 쏜살같이 달려간 나는 고개도 들지 않고 단으로 올라가려다 정글짐의 금속 봉에 이마를 쾅 부딪쳤다. 아야. 아야야야야.

눈에 눈물이 고였다. 이마가 아프기도 하고 실망스럽기도 했지만, 그보다 내가 직장을 그만둔 게 잘못된 선택이 아니었을까 하는 두려움이 컸다. 전업주부 생활은 내게 맞지 않는 건가? 나 자신이 불쌍해지면서 문득 외로워졌다. 나쁜 엄마가 된 느낌이었다. 당장 아이들을 데리고 우리 집으로 돌아가서 편히 있고 싶었다.

오, 이런. 나를 힘들게 하는 일은 그게 전부가 아니었다. 내가 마음을 가다듬으려고 애쓰고 있는데 여자아이 하나가 다가와서 아기(우리 딸아이)가 귀엽다고 말했다. 내가 긴장을 풀고 명랑해지려는 순간, 여자아이는 손가락으로 내 배를 가리키며 물었다. "아줌마 뱃속에도 아기 있는 거예요?"

절망과 짜증이 해일처럼 밀려왔다. "아냐! 그냥 살이 찐 거란다!" 나는 이렇게 쏘아붙이고 말았다. 그 자리에 더 있고 싶지 않았다. 나는 행복하지 않은 두 아이를 데려와 차에 태웠다. 엄마들의 모임과 나는 궁합이 맞지 않았다. 결국에는 나도 그 모임에 적응하게 됐지만 말이다.

그 치욕스러운 공원 나들이를 다녀오고 한 달쯤 지났을 때의 일이다. 여전히 전업주부라는 새로운 역할을 능숙하게 해내지 못해 낑낑대고 있던 내가 임신을 하게 됐다. 그것도 쌍둥이를. 공포가 엄습했다. 서서히 타오르던 불꽃이 폭발의 조짐을 보이기 시작했다.

첫 초음파 검사 때는 혼자 병원에 갔다. 벌써 세 번째 임신이었기 때문에 굳이 남편이 병원에 와야 한다고는 생각지 않았다. 병원에서 예약을 일찍 잡아주긴 했지만(나는 임신 7주가 되기 전에 병원에 갔다) 다행히 별다른 이상이 없고 태아의 심장박동도 잡힌다고 했다.

그때 초음파 담당자가 이상한 말을 했다.
"첫 초음파 검사에 이렇게 일찍 오신 경우에는 2주 있다가 다시 오시라고 말씀드립니다. 쌍둥이인지 아닌지를 다시 확인해야 하거든요."
"뭐라고요?" 나는 말문이 막혔다.

"아기가 둘 보인다는 건가요, 아니면 원래 그런 절차를 거치나요?"

"심장박동이 둘인 것 같은데요."

충격. 그리고 공포.

하느님 맙소사. 내 몸에서 이상한 웃음, 발작에 가까운 웃음이 새어나왔다. 나도 생전 처음 듣는 기괴한 웃음소리. 진심으로 말하건대 다시는 그런 소리를 내고 싶지 않다. 네 살이 안 된 아이 넷이라. 허탈한 웃음이 멈추지 않았다. 오, 하늘이시여.

전업주부가 된 지 겨우 한 달. 나는 지금 있는 두 아이와 뭘 해야 할지도 모르는 엄마였다. 그런데 쌍둥이를 임신했을지도 모른다니. 생각만 해도 공포 그 자체였다. 〈스윗 밸리 트윈스 Sweet Valley Twins〉와 〈스윗 밸리 하이 Sweet Valley High〉(영미권 청소년에게 인기 많은 가벼운 소설. 쌍둥이 자매가 주인공으로 나온다. - 옮긴이)에 푹 빠져 있었던 사춘기 시절에는 쌍둥이를 낳아 기르면 멋질 것이라고 생각했다. 하지만 그런 일이 내게 실제로 닥칠 줄은 꿈에도 몰랐다.

초음파 담당자는 다른 초음파 전문가와 의사를 불렀다. 그들 역시 심장박동이 둘이고 아기집도 둘인데 태반은 하나라고 했다. 정확히 기억나지는 않지만 의사는 무덤덤한 말투로 태반이 하나인 건 아기가 쌍둥이라는 뜻이며, 두 태아가 태반을 균등하게 공유하지 않고 있을 가능성이 있다고 설명했다. 만약 그런 일이 벌어지더라도 병원에서 조치를 취할 수 있다고 했다. 쌍둥이 태아에게 진짜로 문제가 생길 확률은 20퍼센트이며 쌍생아간 수혈증후군(TTTS : 한쪽 태아로부터 다른 태아에게 혈액이 일방적으로 흘러가는 증후군 - 옮긴이)에 걸린 태아는 사망할 수도 있는데, 20주 때 초음파 검사를 하기 전까지는 그런 질환이 있는지를 알 수 없다고도 했다. 하지만 나는 의사의 설명을 정확히 이해하지도 못했다.

몇 시간 동안 남편과 연락이 닿지 않아 소식을 전하지 못했다. 마침내 내가 그 이야기를 했더니 남편은 너무나 충격을 받아서 전화를 끊어버렸다. 남편도 이 엄청난 사실을 받아들일 시간이 필요했던 모양이다. 퇴근해서 집에 온 남편은 신이 나 있었다.

그 다음 몇 주는 불행한 시간이었다. 나에게는 하루 24시간 관심을 기울여야 하는 어린아이가 둘이나 있었다. 그런데 입덧이 굉장히 심했으므로 내가 먹을 수 있는 것은 크래커와 신맛 나는 사탕밖에 없었다. 나는 멀미방지 밴드를 24시간 붙이고 생활했다. 임신 15주가 되자 꼭 30주쯤 된 사람처럼 몸이 무거웠다. 허리가 아프고, 배는 풍선처럼 거대했다. 2분만 서 있어도 굉장히 불편했다.

그리고 느낌이 좀 이상했다. 임신 17주차에 남편과 함께 태어날 쌍둥이에게 필요한 물품을 구입하러 갔는데, 어떤 사람이 나에게 쌍둥이용 옷을 많이 사지 말라고 조언했다. 똑같은 아기침대 2개를 사면서도 조금 불안한 마음이 들었다.

드디어 내 인생을 바꿔놓은 그날이 왔다. 2011년 9월 28일. 20주 초음파 검사 날. 남편이 나를 병원에 데려다줬다. 따스하고 아름다운 날이었다. 차를 타고 병원으로 가는 동안 하늘이 정말 예쁘다고 감탄하면서 이런저런 이야기를 나눴던 일이 기억난다. 쌍둥이 딸들이 자궁 안에서 같이 꿈틀거리는 모습을 남편에게 보여줄 생각을 하니 나도 마음이 설레었다. 차 안에서 남편에게 이런 말도 했다. "아기 둘이 건강하게 잘 있으면 더 바랄 게 없겠어."

한 시간 후, 우리는 태아들이 죽어가고 있다는 사실을 알게 됐다. 검사 결과 TTTS라는 진단이 나왔는데 증세가 심각하다고 했다. 두 태아가 태반을 불균등하게 점유하고 있었다. 한쪽 태아가 혈액을 너무 많이 공급받아서 몸속에 지나치게 많은 혈액이 흐르고 있으며 심장에도 이상 징후가 보인다고 했다. 다른 태아는 주 수에 비해 너무 작았다.

초음파 검사 후 대기실에서 기다리고 있는데 여의사가 들어왔다. 그녀는 우리 쌍둥이가 TTTS가 맞고, 나는 분만실로 이동할 것이며, 고위험 산모를 담당하는 산부인과 특수전문의가 나를 담당하게 된다고 설명했다. 나는 아기를 살리기 위해 할 수 있는 일이 있는지 물었다. 의사가 고개를 저었을 때 그녀의 얼굴에 떠오른 표정을 나는 영영 잊지 못할 것이다.

나는 울음을 터뜨렸다. 간호사들은 나를 휠체어에 태웠고, 그들 중 한 명이 분만실로 휠체어를 밀고 갔다. 흐느끼는 소리는 엉엉 우는 소리로 바뀌었다. 엉엉 우는 소리는 점점 커지다가 울부짖음에 가까워졌다. 누가 나를 쳐다보든 말든, 내 소리를 듣든 말든 나는 개의치 않았다. 불쌍한 간호사는 내 어깨를 계속 두드려주며 조곤조곤 말을 걸었다. "진정하세요, 진정하세요." 나중에는 간호사의 숨소리도 흐느낌처럼 변하고 말았다. 남편은 쥐죽은 듯 조용히 있었다. 그건 그나마 다행한 일이었다. 내가 아일랜드 민담에 등장하는 유령처럼 구슬프게 울면서 병원 곳곳을 누비고 있었으니까. 실은 내 감정이 너무 강렬해서 나도 놀랐다. 2주 전까지만 해도 지금 있는 아이 둘에 쌍둥이가 또 태어난다는 게 부담스럽기 짝이 없었다.

하지만 임신 20주가 되자 그 쌍둥이 아기를 꼭 낳고 싶었다. 그건 너무도 간절한 바람이었다. 그때 나는 임신 초기에 아이를(또는 아이들을) 잃는다는 게 얼마나 절망적이고 비참한 일인가를 이해했다. 그보다 더한 고통은 세상에 없을 것이다.

하여간 우리는 사태를 파악하지 못하고 있었다. 왜 분만실로 가는 거지? 아기들이 오늘 죽게 되나? 유도분만을 하려는 건가? 나의 산부인과 담당의는 우리에게 아무런 이야기도 해주지 않았다.

내가 탄 휠체어가 이중문을 통과하자 분만실 간호사인 브루케(앞으로 10주 동안 그녀는 나와 친하게 지낸다.)가 뛰어와 우리를 맞이하고는 재빨리 작은 방으로 안내했다. 내가 옷을 벗고 침대 위로 올라가자 간호사들은 내 몸에 모니터 장치를 연결했다. 그러고는 뭔가를 기다렸는데 우리 부부에게는 그 시간이 한없이 길게 느껴졌다. 옆방의 정신 나간 여자가 두통이 가라앉지 않는다며 더 강한 약을 달라고 의사에게 사정하는 소리, 왼쪽의 여자가 간호사에게 담배를 하루 한 갑으로 줄였다고 아주 자랑스럽게 말하는 소리가 들렸다. 나는 화가 치솟았다. 나는 내 의무를 다했단 말이야. 왜 우리에게 이런 일이 일어난 거지?

마침내 산부인과 특수전문의가 연락을 받고 달려왔다. 그녀는 아기를 살리기 위해 노력해 보겠다고 약속했다. 우선 다음날 아침에 양막 절제 수술을 할 거라고 했다. 태아A의 태낭 안으로 과도하게 흘러들어간 혈액 일부를 빼내는 치료였다.

나는 사흘간 산부인과 응급병동에 입원하기로 했다. 남편은 아이들을 맡길 곳을 알아보고 나에게 필요할 물건들을 가져오기 위해 집으로 갔다. 다음날 아침 새로운 주치의가 진찰하러 왔다. 그 의사는 태아의 상태를 보더니 다소 어두운 전망을 제시했다. 태아A의 증세가 생각보다 심하다는 것. 복부에만 혈액이 들어간 게 아니라 심장에도 혈액이 꽉 찼다고 했다. 태아B는 너무 작았다. 하지만 태아A의 아기집 안에 있는 혈액을 빼내면 다시 균형을 잡을 수도 있다고 의사는 말해줬다.

의료진은 한 시간에 걸쳐 내 복부에서 혈액을 뽑아냈다. 기분은 최악이었지만 컴퓨터 화면으로 전 과정을 지켜볼 수 있었다. 내 아기가 바늘 끝을 붙잡으려고 꿈틀대는 모습이 보였다. 그 아기가 쌍둥이 자매의 머리를 발로 차는 모습도 보였다. 나는 쌍둥이가 행복한 아기들처럼 움직이는 모습을 남편과 함께 봤다. 두 아기는 금방 죽을 것처럼 보이지 않았고, 나 역시 그들을 보내줄 마음이 없었다.

다음 12시간은 결정적으로 중요했다. 양막절제를 하다가 조산으로 이어질 확률도 있는데, 만약 조산하게 되면 아기를 살릴 방법이 없다고 했다. 수술이 잘되더라도 그다음 4주 동안 임신 상태를 유지해야 한다고 의사는 말했다. 24주만 지나도 태아들이 살아날 가능성이 있다고. 고맙게도 조산기 따위는 없었다. 나는 일주일에 한 번 검진을 받고 상태를 확인한다는 조건으로 퇴원했다.

우리는 24주까지 버텼다. 그런데 24주가 되자 태아들의 상태가 더 나빠졌다. 태아A는 배에 혈액이 지나치게 많이 들어가서 배 둘레가 32주 태아와 비슷했고, 태아B는 여전히 너무 작았다. 그 정도로 작으면 생존할 수가 없다고 했다.

양막절제가 한 번 더 필요했다. 이번에는 태아A의 복부에서도 혈액을 빼낸다고 했다. 그래서 나는 두 번째로 입원했다.

통계적으로 태아들이 '생존 가능성'이 있었으므로, 입원 첫날 밤 병원에서는 조산에 대비하기 위해 온갖 조치를 다 취했다. 폐 기능 강화를 위해 스테로이드를 주입하고, 내 몸에 혈액과 산소를 추가로 공급했다.

그리고 황산마그네슘도.

황산마그네슘은 간혹 조산을 억제하기 위해 환자에게 투여하는 물질이다. 의사가 내게 설명한 바에 따르면 황산마그네슘이 조산으로 태어난 아기의 뇌성마비 확률도 낮춰준다는 연구결과가 있다. 그러나 황산마그네슘에는 불쾌한 부작용이 있었다. 진짜로 불쾌한 부작용. 서서히 타오르던 불꽃이 핵폭발로 바뀐 건 그 황산마그네슘(그리고 스트레스를 받은 상태) 탓인지도 모르겠다.

나는 본래 스트레스에 약하다. 스트레스를 잘 이겨낸 적도 없었다. 우스운 일이지만 그러면서도 나는 내 삶에 스트레스를 더할 일을 곧잘 벌인다. 지나친 스트레스를 받으면 나는 탁 튕겨나가기 직전의 고무줄처럼 변한다. 영화에 나오는 악한 좀비들이 고개를 앞뒤로 빠르게 흔들어대는 것처럼 내 머리도 흔들린다. 사방으로 흔들리는 건 아니고, 눈에 보이지 않을 만큼 빠른 속도로 고개를 좌우로 흔들며 '싫어' 라는 뜻을 전달한다. 스트레스가 심하면 나는 평소와 다른 사람이 돼서 주변 사람들을 퉁명스럽게 대한다.

나는 '수동적인 공격형' 이라 큰 폭발은 잘 일으키지 않는다. 하지만 강철도 녹여버릴 만한 눈빛으로 누군가를 쳐다보기도 하고, 누군가의 집을 날려버릴 만한 콧방귀를 뀌기도 한다.

내가 본격적인 폭발을 일으키고, 빽빽 울고, 소리를 지르고, 동네방네 시끄럽게 구는 건 드문 일이다. 그러나 극단적인 상황에서는 수동적 공격형인 사람들도 얼마든지 갑작스런 폭발을 일으킬 수 있다.

내가 스트레스에 대처하는 것보다 더 못하는 일이 하나 있다면 그건 바로 육체적 고통을 참아내는 일이다. 그 두 가지가 한데 뭉쳐 나를 공격했으니 굉장한 폭풍이 일어날 수밖에 없었다. 내 스타일의 엄마 폭발이라고나 할까.

황산마그네슘이 정맥주사를 통해 내 몸에 들어왔다. 잠시 후, 내 혈액에 불이 붙은 것만 같았다. 입안이 바싹바싹 말랐다. 남편에게 시원한 음료를 갖다 달라고 소리쳤던 기억이 난다.

나는 이불을 걷어차며 말했다. "양말을 벗겨줘요!" 그리고 남편을 향해 괴성을 질렀다. "내 몸에 불이 붙었어!"

그 다음에는 구역질이 났다. "나 토오오오오오할 거야!" 다시 괴성. 나는 울면서 미친 듯이 소리를 지르고 있었다. 나는 불행했다.

간호사가 오더니 멀미용 비닐봉지를 건네줬다. 나를 쳐다보던 간호사가 킥킥 웃기 시작했다. 나에게는 하나도 웃기지 않은 상황인데. "왜 날 보면서 웃는 거죠?" 내가 소리를 빽 질렀다.

"렌과 스팀피(Ren and Stimpy : 신경질적인 성격의 치와와 렌과 순박하고 쾌활한 고양이 스팀피가 나오는 만화영화 - 옮긴이)를 보는 것 같아서요!"

간호사가 또 웃었지만 나는 여전히 재미가 없었다.

"가느다란 눈을 가진 못생긴 개랑 내가 닮았다는 뜻이에요?"

나는 다시 울기 시작했다.

"그런 뜻이 아닙니다. 렌과 스팀피가 화를 내면 얼굴이 새빨개지는 거 아시죠?"

난 기억이 나지 않았다. 그 멍청한 동물들의 얼굴이 빨개지는지 어떤지 알게 뭐람.

"두 분 다 얼굴이 빨개진 채 땀을 줄줄 흘리고 있잖아요. 그래서 그냥 그 생각이 난 거예요." 간호사가 덧붙였다.

침대를 박차고 일어나 간호사의 면상을 한 대 후려치고 싶었다. "빨리 끝나면 좋겠어!" 나는 남편을 향해 흐느껴 울었다. "이젠 결과도 상관없어. 무조건 끝났으면 좋겠어." 나중에 나는 이 말을 내뱉은 걸 크게 후회했다. 그러나 그 순간에는 몸이 너무나 아프고 불편한데다 스트레스와 공포에 시달리고 있었다. 특수치료도 다 그만두고 싶었다.

남편은 나를 위로하려고 애썼다.

병실 안에 같이 있었던 우리 언니도 괴로움은 잠깐이지만 좋은 결과는 오래오래 남을 거라면서 나를 달랬다. 그때만 해도 우리는 좋은 결과를 기대하고 있었으니까.

아마도 나는 두 사람에게 화를 내거나 퉁명스럽게 대꾸했을 것이다.
그리고 적절한 어휘를 골라서 말하지도 못했을 것이다. 마침 언니의 휴
대전화가 울렸다. 언니는 문자메시지를 보더니 피식 웃었다.

"뭐가 그렇게 웃겨?" 내가 언니를 향해 소리쳤다.

"게일이 보낸 문자야. '알렉사가 황산마그네슘 주사를 맞았어? 벌써
맞았다면 조심! 스테파니가 경험했는데 그 주사는 사람을 미치게 만든
대!' 라고 하네."

"맞아." 나의 대답에 우리는 다같이 웃음을 터뜨렸다. 다행히 주사의
효과는 조금씩 사라지고 있었지만, 부끄럽다는 생각이 고개를 들기 시작
했다!

다음 6주 동안은 계속해서 태아를 살리기 위한 조치를 취했다. 임신
26주가 되자 나는 아기가 태어날 때까지 24시간 점검이 가능한 병실로
옮겼다. 나는 한 달 넘게 병원 침대에서 지냈고, 그러는 동안 양막절제를
여러 번 해야 했다. 태아A의 상태는 계속 나빠지고 태아B는 아주 천천히
성장했다. 하지만 나는 여전히 낙관적으로 생각하고 있었다. 태아들은
아직 살아 있으니까.

임신 30주 하고도 5일 되던 날, 자연스럽게 분만을 시작했다. 조그만
쌍둥이 여자아이 둘이 태어났다. 둘 다 살아 있었다. 큰 아기 '캐스린'은
혈액과다 탓에 몸무게가 1.96킬로그램이었다. '타이니' 라는 이름이 붙
은 태아B는 0.76킬로그램. 그래도 우리는 분만실에서 타이니의 울음소

리를 들었다.

쌍둥이 아기들은 즉시 신생아 중환자실로 옮겨졌다. 이틀 동안 캐스린은 살아남기 위해 최선을 다했지만 몸에 가해진 손상을 돌이킬 수는 없었다. 캐스린의 심장과 폐가 활동을 중지했다. 우리는 52시간 만에 아기와 작별인사를 했다.

디이니는 신생아 중환자실에서 84시간을 보내고 2012년 3월에 우리 집으로 왔다. 지금 타이니가 기적처럼 건강하게 잘 자라고 있다는 소식을 전할 수 있어서 얼마나 기쁜지 모른다.

 블로그 '노 홀딩 백(No Holding Back)'

알렉사 B.(Alexa B.)는 예쁜 네 아이의 엄마다. 아이 셋은 지상에, 하나는 하늘나라에 있다. 그녀는 '캣 비기(Kat Biggie)'라는 필명으로 '노 홀딩 백' 블로그를 운영한다. 쌍둥이 중 하나를 잃고 나서 슬픔을 달래기 위해 블로그를 시작했다. TTTS라는 질환을 널리 알리고 슬퍼하는 다른 엄마들에게 희망을 주는 게 목표라고 한다. 그녀의 블로그에는 전업맘으로 생활하면서 겪은 일들이 시간 순으로 정리되어 있다. 알렉사는 뚜렷한 소신을 가진 아내이자 엄마로서 때로는 정치적인 활동도 한다

http://katbiggie.com
www.facebook.com/AlexaBigwarfe

우리는 왜 귀염둥이가 빨리 자라길 바랐을까요?
너무 빨리 컸지?
귀염둥이 크는 거 보며 우리는 늙어~
엄마, 나 운전해~
귀염둥이 운전면허 취득 쭉!

들리는가? 내 가슴에 금이 가는 소리

C. 리 리드

나의 '엄마 폭발'이 시작된 건 외동딸 '귀염둥이'가 태어난 날부터였다. 귀염둥이를 얻은 건 전혀 예기치 못한 임신의 결과였고(그래, 그런 일도 일어난다), '아주 평범한 아빠'와 나는 우리의 삶이 앞으로 어떻게 전개될지 짐작조차 못 했다. 9개월은 빠르게 흘러갔고, 금발과 파란 눈동자를 지닌 아름다운 딸 덕분에 나의 세상은 180도 바뀌었다. 그게 시작이었다.

내가 이 기적 같은 작은 생명을 길러낸 과정은 다른 부모들과 별반 다르지 않다. 아이의 첫 번째 미소, 처음 내뱉은 말, 첫 번째 기어가기와 걸음마, 첫 번째 등교, 첫 번째 단짝친구, 그리고 견디기 어려운 첫 이별의 아픔. 안타깝게도 나는 이 모든 '처음'이 언젠가 '마지막'으로 바뀐다는 사실을 깨닫지 못하고 살았다. 우리 귀염둥이가 '아이'였던 마지막 시간, 학생이었던 마지막 시간, 그리고 우리집에서 함께 살았던 마지막 시간.

우리 귀염둥이는 뭐든지 천천히 하는 편이었다. 말하는 것만 빼고(내 딸이니 당연하지!). 주위의 다른 부모들이 귀염둥이의 행동을 유도해 보라고 재촉하던 일이 지금도 기억난다. 나는 경험 많은 부모들의 말에 귀를 기울이면서 마치 로봇처럼, 나의 유일한 딸에게 어서어서 성장하라고 구슬리는 일에 지나치게 많은 시간을 썼다. 얼른 기어보라고 두 팔을 살짝 들어줬더니 아기가 엉금엉금 앞으로 가네! 베개를 세워서 받쳐주니 아기가 혼자서 앉을 수 있네! 소파 모서리를 잡고 있는 아기의 작은 엉덩이를 든든히 받쳐주니 아이가 몸을 일으키네? 성공이다! 귀염둥이가 첫돌을 맞이한 날, 나는 두 팔을 쭉 뻗어 쿠키를 내밀며 첫걸음을 유도했다. 그러자 귀염둥이는 역사적인 한 발을 내딛었다. 대체 나는 무엇을 위해 그렇게 아이를 재촉했을까?

그때는 소아과 의사도 나의 작전에 동참했다. "월령에 비해 아기가 작네요. 보통은 모유를 먹는 아기들이 체중이 빨리 불어나는데." 의사의 말이었다. 그래서 '아주 평범한 아빠'와 나는 우리 아기가 건강하게 자라서 얼른 다른 아이들의 체중을 따라잡기를 기도했다. 나는 귀염둥이가 달라고만 하면 곧바로 먹을 걸 줬다. 귀염둥이가 식성이 까다로운 아이가 되지 않고 무럭무럭 자라기를 바라는 마음에 나는 갖가지 건강한 음식을 준비했다.

기쁘게도 나는 아이의 키와 몸무게를 평균 정도로 만든다는 목표를 달성했다. 목표를 달성하기까지 무려 14년이 걸렸지만 그건 보람 있게 쓴 시간이었다.

귀염둥이가 처음 등교하던 날, 내 가슴에는 금이 가기 시작했다. 그날 나는 안절부절못하는 상태로 하루를 보냈다. 우리 귀염둥이는 지금까지 짧은 생애를 살면서 날마다 엄마, 아빠와 함께 지냈는데. 우리가 항상 지켜보는 집에서 안전하게 생활했는데. 아이가 어른처럼 옷을 차려입고 혼자 힘으로 교실에 걸어 들어가는 모습을 보는 게 이렇게 힘들 줄이야. 왜 아무도 내게 그런 말을 해주지 않았을까?

아이를 낯선 무리 속에 남겨두고 발길을 돌리는 게 얼마나 힘든 일인지, 그럴 때 아이가 엄마를 찾으며 울지 않기를 바라는 마음이 얼마나 간절한지 아무도 나에게 알려주지 않았다. 육아서적에는 왜 그런 이야기가 없을까?

귀염둥이가 중학교에 진학하자 '처음' 겪는 일이 한둘이 아니었다. 내 가슴은 삐걱대고 부서지고 쩍쩍 갈라졌다. 여름철만 되면 그 학교의 못난이 남학생들이 일제히 인물 좋은 도둑놈으로 변해서 여자아이들의 작은 심장을 훔쳐갔다. 귀염둥이는 늘 남자아이들과 어울리며 자랐다.

그래서 우리 부부는 그런 친구들과의 관계가 로맨틱하게 바뀔 거라고는 상상하지 못했다. 로맨틱이라고 해봤자 중학교 2학년 아이들 수준이긴 하지만. 내 딸이 아빠가 아닌 남자를 껴안고 있는 광경을 처음 봤을 때 나는 손이 마비되는 줄 알았다. 어라, 저 녀석도 우리 귀염둥이를 안아주네? 오, 아냐. 이건 현실이 아닐 거야. 하지만 그건 현실이었다. 흑흑흑. 귀염둥이가 연애를 시작하는구나. 이제 엄마에게도 비밀이 생기겠구나. 여름방학이 한창이고 내 아이가 남자아이를 쫓아다닐 수 있는 나이가 됐는데 내가 그걸 몰랐다니! 내 가슴은 벌써부터 떨리고 있었다.

일명 '로미오'가 귀염둥이의 가슴에 상처를 남기고 떠나갔을 때 나는 딸의 얼굴을 보는 것조차 두려웠다. 옛날 나의 경험을 돌이켜보면 데이트와 이별 따위의 일로 그렇게 힘들어하진 않았던 것 같다. 하지만 그런 일들이 내 딸에게 일어나자 그 옛날의 내 감정들까지 고스란히 되살아났다. 내 심장이 딸아이를 위해 울기 시작했다.

"괜찮아, 괜찮아. 넌 이걸 잘 이겨낼 거고 새로운 남자친구도 만나게 될 거야. 하지만 서두를 필요는 없단다. 너한테는 시간이 아주 많아."

80

나는 속마음과 다른 말을 하고 있었다.

들리는가? 내 가슴에 금이 가는 소리. 내 귀에는 크고 또렷하게 들린다. 걱정할 건 없다. 나 혼자 평정을 유지하려고 애쓰는 거니까.

귀염둥이는 엄마와 함께 운전연습도 했다. 우리는 동네 슈퍼마켓의 넓은 주차장 한가운데 차를 세웠다. 운전의 세세한 기술은 학원에서 다 가르쳐줬고, 나는 그걸 실생활에 적용하는 법을 가르쳐줄 참이었다.

나는 망연지실한 상태로 가만히 앉아서 딸아이가 매무새를 가다듬고 코에 파우더를 바르는 모습을 지켜봤다. "사진이 완벽하게 나와야 할 텐데." 귀염둥이가 말했다. 나는 속으로 대답했다. 어떻게 완벽하지 않을 수 있겠니? "내가 뭘 박지만 않으면 좋겠다." 귀염둥이의 말이다. 나는 고개를 끄덕였다. 내가 생각할 수 있는 유일한 충돌사고는 내 심장이 목구멍에 걸리는 것이었다. 우리 외동딸이 진짜로 이 시험을 통과해서 도로에서 운전을 할 수 있게 된다면… 혼자서…. 생각만 해도 무섭다.

우리 엄마도 나 같은 기분이었을까? 그랬다면 내가 눈치채지 못했던 것이겠지. 우리 엄마를 위해 덧붙이자면, 엄마는 내가 지금 느끼는 것과 같은 감정을 단 한 번도 내게 보여주지 않았다. 그런 감정을 드러냈다면 그건 옳은 일이 아니다. 만약 지금 내가 입을 열어 딸에게 바보 같은 소리를 한다면 그것 역시 옳은 일이 아닐 것이다. 귀염둥이의 마음은 하늘에 둥둥 떠 있는 듯했다. 벌써부터 맨 처음 차를 몰고 어디로 놀러 갈지 고민하는 중이었다. 귀염둥이가 오늘의 가장 중요한 일인 '목록 만들기'를 하려고 종종걸음으로 다니는 모습을 보며 나는 빙그레 웃었다.

차에 올라탄 우리는 최종연습을 위해 텅 빈 학교 주차장으로 갔다. 사실 귀염둥이에겐 연습이 필요 없다. 이건 단지 불가피한 사태를 조금이라도 늦춰보려는 나의 책략이었다. 귀염둥이는 한 시간쯤 내 뜻에 따라 연습을 하고 나서 이제 시험장으로 출발할 시간이라고 알려줬다. 그래, 가야지. 네 말이 맞다.

우리는 시험장에 도착해서 접수를 했다. 귀염둥이는 앞으로 5년 동안 임시면허증에 부착하고 다닐 사진을 찍었다. 5년. 다음 번에 내 귀염둥이가 운전면허관리공단에서 "치즈"라고 말할 때는 스물한 살이 되어 있겠구나. 나는 머릿속으로 지난 몇 년간 귀염둥이의 삶을 돌아봤다. 사진사의 반복되는 목소리가 내 생각을 방해했다. "눈을 깜박이지 마세요. 빨리 지나갑니다!" 빨리? '빠르다'는 말로는 표현이 안 된다. '초고속'이라는 말도 우리 귀염둥이에게 방금 일어난 일을 설명하기에는 부족했다. 병원에서 산부인과 의사가 아기를 내 팔에 안겨준 게 불과 며칠 전 같았다. 아닌가? 중학교 졸업식 때 입을 드레스를 산 게 방금 전의 일 같았다. 아닌가? 슬프게도 아니었다.

운전시험관이 딸아이의 이름을 부르자 귀염둥이는 자리에서 일어섰다. 지금에야 이 순간의 무게를 깨달은 듯했다. 초조한 표정으로 입술을 깨무는 딸. 나는 눈물을 한 방울 흘리면서 귀염둥이의 이마에 키스하고 행운을 빌어줬다. "최선을 다해라. 넌 충분히 노력했어." 귀염둥이는 시험장으로 나갔고, 나는 쓰러질 것 같아서 두 다리에 힘을 주면서 버텼다. 딱딱한 플라스틱 의자는 나의 아픔을 덜어주지 못했다. '하느님 아버지, 부디 우리 아이가 시험을 통과하지 못하게 해주십시오. 아니에요. 하느님 아버지, 시험에 떨어지면 아이가 몹시 슬퍼할 겁니다. 시험을 치르는 동안 그 아이를 인도해 주십시오.' 나는 의자에 앉아서 차가 돌아오기만을 기다렸다.

대기실 맞은편에서 귀염둥이가 활짝 웃는 얼굴로 나를 쳐다보고 있었다. 올 것이 왔구나. 딸아이는 자신의 미래를 손에 들고 있었다. 겉으로 보기에는 아무것도 아닌 종이 한 장이지만 그 종이는 또래 친구들이 가장 탐내는 보물을 제공한다. 보물이란 곧 자유다. 혼자 차를 몰고 쇼핑몰에 갈 자유, 운전이 필요한 아르바이트를 구할 자유, 친구들과 영화를 보러 갈 자유, 그리고 조금 더 지나면 어린 시절의 집을 떠나 자기만의 인생을 개척할 자유. 우리 귀염둥이가 떠날 날이 멀지 않았다.

귀염둥이는 직접 차를 몰고 집으로 돌아오면서 신나게 재잘거린다. 면허시험에 까다로운 조작이 포함되는데 자기가 아주 잘 해냈다는 이야기. 아빠한테 빨리 말하고 싶다는 이야기. 그래, 아빠도 자랑스러워할 거야. 나는 고개를 끄덕이며 웃어줬다. 뭐라고 더 말하고 싶었지만 갑자기 벙어리가 된 것 같았다. 몸이 마비되고, 가슴에 영원히 금이 가는 소리가 아련하게 들려온다.

감정을 주체할 수가 없었다. 우리 귀염둥이가 운전면허를 따다니….
내 호흡이 빨라졌다. 딸아이가 너무 빨리 어른이 되어갔다. 혈압이 올라
가고 땀이 나기 시작했다. 이제 나는 딸아이를 여기저기 태워다줄 필요
가 없겠지. 빨간 신호일 때 우리가 나눴던 그 특별한 대화들이 얼마나 그
리워질까? 눈물이 얼굴로 주르륵 흘러내렸지만 나는 닦으려 하지도 않
았다. 이 눈물은 온전히 내 것이니까.

딸아이가 새로운 출발을 한다는 기쁨과 하나의 시기가 끝난다는 슬픔
이 한꺼번에 밀려온다. 나는 비통한 심정이다. 쓸쓸하고 슬프기도 하다.
우리는 왜 아이가 빨리 자라기를 바랐던가?

블로그 '헬리콥터맘 앤 저스트 플레인 대드(Helicopter Mom and Just Plane Dad)'
C. 리 리드(C. Lee Reed)는 '아주 평범한 아빠(Just Plane Dad)' 크리스와 함께 사는
헬리콥터맘이다. 리드와 크리스는 아이들의 삶에 적극적으로 개입하면서도 행복하고
건강하고 사랑이 넘치는 관계를 유지할 수 있다고 믿는다. 그들의 블로그에서 "육아의
어두운 면"이라는 항목으로 분류된 이야기들(실제로는 그다지 어둡지 않다)을 읽어보
라. 부모가 아이들 머리 위를 빙빙 돌아도 아이들에게 해가 되지 않는다는 점을 입증함
으로써 헬리콥터 육아에 관한 세상의 인식을 바꾸는 게 그들의 목표라고 한다.
www.helicoptermomandjustplanedad.com
www.facebook.com/HMAJPD

지나친 참견은 노 땡큐!

데브라 콜

1월의 어느 맑은 날 오후, 나를 '멘붕' 에 빠뜨린 단어가 하나 있었다. 모자!

나는 뉴욕에 산다. 뉴욕 사람들은 눈치가 빠른 걸로 유명하진 않다. 아무리 그래도 나는 사람들이 나의 임신과 육아에 그렇게까지 간섭하고 참견할 줄은 몰랐다. 사람들의 이런저런 잔소리는 내 머릿속에 차곡차곡 쌓여갔다. 그러다 어느 날 길에서 만난 중년 남성의 입에서 "모자"라는 말을 듣자마자 나는 곧바로 폭발하고 말았다.

세 번째 임신해서 8개월쯤 됐을 때, 나는 임신이 지긋지긋했다. 몇 주째 제대로 누워서 잠을 자지 못했다. 11월인데도 땀을 줄줄 흘리면서 어기적어기적 걸어 다녔다. 우리집 개조차도 내 무릎에 와서 앉는 걸 포기했다.

그래도 나는 크리스마스 양말 안에 넣을 선물을 사달라는 부모님의 부탁을 들어드리기 위해 '배스앤바디웍스Bath & Body Works(미국에서 인기가 높은 위생용품 브랜드 - 옮긴이) 매장으로 걸어가고 있었다. 불어난 몸을 질질 끌고 문 쪽으로 가고 있는데 경비원이 나를 멈춰 세웠다. 순전히 내 뱃속에 쌍둥이가 있느냐고 물어보기 위해서였다.

우리 아들은 출생 당시 2.47킬로그램으로 몸무게가 적게 나가는 편이었다. 임신 중에 불편했던 건 맞지만 내 뱃속에 아기가 둘이나 있는 걸로 보였을 리는 없다. 그 경비원을 생각하면 좀 안됐지만, 그때 나는 사람들이 나의 임신한 몸에 대해 이러쿵저러쿵 이야기하는 걸 더이상 참기가 힘들었다.

"아닌데요." 나는 즉시 쏘아붙였다. "저보고 뚱뚱하다고 말해주서서 정말 고맙네요!"

경비원은 진짜로 어리둥절한 표정이었다.

아이를 낳기 일주일쯤 전에는 우리가 사는 건물의 수위 아저씨가 한 건 했다. 아저씨는 핫도그를 사 먹으러 식당에 다녀온 것 같았다. 그러고는 눈이 멀어버릴 것 같은 새하얀 트레이닝복으로 갈아입고 계단을 내려와서 낯선 사람이 이 건물에 출입하지 못하게 하려고 지키고 있었다. 아, 이런 건 잊어버려도 좋다.

수위 아저씨는 우리 빌딩 세탁실에 새로 설치한 비디오카메라가 아주 마음에 들었던 모양이다. 그래서 아저씨는 벼르고 있다가 내가 지나갈 때 그 카메라에 대해 한마디 했다. 내 다리는 "어느 쪽에서 봐도 금방 알아볼 수 있"으며 내 몸이 너무 거대해서 "아기가 움직이는" 것까지 화면으로 다 보였다나. 뭐라고요? 이 아저씨가 지금 장난하나?

5개월 후 우리는 브루클린으로 이사했다. 이곳으로 옮겨 왔으니 출산을 하고 나면 이런저런 잔소리를 안 듣게 될 줄 알았다. 그런데 이사하고 나서 두 달쯤 지났을 때, 나는 엘리베이터 안에서 새로운 관리인 아저씨와 마주쳤다.

"안녕하세요?" 내가 먼저 인사를 건넸다.

"네, 안녕하세요?" 관리인 아저씨의 영어에서는 도미니카공화국 악센트가 짙게 풍겼다. 아저씨는 내 배를 힐끔 쳐다보더니 말했다. "아주…." 적절한 단어를 고르느라 말끝을 흐리던 그가 마침내 입을 열었다. "…좋아 보이십니다."

“아, 네. 고맙습니다.” 나는 웃어넘기려고 애쓰면서 대답했다. 그래도 이 아저씨는 세탁실 비디오를 꼼꼼하게 보면서 임신부의 다리를 찾아봤다는 이야기는 안 하잖아. “아기 때문에 찐 살이 빠지고 있나 봐요.”

“아아아아, 그래애애애요?” 아저씨는 까맣게 잊어버리고 있었던 나의 작은 천사를 비로소 기억해 낸 듯했다. 그러니까 그는 내가 출산 후에 살이 빠졌다는 이야기를 한 게 아니라 그냥 살이 쪘다고 말한 거였다. “그래요, 아기.” 아저씨가 말했다. 그래서 댁이 그렇게 뚱뚱한 거군요. 아저씨는 그 말을 입 밖에 내진 않았지만 그렇게 말한 거나 다름없었다. 우리는 둘 다 거북하게 서 있었다. 나는 당장이라도 엘리베이터에서 내리고 싶었다. 안녕.

세상 사람들, 내 말 좀 들어보세요. 여러분이 엄마와 예비엄마들에게 일부러 무례하게 구는 건 당연히 아니겠죠. 하지만 우리를 좀 내버려두세요. 그냥 미소를 지으면서 “좋아 보이시네요.”라고만 말하세요. 정말이에요. 독창적인 말을 할 필요가 없다니까요!

브루클린에서 어린아이를 키우며 산다는 건 여러모로 힘든 일이다. 유아수영 강좌에 참석하기 위해 ‘동네’ YMCA에 가려면 방법은 두 가지였다. 첫 번째는 지하철로 두 정거장을 이동하는 방법. 그러자면 지하철역까지 10분쯤 걸어가야 한다. 유모차를 밀고, 아들을 데리고, 4일치(지구의 종말 같은 비상사태에 대비해서) 식량을 넣은 5킬로그램짜리 가방까지 들고 계단을 두 번이나 내려가야 한다. 지하철 안에서는 누군가 자리를 양보해 주기만을 기도한다. 유모차를 밀고, 아들을 데리고, 5킬로그램이 넘는 가방을 들고 다시 계단을 올라간다. 그리고 또 10분쯤 걷는다.

두 번째 방법은 버스를 타는 것이다. 만성적인 교통체증 때문에 항상 늦게 도착하는 버스는 공공임대주택단지 사이의 구불구불한 길을 천천히 통과한다. 그리고 대개는 버스에 탄 여학생들이 서로 귀를 잡아당기며 싸우는 꼴을 보게 된다.

한마디로 표현하면… 나는 유아수영 강좌에 도착하기도 전에 항상 땀에 흠뻑 젖고 패배감을 느낀다.

어느 여름날 아침, 지하철역 출입구를 몇 분 앞둔 곳에서(나는 지하철을 선택했다.) '욕심쟁이는 나빠(Greedy People Suck)' 어쩌고 하는 문구가 들어간 검정색 티셔츠 차림의 중년 여성이 나를 붙잡아 세웠다. 그녀는 내 유모차 안의 온도가 지금쯤 50도는 될 거라고 말해줬다. 나는 햇빛을 가리기 위해 유모차에 얇은 흰색 머슬린 담요를 덮어놓았는데, 자신이 간호사라고 밝힌 그 여성은 담요를 덮어놓은 유모차 안에서 탈수증세를 일으켜 자신이 일하는 병원에 오는 아기들이 얼마나 많은지를 내게 구구절절 설명했다.

나는 원래 상냥한 사람이 못 된다. 친한 친구들은 내가 '직설적'인 것뿐이라고 말해주지만, 덜 친한 친구들은 다른 형용사를 선택할 것이다. 하지만 그날처럼 낯선 사람이 불쑥 끼어들어 논평을 할 때면 어이가 없어서 내 성격과 무관하게 침묵을 지키게 된다.

나는 멍한 눈으로 간호사 아주머니를 쳐다보면서 고맙다고 말한 다음 가던 길을 계속 갔다. 아마도 그녀는 내 의도를 파악하지 못한 듯했다. '우리(나는 과거, 현재, 미래의 모든 엄마를 대변하고 있어요.)는 아주머니의 충고를 듣고 싶지 않아요. 아주머니가 간호사라도 마찬가지랍니다. 자, 욕심쟁이가 나쁘다고 하셨죠? 방금 그 장면에서 누가 나빴는지 아세요? 어떤 엄마가, 염소를 잔뜩 넣어 살균했지만 당연히 오줌이 섞였을 수밖에 없는 실내수영장에서 수영복을 입고, 귀여운 내 아이가 30분 동안 첨 벙첨벙 물장난을 치는 동안 낯선 사람들과 손을 잡고 노래를 부르기 위해 한 시간이 걸리는 길을 가는 중이라고요. 그런데 아주머니는 고작 값비싼 담요 한 장 때문에 그 엄마를 비판했나요? 맞아요. 아주머니가 방금 그랬다고요.'

겨울이 되자 나는 새로운 깨달음을 얻었다. 어린 아기를 아기띠로 안고 다니면 편하다고 모두들 이야기한다. 하지만 걸음마를 하는 아기를 아기띠로 데리고 다니는 건 또 다른 문제다. 9킬로그램이나 나가는 아이를 허리에 고정시키고 나면 어깨와 상체를 유연하게 움직일 수가 없다. 나는 겨울 내내 땀을 흘리고 투덜거리면서 이곳저곳을 다녔다.

1월의 어느 맑은 날 오후. 맨해튼의 지하철역으로 걸어가는 길이었다. 나는 몇 달 전부터 임신하려고 노력 중인 친구에게 전화를 걸었다. "점심이라도 같이 먹을래?" 친구는 시간이 안 된다고 했지만, 우리는 최근에 그녀가 병원에 다녀온 일에 관해 잠깐 이야기를 나눴다. 바로 그때. 50세

가 넘어 보이는 아저씨 하나가 내 쪽으로 다가오는 모습이 보였다. 아저씨는 소스라치게 놀란 얼굴로 두 손을 크게 흔들어대고 있었다.

나는 말없이 눈살을 찌푸렸다. 그건 어느 나라에서나 통하는 '왜 그러세요?'라는 신호였다. 내 뒤쪽에서 티라노사우루스 한 마리가 내 머리통을 씹어 먹기 직전인가요? 그게 아니라면 왜 아저씨가 내 전화통화를 방해하는 거죠? 우린 아는 사이도 아니잖아요?

"모자!" 아저씨는 다시 한 번 팔을 휘두르며 말했다. 내 곁을 지나면서 그의 말투는 더 다급해졌다. "아기한테 모자를 씌워줘요! 날이 춥잖아요."

나, 원, 참. 기절하시겠네.

그건 아슬아슬하게 버티고 있던 나를 쓰러뜨린 최후의 일격이었다. 지난 2년 동안 나를 향해, 내 몸을 향해, 그리고 나의 육아방식을 향해 쏟아졌던 논평과 모욕을 고스란히 받아내며 나는 얼마나 상처 받고 있었던가.

"방금 뭐라고 하셨어요?" 나는 이렇게 소리치며 뒤로 돌아서 미치광이처럼 그 아저씨를 쫓아갔다.

아저씨는 내 말을 못 들은 척하면서 계속 걸어갔다. 참으로 역설적인 상황이었다. 사실 못 알아들은 척해야 하는 쪽은 나였으니까. 하지만 나는 못 들은 척하고 넘어가지 않았다. 그러고 싶지도 않았다. 내가 왜!

"방금 뭐라고 하셨어요?" 나는 또다시 소리를 빽 질렀다. 길에 있던 사람들이 나를 쳐다보기 시작했다. 조그만 아기를 품에 안은 여자가 낯선 사람에게 소리치고 있었으니, 뉴욕의 독특한 기준을 적용하더라도 나는 좀 이상한 사람으로 보였을 것이다. "날이 춥다고요? 몰랐네요!" 나는 그 아저씨의 뒤를 따라가면서 소리쳤다. "제가 아기한테 모자를 씌워줘야 한다고요? 그것도 잘 몰랐네요!"

나의 상상이었을까? 아저씨는 초록불이 빨간불로 바뀌기 전에 횡단보도를 건너기 위해 걸음을 빨리 하는 듯했다.

"알려줘서 고마워요!" 아저씨가 횡단보도를 건너는 동안 나는 그의 등뒤에 대고 고래고래 소리쳤다.

그때서야 내 손에 아직 전화기가 들려 있다는 걸 알아차렸다. 아직 전화를 끊지 않고 있었던 친구가 깔깔거렸다. 내 심장이 쿵쿵 뛰었다. 나는 화가 나 있었고 창피하기도 했다.

나는 전화기에 대고 친구에게 말했다. 내가 정말로 하고 싶었던 말은 이거라고. "낯선 아저씨, 잠깐만요. 실례하지만 이 아이를 아홉 달 동안 자궁 안에 넣고 다니셨나요? 아니죠? 아저씨 아이가 아니라서 그렇다고요? 아저씨한테는 자궁도 없다고요? 아저씨가 아이슬란드 사람들이나 입는 두꺼운 파카 안에다 9킬로그램짜리 아기를 집어넣고 빌어먹을 브루클린 변두리에서 플래타이론 구역Flatiron District까지 땀을 뻘뻘 흘리며 걸어가다가 늦어버렸는데, 지하철 계단을 내려갔다가는 둘 다 죽을 것 같아서 안 내려가고 가만히 서 있었던 적 있나요? 있어요? 있냐고요? 아저씨가 저예요? 대답해 보세요! 아니죠? 그럼 세상의 모든 신성한 것들을 위해 각자 자기 일이나 잘 하자고요."

어쩌면 우리는 은연중에 육아에 대해 이미 잘 알고 있다고 생각하고 있는지도 모른다. 인류는 까마득한 옛날부터 아이들을 키우지 않았던가. 그렇지, 그렇지. 그렇다면 육아는 '직관'을 동원해서 '자연스럽게' 하면 되지 않나? 나도 교육을 받은 사람이니까, 적어도 내 아이를 키우는 일에 대해, 예를 들면 호모사피엔스의 첫 세대만큼은 자신감이 있지 않겠는가?

그런데 그게 꼭 그렇지가 않다. 뭐 사소한 거라도 하나 찾아보려고 하면 우리가 만난 적도 없는 저자들이 쓴 책을 수도 없이 넘겨야 한다. 아기가 먹고, 자고, 싸고, 노는 일에 관한 온갖 규칙(새로운 규칙, 전통적인 규칙, 현대적인 규칙, 놀라운 규칙!)들에 관한 책들을 읽다 보면 멀미가 난다.

가족들이 여기저기 흩어져 살고 핵가족화가 많이 진행된 탓에, 우리는 이제 대대로 전해져 내려오는 강력한 지혜의 네트워크에 의지할 수가 없다. 우리 세대 남녀의 대다수는 자기보다 어린 형제 다섯 명과 사촌 열 명을 키우는 일을 거들었던 경험이 없다. 엄마와 이모, 고모들이 우리 곁에 머물면서 신생아 목욕은 어떻게 시키고 손톱은 어떻게 깎는지 알려주지도 않는다. 우리 세대의 대다수는 아기가 태어난 지 이틀 혹은 사흘 만에 병원에서 축복의 의식도 없이 퇴원한다. 그러고 나면 곧바로 육아의 현실과 맞부딪치며 홀로 대처해 나가야 한다.

집단적 지혜를 잃어버렸기 때문에 우리는 늘 마음이 불안하고 정신적·시간적 여유가 없다. 우리는 아이 키우는 일은 각자가 알아서 해야 한다고 여긴다. 내가 아는 어느 소아과 의사가 들려준 이야기인데, 어떤 엄마가 한밤중에 전화해서 아기가 똥을 눴는데 기저귀를 갈아주기 위해 깨워야 하느냐고 물어보더란다. 요즘 엄마들이 얼마나 의지할 데가 없는가를 보여주는 일화다.

그래서 우리는 육아에 도움이 되는 정보라면 뭐든지 움켜잡으려 하고, 다른 엄마들의 육아법은 틀렸고 내가 옳다고 서슴없이 주장하기도 하고, 지혜가 필요하다고 생각되는 모든 사람에게 내가 몸으로 부딪쳐 얻은 지혜를 억지로 떠맡기려는 충동을 느끼기도 한다.

이제 현실을 직시하자. 우리는 누구나 우리 자신의 경험에 근거해서 성급한 일반화를 쉽게 한다. 그리고 대부분의 사람들은 육아를 해봤거나 적어도 육아의 대상이 된 적이 있으므로, 우리에게는 그럴싸한 주장들을 뒷받침하는 일화도 잔뜩 있다. 그리고 가장 중요한 것. 우리는 다른 사람의 육아법에 관해 비판할 자격이 있다고 생각한다.

하지만 소방호스에서 나온 총알처럼 사방으로 씽씽 날아가는 조언들을 꿀꺽꿀꺽 삼킬 사람이 누가 있겠는가? 오, 〈베이비 위스퍼 Baby Whisperer〉를 읽으셔야겠네요. 퍼버법으로 수면교육을 하세요! 시어스 박사의 책이 좋아요. 아니에요, 스포크 박사는 안 돼요! 절대로요. 저런! 라

레체 리그La Leche League (국제 모성지원단체 - 옮긴이)에서 그건 안 된다고 하던데요. 새로운 원칙. 오래된 원칙. 귀마개를 써보셨나요?

으악! 조용히 좀 합시다. 여러분 모두!

지금부터 내가 아들을 데리고 길을 걸으면서 어떤 행동을 하는 모습을 여러분이 본다면, 설사 그게 여러분은 절대 하지 않을 행동이라 해도 제발 신경을 꺼주세요. 모두가 불안하기 때문에 끊임없이 떠들어대는 요즘 같은 시대에는 침묵이 금일 때가 간혹 있답니다.

 블로그 '어반 무 카우(Urban Moo Cow)'

데브라 콜(Debra Cole)은 프리랜서 작가, 블로거, 엄마로 살고 있다. 참을성이 부족한 아들 하나, 참을성 많은 남편, 신경질적인 웰시 코기 종 개와 함께 브루클린에 거주한다. 아들이 태어난 첫 주에 그녀는 불면의 밤을 보내고 있었는데, 아들에게 모유를 먹이는 그녀의 모습을 보며 남편이 환하게 웃고 있었다. 남편은 그녀의 이마에 키스하면서 "당신은 아주 훌륭한 젖소야."라고 말했다. 그녀는 그 말에 기분이 상하지 않았다. 오히려 그 표현이 마음에 들어서 그걸 필명으로 삼기로 했다. 그녀는 '어반 무 카우(Urban Moo Cow : 도시의 젖소라는 뜻 - 옮긴이)'라는 제목의 블로그에 육아일지를 쓰는데, 그 중에는 유머러스한 일화도 있고 현대사회의 부모들이 고민하는 문제에 대해 깊은 사색을 담은 글도 있다. 그녀의 글은 블로그허(BlogHer), 스케리마미, 마마피디아 (Mamapedia)와 같은 사이트에도 게재된 바 있다.
www.urbanmoocow.com
www.facebook.com/UrbanMooCow

똥은 어디에나 있다?

나타샤 피터

엄마가 된다는 건 30년이라는 짧은 인생을 사는 동안 최고로 어려운 일이었다. 사실은 "내가 왜 이걸 하겠다고 했을까?"라고 중얼거릴 때도 있다. 하지만 내 아들이 없는 삶은 상상도 하기 어려운 순간들도 있다(하루의 대부분은 이런 순간들이다). 싱글맘으로 살아가는 나는 원래 배우자와 함께해야 할 갖가지 경험을 혼자 하고 즐거움도 혼자 누린다. 물론 힘든 점도 있다. 예컨대 지저분한 것을 혼자 다 치워야 한다. 동반자가 있었더라면 그 사람과 나눠서 했을 일이다.

주의 : 지금부터 하려는 이야기는 여러분이 "아유!" 하면서 감탄할 만큼 재밌는 내용이 아니다. 물론 감탄할 만한 대목도 있겠지만, 이 이야기를 계속 읽고 싶은지 진지하게 고민해 보길 권한다. 어쨌든 이건 똥이 나

오는 이야기니까. 자, 난 여러분에게 미리 경고했다!

엄마가 되기 전에도 나는 사람의 몸에서 나온 액체와 배설물을 참아내지 못했다. 그걸 치우는 일은 더더욱 싫어했다. 그런 걸 보면 왠지 모르게 신경이 날카로워졌다. 주변에 아이들이 있는 건 좋아했지만 기저귀를 갈아주는 일이나, 아이들이 내 몸에다 소변을 보는 일이나, 아이들의 다리와 신발에 묻은 똥을 닦아줘야 한다는 건… 그냥 내가 그런 일을 즐기지 않았다고만 해두자. 한동안 나는 아이를 가질 마음도 없었다. 그런데, 어라? 아들이 덜컥 생겨버렸다.

아들이 태어난 지 얼마 안 되어 나는 싱글맘이 됐다. 나는 사고방식을 바꿔야 한다는 걸 깨달았다. 오줌과 똥을 바라보는 시각 자체를 달리해야 했다. 아들은 온전히 내 책임이었으므로 아들의 몸에서 나오는 배설물을 치우는 고단한 일을 누군가에게 떠넘길 수도 없었다. 아이를 키우면서(특히 어린 남자아이를 키우면서) 기저귀 가는 일에 익숙해지고, 엄청난 양의 침을 닦아내고, 내 몸에 소변이 묻는 일에 익숙해질 수밖에 없었다. 우리 아들이 대소변을 쉽게 가리지 않을 거라는 예감이 일찍부터 들었다. 한마디로 일복이 터졌다.

그러나 왜? 내가 왜? 내 발과 카펫에 묻은 대소변을 치워야 한단 말인가? 그렇다. 당신이 읽은 게 맞다. 우리 아들은 카펫에 오줌과 똥을 눈다.

우리 아들은 알몸으로 있는 걸 좋아한다. 그렇다고 아이 탓만 할 수도 없다. 나도 어릴 때 똑같은 행동을 했다고 들었으니까. 부끄러움을 무릅쓰고 말하자면 나는 지금도 옷이 몸에 닿는 걸 싫어한다. 그래서 아이가 알몸으로 집안을 뛰어다니며 이런저런 일을 벌여도 내 탓이겠거니 하고 만다.

우리 아들은 실오라기 하나 걸치지 않고 노는 것도 곧잘 한다. 알몸으로 뛰어다니고 몸 구석구석에 바람을 맞으면서 일종의 자유를 맛보는 듯하다. 실제로 아들은 옷을 벗을 때마다 그런 행동을 한다. 집안을 여기저기 돌아다니면서 줄곧 웃고 킬킬거린다. 한동안 나는 친구들을 집에 초대할 때마다 아들에게서 눈을 떼지 못했다. 아들은 눈앞에서 잠시 사라졌다가 옷을 홀딱 벗고 나타나서 집안을 뛰어다니기도 하고 내 친구들에게 손을 흔들며 인사도 했다. "안녕!"

내 친구들 중 몇몇은 기절초풍을 했지만 나머지 친구들은 그걸 재미있게 봐줬다. 나로 말하자면, 아들이 그런 행동을 할 때마다 고개를 돌리고 방에서 나가버렸다. 아이에게 미소를 짓는 모습을 보여주면 옷을 홀딱 벗고 돌아다녀도 괜찮다는 신호로 받아들일 테니까.

알몸으로 돌아다니기는 한동안 계속됐다. 그리고 그 무렵 아이의 행동에 변화가 생겼다. 옷을 안 입는 건 기본이고 바닥에 오줌과 똥을 누기 시작한 것. "이게 무슨 짓이야?" 나는 아이를 타일러도 보고, 큰소리도 쳐보고, 벌을 주는 등 갖은 방법을 써봤지만 아이는 아랑곳하지 않고 아무

데나 볼일을 봤다.

엄마 폭발이 일어난 건 이 새로운 단계가 시작된 주의 토요일 아침이었다. 그 주에 나는 똥을 하도 많이 밟아서 이제 진절머리가 나 있었다. 일주일 내내, 날마다 똥을 밟으면서 살고 싶은 사람이 어디 있겠는가?

결코 잊을 수 없는 그날, 나는 아이를 거실 텔레비전 앞에 앉혀두고 샤워를 하러 갔다. 내가 재빨리 샤워를 끝내고 나가려고 할 때 거실 쪽에서 똥 냄새가 희미하게 풍겼다. 나는 아이를 향해 소리쳤다. "응가했니?" 대답은 없고 킥킥 소리만 들렸다. 뭔가 일이 벌어졌다는 생각이 머리를 스치는 순간 축축한 바닥과 질편한 뭔가가 피부에 닿았다. 나는 마음속으로 기도했다. '제발, 이게 그게 아니기를 빕니다. 그리고 지금 희미하게 들리는 낄낄 소리가 우리 아들이 자기 행동을 자랑스럽게 여기는 게 아니기를 바랍니다.' 내가 발을 들어올리자 똥이 뚝뚝 떨어졌다. 기분이 급격히 나빠졌다.

거실 안으로 들어가서 보니 바닥과 내 발에 묻은 똥은 걱정거리 축에도 못 들었다. 카펫 전체, TV세트와 소파에 똥이 덕지덕지 묻어 있었다. 아이는 소파 뒤에 앉아서 자기가 타고 노는 장난감 자동차에 묻은 똥을 떼어내려고 애쓰는 중이었다. 흥에 겨워 깔깔 웃는 아이가 보였다. 그 순간 나는 이성을 상실했다.

나는 바닥에 주저앉았다. 내가 금방 밟은 똥 위에 앉은 것도 같다. 신경질적인 울음이 터져나왔다. 내 아이가 이렇게 난장판을 만들었다는 사실을 감당할 수 없었다. 그리고 내가 그걸 다 치워야 한다는 현실이 원망스러웠다. 내가 무슨 죄를 졌다고 이런 형벌을 받는 걸까? 내가 나쁜 엄마라서 아이가 나에게 복수하기 위해 집에 똥칠을 한 걸까?

그전에도 나는 집을 엉망으로 만들었다는 이유로 아이에게 짜증을 내고 소리친 적이 있었다. 그런 식으로 아이에게 짜증을 내는 게 잘못된 행동이라는 사실을 알고 나서부터는 대화를 통해 그런 행동이 왜 나쁜 건지를 이해시켜야겠다고 마음먹었다. 하지만 그 결심은 도움이 되지 않았다. 그러고 나서도 일주일 동안 아이는 날마다 똑같은 행동을 했으니까. 달라진 게 있다면 상황이 점점 나빠진다는 거였다. 혹시 나는 영원히 이런 처지로 지내야 하는 건가? 아이의 이런 행동은 언제까지 계속될까? 나의 인내는 이미 바닥이 나 있었다.

20분 동안 내가 미친 듯이 울어대자 아이가 드디어 내게 다가왔다. 아이는 엄마가 왜 저러나, 어떻게 다가가야 하나를 고민하면서 20분 내내 같은 자리에 앉아 있었던 것 같았다. 아이는 엄마를 부르면서 안기려고 했다. 그제야 엄마가 똥 때문에 얼마나 괴로운지를 깨닫고 엄마 마음을 풀어주려고 노력하는 모습이었다. 나는 앞뒤 생각도 않고 아이를 번쩍 들어올려 힘껏 껴안아줬다. 아이도 나를 꼭 껴안았다. 그러는 동안 아이의 작고 예쁜 손이 내 어깨에 올라왔다. 똥이 아이의 두 손과 두 다리를 타고 줄줄 흘러내려 마룻바닥에 뚝뚝 떨어질 무렵에야 나는 내가 무슨 짓을 했는지 알았다. 나의 눈물은 웃음으로 바뀌었다. 킥킥. 짜증이 섞인 웃음. 아들도 나를 따라 웃기 시작했다. 그 소리를 들은 나는 눈을 뜨고 거실 안을 다시 둘러봤다. 나의 웃음은 곧바로 눈물로 바뀌었다.

10분간 더 울고 나서, 마침내 신경질을 내서 해결되는 건 아무것도 없다는 결론에 도달했다. 지금 내가 얼마나 바보 같아 보일까를 생각하면서 나는 벌떡 일어났다. 아이를 욕실로 데려가서 샤워기를 틀고 함께 씻었다. 우리는 욕조 안에서 깔깔 웃으며 놀다가 얼마 후 침실로 가서 옷을 입었다. 아이 옷을 꺼내 입히고 나서 아이와 함께 침대에 누워 텔레비전을 봤다. 아직은 똥범벅이 된 거실을 치울 엄두가 안 났다. 내가 침실에서 나가면 거실이 저절로 깨끗해져 있기를 바랐다. 맞다. 그건 나의 환상이었다. 아직 현실을 직시할 준비가 안 됐다고 말하지 않았나?

서서히 우리는 잠에 빠져들었다.

뭔가 덜컹거리는 소리가 들리는 바람에 나는 잠에서 깨어났다. 소리는 화장실 변기 손잡이에서 들려왔다. 물이 내려가는 소리 같은데? 옆을 보니 아이가 없었다. '젠장! 애가 뭘 하고 있는 거지?' 나는 벌떡 일어나 주위를 둘러봤다. 아이가 욕실이 아니라 침실 바닥에 앉아 있거나 근처 어딘가에 있기를 바라면서.

나는 조금 몽롱한 상태로 일어섰다. 그러자 거실 구석구석에 똥칠이 된 것보다 조금 더 나쁜 광경이 눈에 들어왔다. 그보다 나쁜 게 어디 있느냐고? 그런 게 있다. 아들이 화장실 휴지를 손에 들고 자기가 어질러놓은 걸 치우려 하고 있었다. 거실에 묻은 똥을 조금 닦고 그 휴지를 변기에 넣은 다음 물을 내리기 직전.

불행히도 그날 화장실에는 두루마리 휴지가 두 통 이상 있었다. 그래서 변기는 꽉 막혀버렸다. 우리집 욕실에는 물과 휴지와 똥의 흔적이 가득했다. '아까 그것보다 더한 일이 생긴다는 게 말이 되나?' 나의 해결사님은 엄마를 도와주고 있다는 자부심을 느끼며 활짝 웃고 있었다.

나도 모르게 온몸이 부르르 떨렸다. 소리를 질러야 할지, 호통을 쳐야 할지, 웃어야 할지, 울어야 할지 분간이 안 갔다. 온 집안이 난장판이었다. 아이가 엄마를 도와주려고 한 거야 기특하지만 결과적으로는 일을 더 크게 만들었다. 욕실 바닥에 물이 너무 많이 고여서 나는 무척 심란했다. 게다가 욕실에서 새어나온 물이 거실 카펫까지 다 적시고 있었다. 나는 그냥 현실을 받아들이기로 했다.

'그래, 내 아들이 집안에 똥을
잔뜩 묻혀놓았다.

그리고 나는 잠시 자제력을 잃고 폭발했다. 내가 싱글맘이라는 것, 집안의 똥을 나 혼자 치워야 한다는 것도 인정하자.' 나는 옷소매를 걷어붙였다. 아이는 엄마를 기꺼이 도와줬다. 엄마가 언제 다시 신경질을 낼지 몰라서 조마조마했을지도 모른다. 내가 바닥을 치우는 동안 아이는 비닐봉지를 들고 입구를 벌려줬다. 나는 더러워진 종이타월을 봉지 안에 쏙 쏙 넣었다.

소파와 의자를 새로 사야 하고 카펫은 세탁소에 맡겨야 했다. 하지만 그런 건 똥을 다 치운 다음에야 가능한 일이었다. 두 시간쯤 지나고 나서야 집안이 깨끗해졌다. 나는 아이와 함께 샤워를 한 번 더 했다. 너무 많은 똥을 치운 다음이라 깨끗하고 상쾌한 기분을 느낄 시간이 필요했다. 솔직히 말하자면 지금도 그 일이 생각날 때마다 나는 또 샤워를 하고 싶어진다. 지금 당장.

그날 이후로 이이기 기저귀를 빼버리거나 집안 곳곳에 똥칠을 하면서 뛰어다니는 일은 없었다. 간혹 바닥에 오줌을 싸긴 했지만 카펫에 똥을 눈 적은 없었다. 똥 묻은 카펫을 보고 엄마가 보인 반응에 놀라서 겁을 집어먹은 것 같았다. 그래서 우리는 슬슬 변기를 사용하는 연습을 해보기로 합의했다. 아이와 나는 아직도 그 목표를 이루기 위해 노력하는 중이지만, 때가 되면 다 하리라 믿는다.

 블로그 '에픽 마미 어드벤처스(Epic Mommy Adventures)'

나타샤 피터(Natasha Peter)는 세인트크로이스(St. Croix)라는 아름다운 섬 출신이다. 요즘 그녀는 컨설턴트로 일하면서 프로젝트경영학 석사학위를 받으려고 공부하고 있다. 싱글맘으로서 까다로운 두 살 아들을 키우는 건 그녀에게 생애 최초의 직업이자 최고로 중요한 직업이다. 나타샤는 '에픽 마미 어드벤처스' 블로그의 작가 겸 편집자이기도 하다. '에픽 마미 어드벤처스'는 한부모 육아, 이혼 후 부모의 공동양육, 데이트, 유아식, 아이와 함께 자기, 일/가정의 균형, 시간의 질 등 다양한 주제의 글들이 실려 있다. 나타샤는 다른 블로그와 커뮤니티에도 다양한 주제로 글을 올린다.
http://epicmommyadventures.com / www.facebook.com/1EpicMommy

아들!
넌 대체 왜…
슛~
운동에
관심이
없나
보네요?
엄마
어디갔어?
아들 좀
말리지
그래요?
엄마는
뭐하는 거야?

"넌 대체 왜 그 모양이니?"

크리스티 리거 캠벨

임신했을 때만 해도 나는 3개월간 출산휴가를 쓰면서 갓 태어난 아기를 보육시설에 안전하게 맡겨둔 다음 복직한다는 계획을 세웠다. 내가 아는 엄마들은 다 그렇게 했다. 적어도 멋있는 엄마들은 출산 후에 복직을 했거나, 나중에 아이가 생길 경우 복직을 하리라는 확신을 가지고 있었다. 나는 직장동료의 아내들 중에 아이를 키우면서 전업주부로 사는 여자들 몇몇과 가깝게 지냈지만, 내가 보기에 그들은 일할 기회를 놓치고 있는 것 같았다. 나는 일에서 큰 보람을 느끼는 사람이었으므로 내가 전업주부가 될 일은 결코 없으리라 믿었다.

'나는 결코 …하지 않을 거야' 라는 믿음이 다 그렇듯, 나는 내 믿음이 틀렸다는 걸 행동으로 입증했다. 아들 터커가 태어난 지 4분 만에 직장을 그만둔 것이다. 다른 사람이 터커를 돌봐준다는 건 상상할 수도 없었다. 나는 새로 엄마가 된 사람들이 느끼는 이중적인 감정에 젖어들었다. 이 아기를 나보다 더 정확한 자세로 안을 수 있는 사람은 없다고 느끼는 한편으로, 내가 명색이 엄마인데 모유수유조차 제대로 못 한다는 게 한심했다. 모유수유는 사람의 원초적인 본능 아닌가? 가장 멍청한 포유동물들도 날마다 새끼에게 젖을 먹이는 법은 알아내지 않던가. 그런데 나는 모유수유 때문에 고전하고 있었다.

친절한 남편은 내 젖꼭지가 우리 아들의 작은 입으로 물기에는 너무 커서 그럴 거라고 말해줬다. 그 소리를 들으니 남편을 한 대 때려주고 싶었지만 실은 나 역시 그런 의문을 품고 있었다. 내 가슴을 내려다보면 원래 정상적으로 보였던 내 몸의 한 부분이 외계인의 몸처럼 괴상하게 팽창한 모습이 눈에 들어왔다. 솔직히 말하자면 내 젖가슴은 내 아이의 머리통보다 더 커져 있었다. 그렇게 당황스러운 일이 또 있을까?

다행히 나는 며칠 만에 그 문제의 해결책을 알아냈고, 결국 1년이 넘도록 아기에게 젖을 먹이는 데 성공했다. 그때는 나의 경력에 연연하지 않고 '엄마'라는 새로운 역할만 훌륭하게 해내겠다고 굳게 결심하고 있었던 만큼, 나는 직관적으로 아들과 나 자신에게 가장 좋다고 여겨지는 행동을 했다. 약 6개월 동안 내가 했던 일이라고는 변변찮은 엄마들의 모임에 합류한 것, 산책을 자주 한 것, "아기가 잘 때 엄마도 자라."는 충고를 상을 받아도 될 만큼 충실히 따른 것이 전부였다.

어느 정도 시간이 흐르자 터커는 움직이기 시작했고 밤잠도 잘 자게 됐다. 이제 나는 밤마다 충분한 수면을 취할 수 있었다. 어느 날 아침 눈을 떠보니 내 삶이 무척 지루하다는 생각이 문득 들었다. 직장에 돌아갈까도 고민해 봤지만 이제는 주당 60~70시간을 일할 용기가 나지 않았다. 나의 어린 아기를 두고 출장을 떠난다는 생각만 해도 미칠 것 같았다. 그리고 솔직히 말하자면 나는 오후 3시, 터커와 똑같은 시간에 쓰러져 잘 수 있는 생활이 직장생활보다 더 좋았다.

어쨌든 지루한 건 사실이었다. 그리고 내 아들이 지구상에서 가장 운 나쁜 남자아이가 아닌가 하는 걱정도 들었다. 다른 엄마들은 거실 바닥에서 나보다 훨씬 즐겁게 놀아주고 별 내용도 없는 동시책을 소리 내서 읽고 또 읽고 또 읽어줄 것만 같았다. 그래서 나는 어릴 때 우리 부모님에게서 배운 걸 떠올렸다. "사람들과 어울려라! 네가 참여할 수 있는 활동을 찾아서 친구를 사귀어라." 그거다. 그러면 내 아이도 친구를 사귈 거고 우리가 맺은 인연은 평생 가겠지.

좋았어! 나는 문화센터 강좌를 신청했다. '엄마와 나 수영교실', '꼬물 꼬물 실룩실룩', 그리고 다 속임수이긴 하지만 귀여운 이름이 붙은 다양한 강좌들. 어떤 강좌는 재미없지만은 않았다. '아브라카두들' 미술교실은 한두 가지 좋은 추억도 남겨줬다.

하지만 가장 근사한 이름은 뭐니 뭐니 해도 '유아 축구교실'이었다.

'이거야말로 우리 아들의 남자아이다운 성향에 잘 맞는 완벽한 활동이 야. 다른 수업들은 모두 이 축구교실을 위한 예비과정에 불과했어.' 나도 어릴 때 축구연습을 좋아했으니, 내 아이는 세상에서 가장 작고 깜찍한 축구선수가 될 게 분명했다. 우리 아이는 또래 아이들보다 월등한 축구 실력을 보여줄 거고, 나는 다른 엄마들과 친구가 될 거고, 저녁마다 내가 아이에게 좋은 자극을 주는 생산적인 활동에 참여했다는 보람을 느끼며 휴식을 취할 수 있을 거라고 나는 생각했다.

드디어 유아 축구교실. 코치들은 매번 아이들을 위해 재미있는 장애 물 코스를 만들었다. 아이들은 첫 번째로 국수 가락을 뛰어넘고, 두 번째 로 엉금엉금 기어서 터널을 통과하고, 다음으로는 옥수수 더미 사이를 통과하고, 마지막으로 공을 뻥 차서 골을 넣는다. 말만 들어도 재미있지 않은가?

그런데 아니었다. 적어도 우리 아들은 재미있어 하지 않았다. 그래서 나도 재미를 느끼지 못했다. 터커는 한두 가지 활동에 '열광적인' 반응 을 보이긴 했지만, 그 한두 가지를 빼고는 아예 참여하려 하지도 않고 혼 자서 뛰어다니거나 천장의 조명 때문에 바닥에 생긴 밝은 부분을 찾으러 다녔다. 쉽게 포기할 마음이 없었던 나는 땀을 줄줄 흘려가며 터커를 질질 끌어 장애물 코스로 데려갔다. 터커의 두 팔을 잡고 국수 가락을 뛰어 넘게 해주는 동시에 국수를 집어들고 달아나려는 터커를 말려야 했다. 터커가 옥수수 더미를 빙 돌아 달려가는 걸 도와주면서 한편으로는 정신없이 옥수수를 주워 올려야 했다. 터커는 옥수수 더미를 빙 도는 것보다 옥수수 더미를 발로 차는 걸 훨씬 재미있어 했기 때문이다.

터커와 나이가 비슷한 아이들이 장애물 코스를 한결 수월하게 통과하는 모습을 보고 있노라면 실망스럽기도 하고 가슴이 아프기도 했다. 그래도 나는 아둔해서 포기하지 못했다. 6개월 후, 나는 더 어린아이들과 함께하는 축구교실에 다시 등록했다. 어린아이들과 함께 수업에 참여하면 터커가 크게 뒤지지 않을 거라는 판단이었다.

그건 착각이었다. 나는 꼬박 1년 동안 유아 축구교실을 재미있는 시간으로 만들기 위해 노력했다. 그 1년은 우리 아들과 또래 남자아이들의 차이가 굉장히 클 뿐 아니라 점점 커진다는 사실을 알게 되는 경험의 연속이었다. 우리는 여러 가지 검사를 받기 시작했다. 터커의 행동과 말에 어떤 문제가 있으며 언어습득이 왜 늦어지는지를 알아보기 위해 의사를 여러 명 만났다. 우리는 아들이 자폐아가 아니라는 답을 얻었지만, 우리 아들이 자폐아의 증상이라고 알려진 행동들을 하는 건 사실이었다.

그런데도 나는 우리가 축구를 좋아하게 될 거라는 꿈을 포기하지 않고 있었다. 축구교실에서 터커가 즐거워하는 순간들도 여러 번 봤기 때문에 나는 축구교실에 계속 나갔다. 그러니까, 머리와 발만 사용해서 비눗방울 터뜨리기를 할 때는 터커도 열성적으로 참여하지 않았던가.

그러던 어느 날, 터커는 축구교실의 활동에 전혀 참여하지 않았다. 둥글게 모여서 이야기를 나누는 시간에 터커는 멀찌감치 떨어져서 벽의 작은 틈새를 향해 뛰어가더니 나더러 자기와 함께 숨바꼭질을 하자고 했다. 국수 가락으로 만든 강을 뛰어넘는 시간에는 더했다. 다른 아이들, 즉 터커보다 어린아이들이 축구공을 몰고 터널 앞으로 가서 엉금엉금 기는 자세로 터널을 통과하고 드디어 공을 골대에 넣는 동안, 터커는 체육관 관람석 근처에서 발견한 농구공 바구니를 엎었다. 그날 엄마들 두세 명은 내게 의미심장한 표정을 지어 보였다. 그게 어떤 건지는 다들 알 것이다. "당신 아들 좀 말리지 그래요?"라고 말하는 표정. 어설픈 미소와 함께 그런 메시지를 보내기 때문에 화를 낼 수도 없었다.

그날 우리는 수업이 끝나자마자 자리를 떴다. 보통 때 같으면 나는 엄마들 중 하나가 말을 걸어오지 않을까, 전화번호라도 교환하지 않을까 싶어서 간식을 먹고 간다는 핑계로 수업이 끝난 후에도 미적거리다 일어섰을 것이다. 하지만 그날은 창피해서 견딜 수가 없었다. 황급히 터커를 데리고 그곳을 빠져나와 주차장으로 갔다. 설상가상으로 열쇠가 바닥에 떨어졌다. 축구교실을 재미있게 만들어보려고 노력하다가 흘린 땀이 아직 마르지 않았다. 이마를 훔치고, 터커를 카시트에 앉히고, 안전벨트를 채운 다음 나는 버럭 성질을 냈다. 속이 부글부글 끓고 있었다.

나는 터커를 향해 소리쳤다.
"넌 대체 왜 그 모양이니?"

터커는 곧 울음을 터뜨렸다. 나는 어린 남자아이의 입에서 '엄마' 라는 말이 나오는 걸 들을 정도로 운이 좋았던 모든 사람 중에서 가장 속 좁고 심술궂은 머저리가 된 기분이었다.

우리는 그날로 축구교실을 그만뒀다. 나는 남은 수업료를 환불해 달라는 전화를 걸지도 않았다. 대신 나는 나 자신과 아들에게 다짐했다. 앞으로는 절대 아이에게 "넌 대체 왜 그 모양이니?"라는 질문을 하지 않기로. 지금도 그 순간을 떠올릴 때마다 무거운 죄책감이 밀려오고 눈물이 뚝뚝 떨어진다. 우리 아이가 왜 그 모양이냐고? 헛소리 말자. 나야말로 왜 이 모양일까? 세상에서 제일 사랑하는 아들에게 소리를 질러대고 결국 아이를 울려버렸다.

아들에게 "넌 대체 왜 그 모양이니?"라고 소리쳤던 건 지금까지도 가장 후회되는 일 중 하나다. 지금 터커의 모습을 보면, 그리고 과거에 내가 상상했던 그 아이의 미래 모습과 비교해 보면, 내가 그 엿(!) 같은 축구교실에 우리 아들을 등록시킨 것 자체가 바보짓이었다는 생각밖에 안 든다.

완전 소중한 아들 터커에게.
미안해. 엄마가 너한테 '평범하게' 행동할 걸 기대해서 미안. 네가 바닥의 밝은 부분으로 뛰어들려고 하는 게 너의 뇌 안에 남과 다른 부분이 있어서 그렇다고는 짐작조차 못 했단다. 네가 나름의 방식대로, 너만의 규칙에 따라 재미를 느끼고 있었다는 걸 엄마는 몰랐어. 그리고 축구교실은 지시를 따를 걸 요구하기 때문에 엄마가 어릴 적에 느꼈던 기쁨을 너에게 주지 못한다는 것도 몰랐지 뭐니. 넌 정상이란다. 넌 정상인데 남들과 다른 것뿐이야. 넌 개성 있는 아이란다. 넌 완벽해. 지금의 모습 그대로 완벽하단다.

사랑하는 우리 아들…. 엄마는 너를 믿는다. 엄마는 너에게 세상을 바꿀 힘, 다른 모든 사람의 공감 능력을 키워주고 사람들을 더 빛나게 만들 수 있는 힘이 있다고 믿어. 다시는 별 모양으로 빛나는 너를 동그란 구멍에 억지로 끼워 맞추려고 하지 않을게. 약속한다.

그리고 다시는 그 말을 하지 않을 거야. "넌 대체 왜 그 모양이니?"라는 말. 누구에게도, 절대로 하지 않을 거란다.

사랑하는 엄마가.

 블로그 '파인딩 니니(Finding Ninee)'

크리스티 리거 캠벨(Kristi Rieger Campbell)은 미국 내외의 여러 기업에서 18년간 마케팅 분야에 종사하다가 일을 그만둔 커리어우먼이다. 요즘은 일주일에 한 번, 재미있는 (그리고 예산이 부족한) 라디오 프로그램을 공동으로 진행하고 있다. 아들이 태어난 순간부터 크리스티는 날씨가 어떻든 집을 나설 때마다 샌들이나 어그부츠를 신고 다니는 여자가 됐다. 그녀는 파트타임으로 일하면서 글을 쓰고 바보 같아 보이는 그림을 그려서 블로그 '파인딩 니니'에 올린다. 현재 '파인딩 니니'의 주된 목표는 '어중간한 세계 (자폐 증상을 나타내지만 자폐가 아니라는 진단을 받은 아이들의 세계)'의 사람들에게 웃음과 용기를 주는 것이다.
www.findingninee.com
www.facebook.com/FindingNinee

결혼 반지는 어디에?

타마라 바우먼

결혼식 계획을 세울 때, 나는 지나칠 정도로 세세한 것들에 집착했다. 우리만의 혼인서약문을 작성해야 하지 않을까? 나는 샌프란시스코 부에 나비스타 공원 꼭대기에 앉아 검은 스프링이 달린 노트와 BIC 펜을 들고 글을 구상했다. 음악도 준비해야지? 나는 결혼식장에서 연주될 곡들의 목록을 만드는 일에 몇 시간을 썼다. 음식은? 먹어주지 뭐. 우리는 동부 해안을 따라 결혼식 예정지인 버몬트까지 가서 시식을 했다. 가족과 친척들을 다 데려가서 왕처럼 향연을 즐겼다. 우리가 시식한 요리 중 하나에 고수(향채 : 香菜)가 들어 있었는데, 우리 일행 중 고수를 싫어하는 미식가 세 명이 테이블을 주먹으로 쾅쾅 내리치면서 이 접시를 당장 치우라고 요구했다. 사실 그건 그리 행복한 순간은 아니었다.

어쨌든 나는 그곳까지 갔다. 일일이 계획을 세워서 꼭 그대로 해야 한다고 고집을 부렸다. 놀랍게도 예식장 측에서는 우리를 내쫓지 않았고 결혼식도 잘 치렀다.

우리 결혼반지는 백금으로 만들고 나와 남편의 탄생석인 루비와 다이아몬드를 링에 일정한 간격으로 박아넣은 것이었다. 링의 안쪽에는 다이어 스트레이트 Dire Strait (1970년대부터 1990년대까지 활동한 영국의 록밴드 이름 - 옮긴이)의 〈로미오와 줄리엣〉이라는 노래 가사의 일부를 새겼다. 내 반지에는 "그대와 나(YOU AND ME BABE …)", 남편의 반지에는 "우리 어때요?(HOW ABOUT IT?)". 나는 너무나 자랑스러웠다.

결혼식을 한 달쯤 앞두고 반지가 도착했을 때는 반지를 24시간 끼고 다니고 싶은 걸 간신히 참았다. 결혼식을 올리기 전에 결혼반지를 끼고 다니면 불운이 찾아온다는 미신을 믿었기 때문이다. 그러나 한번은 그 반지를 손가락에 살짝 끼우고 샌프란시스코의 석양 아래 서서 그 반짝이는 모습을 가만히 바라봤다. 그리고 나서는 결혼식장에서 반지를 교환하는 날까지 얌전히 기다렸다가 줄기차게 끼고 다녔다.

첫아이를 임신해서 출산이 코앞으로 다가올 때까지도 나는 반지를 손에서 빼놓은 적이 없었다. 딸아이가 태어난 지 2주쯤 지났을 때 손가락의 부기도 빠졌으므로 나는 다시 반지를 꼈다. 수영하러 갈 때도 반지를 빼놓지 않았다. 샤워할 때도 빼놓지 않았다. 하지만 딸아이에게 배변훈련을 시킬 때는 반지를 빼놓았다. 그리고 여기서부터 나의 폭발 이야기가 시작된다.

　2년 전, 어느 화창한 봄날 아침. 우리는 뉴저지에서 놀러 오기로 한 우리 언니를 기다리면서 시간을 보내고 있었다. 그때 스칼렛은 두 돌이 되기 직전이었는데 평소처럼 기저귀를 차지 않고 그날따라 자기도 화장실에 가겠다고 선언했다. 나는 그게 좋은 기회라고 생각하고 스칼렛을 작은 유아용 변기에 앉혔다.

　우리 부부가 종종 하던 대로, 나는 제리 가르시아 변기의 도움을 빌려가며 스칼렛이 배에 힘주는 과정을 격려했다(자, 해보자! 그렇게 하면 된단다!). 최대한 재미있게 해줬는데도 스칼렛은 짜증을 내기 시작했다. 스칼렛은 나를 껴안으려 했지만 작은 유아용 변기에 앉아 있었으므로 그것도 자세가 안 나왔다. 어쨌든 나는 스칼렛을 안아줬다. 어떻게 그런 상황에서 아이를 그냥 두겠는가?

　내가 포옹을 풀자 스칼렛은 내 결혼반지에 관심을 보였다. 내가 절대로 빼놓지 않는 그 결혼반지 말이다. 남편은 볼일이 있어서 잠깐 나가 있었지만 나는 소심하게 주위를 살폈다. 내가 두 살짜리 딸에게 매우 비싼 결혼반지를 건네주는 모습을 아무에게도 보여주고 싶지 않았기 때문이다. 물론 내가 제리 가르시아 변기로 딸아이 배변훈련을 시킨다는 것도 보여주고 싶지 않았다.

내 상상 속의 까다로운 구경꾼은 유아에게 작은 물건을 주면 삼킬 우려가 있다고 잔소리를 했다. 하지만 여러분은 내 딸이 어떤 아이인지 먼저 알아야 한다. 스칼렛은 늘 온화하고 조심성이 많은 아이였다. 구강기에도 스칼렛은 음식, 물과 음료, 엄지손가락만 입에 넣으면서 무난하게 생활했다. 그러니까 내 결혼반지를 그 아이에게 잠깐 준다고 뭐 대수겠는가?

상상 속의 까다로운 구경꾼이 내게 하는 걱정은 거실 한쪽 구석으로 사라졌다. 내가 이미 스칼렛에게 반지를 줬기 때문이다.

스칼렛이 갑자기 벌떡 일어나더니 소리쳤다. "변기 안에 똥 있다!" 나는 좋아서 덩실덩실 춤이 다 나왔다. 스칼렛도 춤을 췄다. 나는 스칼렛과 함께 변기를 들고 올라가서 진짜 화장실에서 물을 내리게 했다. 그러고는 스칼렛의 엉덩이를 씻겨준 후 같이 아래층으로 내려왔다. 쿠키도 나눠 먹었다. 우리가 〈변기에다 똥 눴네(You pooped in the potty)〉라는 노래를 부르면서 다시 한 번 춤을 추고 있는데 남편 캐시디가 들어왔다. 우리는 그에게 좋은 소식을 전하고 나서 놀러 나갔다.

완벽하게 아름다운 이른 봄날이었다. 햇빛이 쨍쨍하고, 파란 하늘에 솜사탕 같은 구름이 떠 있고, 시원한 바람이 불고, 습하지도 않았다. 야외의 햇빛 속으로 나가자 비로소 나는 왼손에 아무것도 없다는 걸 깨달았다. 배변훈련이 처음으로 성공한 기쁨에 들뜬 나머지, 스칼렛이 유아변기에 앉아 있는 동안 내 반지를 손에 쥐고 있었다는 사실을 깜빡 했던 것이다. 가슴이 덜컥. 그렇게 당황스러울 수가 없었다. 나는 거실과 위층을 구석구석 둘러봤다(적어도 나는 그렇게 생각했다). 스칼렛에게 반지가 어디 있냐고 물어보기도 했지만, 스칼렛은 내 말과 행동을 따라할 뿐이었다. "반지 어디 갔어?"라고 말하면서 거실 탁자 밑을 들여다보았다. 그곳에도 반지는 없었다. 내가 거실을 샅샅이 뒤지고 소파와 베개를 이리저리 옮기는 동안 스칼렛은 나를 졸졸 따라다니며 앵무새처럼 같은 말을 되풀이했다.

"반지 어디 갔어? 반지 어디 갔어?"

남편에게는 아무 말도 안 했다. 그때 남편은 집안에 있었지만 나는 당황한 마음을 숨겼다. 나의 감정을 조금씩 조금씩 내 안으로 집어넣었다. 잠시 후 나는 '정확히' 어떤 일이 벌어졌는가를 추론해 냈다. 스칼렛이 제리 가르시아 변기에 똥을 누는 동안 나의 사랑스러운 결혼반지를 변기 안에 떨어뜨린 것이다. 그리고 나서 그 위에다 똥을 쌌다. 당연히 그랬겠지. 그리고 나는 위층으로 달려가서 똥을 큰 변기에 쏟아 붓고 그냥 물을 내려버린 거다. 반지에 대해서는 까맣게 잊고서 말이다. 나는 그게 정답이라고 110퍼센트 확신했다. 나의 추론은 굉장히 논리적이었다. 그러면 내가 하지 않은 일은 뭐였을까? 남편에게 말하기? 엉엉 울기? 감정 표현하기? 나는 남편이 가까이에 있을 때마다 나의 공포와 절망을 꼭꼭 눌러

스칼렛!!
반지는 어딨니?
반지!!
반지?
반지는
어딨지?
다시 껴도
냄새나겠어.
결혼
반지를…

깊숙이 감췄다.

나는 집주인이나 배관공에게 전화를 걸지도 않았다. 우리 언니가 도착한 후에는 방금 있었던 일을 언니에게 털어놓았다. 그토록 아끼던 결혼반지를 아이의 똥과 함께 변기에 넣고 흘려보냈다니 얼마나 웃긴 일인가! 나는 언니에게 그 이야기를 하면서 웃기도 하고 울기도 했다. 언니는 나를 위로하면서 내가 물건을 잃어버렸지 살아 있는 존재를 잃은 건 아니라고 말해줬다. 나는 그 말을 듣고 위로를 받았다. 일시적인 위로. 남편에게는 그때까지도 이야기하지 않았다. 언니가 있는 자리에서 남편이 어떤 반응을 보일지 짐작이 안 갔고, 부부 사이의 갈등에 언니를 개입시키고 싶지 않았다.

그래서 나는 논리적이지 않은 행동을 했다. 이틀 동안 겉으로 드러나지 않는 폭발을 일으켰다. 왼손은 감추고 다녔다. 그리고 화룡점정이라고 할까? 로스앤젤레스에 사는 솜씨 좋은 보석상에게 메일을 보내 우리 결혼반지의 도안을 아직 가지고 있느냐고 물었다. 그는 도안을 가지고 있다고 했고, 나의 처지와 계획에 공감해 주었다. 나는 큰 빚을 지게 될 판이었다. 내 수중에는 단 돈 1,000달러는 고사하고 100달러도 없었다. 그래도 그 계획을 밀고 나갈 작정이었다. 친구들 한두 명에게 사정을 설명했더니 친구들은 안됐다고 말하면서도 내심 재미있어 하는 듯했다. 당연히 우스웠겠지. 뭐, 제리 가르시아? 똥? 결혼반지를 변기에 넣고 물을 내려버렸다고? 환상적이다.

보석상 주인은 내가 결정만 하면 반지 제작에 들어가겠다는 답장을 보내왔다. 과감하게 앞으로 나아가야 하는 시점. 나는 컴퓨터 앞에 앉아 화면을 뚫어져라 들여다봤다. 지난 이틀 동안의 극심한 공포와 슬픔과 두려움이 보글보글 거품을 일으키며 솟아올랐다. 바로 그때 남편이 퇴근해서 집에 왔다. 내가 두 손에 얼굴을 묻고 컴퓨터 앞에 앉아 있는 걸 발견한 남편이 물었다.

"자기, 왜 그래?" 그 한마디는 내가 이틀 동안 꾹꾹 눌러뒀던 온갖 감정의 방아쇠를 당겼다. 처음에는 입술이 바르르 떨렸다. 다음에는 눈물. 그러고 나서는 온몸을 들썩이며 울었다. 남편은 기절할 만큼 놀랐다. 그는 최악의 사태를 떠올린 듯했다.

그의 눈동자가 이곳저곳(내 왼손은 아니었다)을 방황하다가 스칼렛에게 고정됐다. 딸아이는 무사하다. 그러나 뭔가 심각한 문제가 생긴 게 틀림없다는 정보가 그의 두뇌에 입력됐다.

"진짜 안 좋은 일이야. 진짜." 나는 계속 흐느끼면서 말했다. 스칼렛은 겁에 질려 한쪽 구석에 웅크리고 앉아 있었다. 스칼렛은 엄마가 우는 모습을 본 적이 없었다. 그때처럼 격정적으로 엉엉 울어대는 모습은 더더욱 본 적이 없었다.

나는 남편의 머릿속에 들어가 본 적이 없다(아쉽게도). 하지만 만약 내가 그의 입장이었다면 남편이 사고를 당했거나, 바람이 났거나, 사랑하는 사람이 세상을 떠났다고 넘겨짚었을 것 같다. 아니다. 남편이 울면서

"진짜 안 좋은 일이야."라고 말했다면 나는 그게 뭔지 듣기도 전에 털썩 주저앉아 머리를 두 무릎 사이에 파묻었을 것이다.

나는 덜덜 떨면서 양팔을 휘두르고 있었다. 남편은 그 팔에 자신의 묵직한 손을 얹었다. "말해봐, 어서."

나는 눈물 때문에 목이 멘 채로, 울음을 삼켰다 뱉었다 하면서 반지 이야기를 했다. 빠르고 간단하게. "스칼렛에게 내 결혼반지를 주고 가지고 놀게 했거든. 그런데 스칼렛이 반지 위에 똥을 쌌어. 내가 그걸 변기에 넣고 물을 내렸고. 걱정 마. 보석상 주인에게 말해서 반지를 다시 제작할 거니까. 돈이 꽤 들겠지만 내가 단순한 파트타임 일이라도 하면서 매주 50달러씩 저축한다면 1년 안에 갚을 수 있어. 이제부터 우리가 아무것도 안 먹는다면. 크리스마스 때 축하도 안 하고, 자동차 기름도 안 넣는다면."

다행히, 나는 여기까지 말하고 나서 잠깐 숨을 고르며 남편의 반응을 살폈다.

남편은 화가 났거나 언짢은 것 같지는 않았다. 오히려 뭔가를 곰곰이 생각하는 듯했다.

"잠깐만. 설명을 더 해봐. 결혼반지를 스칼렛의 똥이랑 같이 변기에 넣고 물을 내렸다고?"

"응."

"반지가 변기 안으로 들어가는 걸 당신이 봤어?"

"아니."

"그럼 어떤 근거가 있는 거지?"

"스칼렛이 그 위에 똥을 쌌고, 내가 물을 내렸다니까!"

"반지가 변기에 부딪치는 소리 같은 걸 들었어?"

"아니."

"그럼 그 이야기는 확실한 근거가 없네. 반지는 집안 어딘가에 있을 거야. 우선 거실부터 샅샅이 뒤져보자."

그때 내가 희망의 빛을 발견했다거나 다른 가능성도 있다는 걸 깨달았다고 말하기는 어렵다. 사실 나는 변기 속으로 내려가버린 조그만 반지를 찾기 위해 온 집안을 뒤진다는 게 시간 낭비라고 생각했다. 차라리 내가 이틀 동안 그 일을 꼭꼭 숨겼던 게 '훨씬' 효율적이었다고 생각했다. 그러다 결국 커다란 폭발을 일으키고 수천 달러 빚을 지게 생겼지만.

우리는 거실부터 수색했다. 쿠션 밑을 살펴본 후 커다란 소파를 분해하는 일로 넘어갔다. 첫 번째 소파 밑에서 우리는 스칼렛이 잃어버린 책 세 권을 찾아냈다. "이야!" 스칼렛이 소리를 질렀다. "그런데 반지는 어디 갔어?"

그러게 말이다.

남편은 두 번째 소파를 분해하기 시작했다. 거기서 우리는 걸레 한두 개, 1페니 동전, 그리고… 반짝이는 결혼반지를 찾아냈다. 나의 화장실 이론은? 그건 완전히 엉터리였다. 나는 그 이야기에 맹점이 많다는 걸 미처 깨닫지 못했다. 스칼렛이 엄마의 반짝이는 반지를 가지고 놀다가 싫증이 났을 거라는 생각은 아예 해보지도 않았다. 제리 가르시아가 도와준 덕택에 스칼렛의 장운동은 아주 신속하게 진행됐고, 놀이에 싫증이 난 스칼렛은 반지를 바닥에 떨어뜨렸고, 그 반지는 소파 밑으로 굴러 들어갔던 것이다. 그래서 반지는 며칠 동안 소파 밑에 있었던 것이다.

나는 반지를 얼른 주워 들고 펄쩍 뛰어올라 남편을 껴안았다. 그러고는 보석상에 전화를 해서 반지 제작을 중단하라고 말했다. 보석상 주인도 내 이야기를 듣고 기뻐했다. 나도 기뻤다. 그날 밤 남편은 축하의 의미로 아이스크림까지 사줬다. 내가 벌인 우스꽝스러운 소동을 축하하는 의미로 말이다.

내가 그 일에서 중요한 교훈을 얻었기를 함께 기도하자. 비단 논리적 사고에 대해서만이 아니라 결혼생활에 대해서도. 만약 이 글을 읽는 당신이 스스로 생각하기에 아주 곤란한 상황에 처했다고 생각한다면 배우자에게 뒤늦게 말하는 것보다 빨리 말하는 게 낫다. 그러면 1,000달러를 아낄 수 있을지도 모른다. 며칠간의 말 못 할 고통을 겪지 않아도 된다.

그날 이후로 나는 그렇게 심한 폭발은 일으키지 않았다. 그리고 내가 배운 것들 중 몇 가지는 나중에 우리 아들에게 배변훈련을 시킬 때 유용하게 써먹었다. 제리 가르시아 변기? 좋다. 결혼반지? 안 된다.

 블로그 '타머라 (라이크) 카메라(Tamara (Like) Camera)'

타마라 바우먼(Tamara Bowman)은 직업 사진가이자 두 아이의 엄마이고, '타머라 (라이크) 카메라'라는 블로그의 운영자이며, 쿠키 맛을 보는 능력도 전문가에 가깝다. 또 그녀는 밤낮을 가리지 않고 모든 시간대에 이 네 가지 역할을 다 하는 사람으로 유명하다. '바닷가 강박증'이 워낙 심해서 국토횡단 여행을 두 번이나 해본 그녀는 현재 매사추세츠 주 서부에서 남편, 딸, 아들과 함께 살고 있다. 타마라는 오로라와 사슴과 고래에 관한 꿈을 자주 꾼다. 강아지, 카페라테, 무지개라면 사족을 못 쓴다.
http://tamaracamerablog.com
www.facebook.com/TamaraCameraPhotography

그놈의 '돈'에 관한 엄마 폭발

라비아 리버

우리집 살림은 빠듯한 편이다. 항상. 그러니까 우리에게 꼭 필요한 만큼의 돈은 항상 가지고 있다. 하지만 우리 통장에 1달러가 들어오고 나갈 때마다 스트레스를 받으며 살아야 해서 참으로 피곤하다. 아, 내 말뜻을 오해하진 마시라. 나와 남편은 둘 다 괜찮은 일자리를 가지고 있고, 나는 그걸 감사히 여긴다. 우리 부부는 둘 다 주 정부에서 일하는데 소속 부서는 다르다.

나는 지금의 직장에서 일한 지 2년쯤 됐다. 직장은 아주 마음에 든다! 상사와 동료들이 다 좋은 사람들인데다 근무시간도 괜찮다. 정말로 현재의 직장에 대해서는 불평할 거리가 하나도 없다. 하지만 주 정부 공무원들의 임금이 5년 동안 단 한 번도 오르지 않았기 때문에 내 주위 사람들은 곧잘 불평을 한다. 하긴 남편을 생각하면 나도 불만이 없지 않다. 그는 5년 넘게 주 정부에서 일했는데 월급이 계속 똑같았기 때문이다.

그런데 다음 회계연도에 직원들의 임금을 인상할 계획이라는 주 정부 발표가 나왔다. 그건 남편과 나의 월급이 함께 오른다는 뜻이었으므로 나는 두 배로 기뻤다. 비록 동료들은 임금 인상폭이 적어서 건강보험료 인상분을 메우면 끝이라고 투덜거렸지만, 그래도 나는 기분이 좋았다. 나는 예쁜 분홍색 계산기를 손에 들고 약간의 환상이 섞인 계산을 해봤다. 우리의 연간 수입은 얼마나 될까? 나는 예쁜 포스트잇 메모지에다 보라색 펜으로 글씨를 썼다. 한 달 수입은 얼마 늘어나는 거지? 하루치를 계산하면? 여중생이 공책에 자기 이름을 써넣고 그 글씨 둘레에 커다란 하트를 그려 넣는 모습을 상상해 보라. 그때의 내 모습이 바로 그랬을 것이다.

나는 머릿속에서 그 돈을 다 써버린 게 아니다. 정말이다. 그저 계산을 한번 해본 거였다. 그리고 내가 평소 점심으로 먹으려고 싸 가는 샌드위치에 고기 세 조각을 넣는 장면을 그려봤다. 고기 세 조각! 잘 하면 양상추나 토마토도! 아, 신난다!

그무렵 주 정부와 우리 부서의 관리자가 직원들에게 이메일을 여러 통 보냈다. 우리의 임금이 얼마나 인상될 것이며, 그게 누구에게 영향을 미칠 것이며, 임금인상 대상자가 되려면 어떤 조건을 충족해야 하는지를 친절하게 설명하는 메일. 나는 그 메일들을 다 읽어봤지만 1인당 인상 액수가 정확히 얼마인지는 파악하기가 힘들었다. "만약 …라면 …다"라는 문장이 많아서 고등학교 때 배운 논리수학 같기도 하고, 어찌 보면 독자의 선택에 따라 결말이 달라지는 아동용 모험소설 같기도 했다.

우리 부부는 연봉 인상에 관해 길고 로맨틱한 대화를 나눴다. 아, 다시 생각해 보니 나는 모든 가능성을 따져가며 연봉을 계산했는데 남편은 "기다려보면 알지 않겠어?"라는 식의, 하나도 다정하지 않은 말을 내뱉었던 것 같다. 나는 우리의 수입이 늘어날 수도 있다는 생각에 마음이 들떠 있었다. 사실은 나도 우리의 수입이 대폭 늘어날 거라고 기대하지는 않았다. 건강보험료 인상을 고려해야 했기 때문이다.

그런데 우리 막내가 다니는 어린이집에서 보낸 이메일이 도착했다. 그 메일은 지난 한 달 동안 어린이집에서 있었던 갖가지 재미난 일들을 전하는 뉴스레터를 위장하고 있었다. 평소 나는 그 뉴스레터를 읽는 걸 좋아한다. 어린이집에서는 재미있는 활동을 많이 하기 때문이다. 우리 막내는 가장 어린 아이들 반인데, 나는 아이가 더 크면 어떤 활동을 하게 될지 궁금해서 항상 메일을 끝까지 읽어본다.

그날 받은 뉴스레터의 마지막 페이지에는 생각지도 못한 반전이 있었다. 어린이집에 납부하는 보육료가 여름이 끝날 무렵부터 인상될 거라는 공지였다. 안 돼! 안 돼! 이건 아니지! 내가 계산하고 있던 그 돈을 고스란히 빼앗기게 생겼잖아. 에이, 그래. 인상해 봤자 얼마나 인상하겠어? 나는 기분이 좋지 않은 상태에서 그 공지사항을 다시 읽었다. 양상추와 토마토가 들어간 샌드위치…. 환상이 내 눈앞에서 산산조각 나고 있었다. 나는 그 환상의 조각들 너머로 이메일을 계속 읽어나갔다. 표가 하나 있군. 현재의 보육료와 가을부터 인상될 보육료를 비교해서 보여주는 표. 읽기 쉽고 이해하기도 쉽게 만들었네.

표를 보자마자 화가 치밀었다. 표에 따르면 보육료는 20달러나 인상될 예정이었다. 설마 1년에 20달러라는 소리겠지? 아니면 한 달에? 제발 한 달에 20달러 인상이길. 이런! 일주일에 20달러잖아! 크악! 믿을 수 없어! 내 월급의 인상분을 그대로 어린이집에 갖다 바치는 건 좋다 치자. 이건 월급 인상분보다 액수가 크잖아. 그렇게 되면 우리집 살림은 전보다 더 어려워진다.

나는 얼른 남편에게 전화를 걸었는데, 그는 전화를 받지 않았다(근무시간에 남편 휴대전화로 연락하면 원래 통화가 잘 되지 않는다). 나는 언젠가 서로의 집안살림에 여유가 없다는 사실을 함께 한탄했던 직장동료에게 다음과 같은 인스턴트 메시지를 보냈다.

딱 필요한 돈만 가지고 살아가리라~
라비아~
돈엔 눈이 달렸대요.
샌드위치, 고기, 토마토, 양상추,
피클에 치즈까지 살 수 있겠어!
번만큼, 딱 그만큼
쓰게 되리라~

"난 연봉 인상이고 뭐고 다 소용없게 됐어! 우리 아이가 다니는 어린이집 보육료가 매주 20달러 인상된대!"

그렇다. 나는 느낌표를 넣어가며 동료를 향해 소리치고 있었다. 마침 사무실에 없었던 동료는 내 메시지에 바로 답하지 않았다. 상사(사무실 공사 때문에 나는 여름 내내 상사와 같은 사무실을 쓰고 있었다.)가 곁에 없는 게 다행이었다. 나의 상사는 아주 친절하고 이해심 많은 분이다. 만약 상사가 그 순간의 내 얼굴을 봤다면 무슨 일이냐고 물었을 테고, 그랬다면 나는 사무실이 떠나가라 울었을 것이다. 아무튼 나는 책상 앞에 앉아서 한숨만 푹푹 쉬고 있었다. 예쁜 분홍색 계산기로 다시 계산을 해봤다. 하지만 이번에는 포스트잇 메모지에 보라색이 아닌 검정색 잉크로 숫자를 썼다. 공책을 예쁘게 꾸미던 여중생이 남자친구에게 차인 다음날, 혹은 졸업무도회 전날 그녀의 공책이 어떨지 한번 상상해 보라! 크악!

나는 화가 나 있었고, 저축해 둔 돈도 없었고, 마침 근무시간이기도 했으므로 그 상황에 대해 어떤 조치도 취할 수가 없었다. 그 바보 같은 표를 얼핏 보기만 해도 컴퓨터 화면에 주먹을 날리고 싶었다. 그러나 그렇게 하진 못했다. 그랬다가는 모니터 수리비를 물어내야 할 테고, 직장동료들은 내가 욱하는 성격이라 여길 테고, 다른 걸 떠나서 내 손에 상처가 날 테니까.

자리에서 일어나 아래층으로 내려가서 우편함을 확인했다. 물을 한잔 마시고 화장실에 다녀오면서 나 자신을 진정시키려고 애썼다. 왜 우리는 항상 제자리걸음일까? 나는 나름대로 세심한 주의를 기울여, 너무 오랫 동안 자리를 비울 수 없어 사무실로 돌아갔다. 그 바보 같은 표를 열어서 모서리의 작은 X표시를 클릭하려 하는데, 뭔가가 내 눈길을 잡아끌었다. 표의 머리글이었다. 둘 중 하나는 분명히 '전일제 보육료 인상 안내'였 다. 하지만 다음 머리글은 아까 내가 생각했던 '현행 보육료'가 아니었 다. 그건 '형제 보육의 경우'였다. 한 집에서 둘 이상의 아이를 그 어린이 집에 맡길 경우에는 20달러 할인 혜택을 준다는 뜻이었다.

나는 보육료 인상 안내를 다시 읽어봤다. 숫자들을 보고 있자니 머리 가 핑핑 돌았다. 나의 보육료가 얼마나 인상될지 열심히 계산했다. 오. 오. 오! 보육료 인상액에서 할인액을 빼면… 주당 2달러밖에 안 된다! 우 리는 빈곤층으로 떨어지지는 않겠구나(아직은)! 주당 2달러는 내가 감당 할 수 있는 금액이다. 무리가 되는 돈은 아니다. 어쨌든 우리 둘의 임금이 그것보다는 많이 오를 테니까! 휴! 나는 크게 안도했다.

그때 내 동료에게서 인스턴트 메시지가 날아왔다. "최악이다!"
뭐? 뭐가 최악이라는 거야? 아! 그래, 아까 내가 어린이집 보육료 때문 에 폭발했지. "아… 그게, 내가 이메일을 잘못 본 거였어. 주당 20달러가 아니라 2달러 인상이래."
"그렇구나. 그나마 다행이다." 동료의 답장이다.
"물론이지!"

새로 생긴 돈을 생각하니 다시 마음이 들떴다. 샌드위치! 고기 세 조각! 토마토! 양상추! 내친김에 피클이랑 두 종류의 치즈도 넣어볼까?

우습다는 생각도 들었다. 고작 그런 일로 내가 극심한 스트레스를 받았다니. 어린이집 보육료 20달러 인상이 우리에게 부담이 안 되는 액수는 아니지만, 나의 어이없는 실수로 스스로 스트레스를 받다니 내가 생각해도 우스웠다.

아이들을 데리고 집에 도착한 나는 우편물을 확인했다. 일상적으로 받는 우편물이 잔뜩 와 있었다. 나는 저녁식사 준비를 시작하기 전에 우편함의 내용물을 정리하려고 자리를 잡고 앉았다. 우편물 가운데 하나는 샐리메이Sallie Mae(미국의 학자금대출 전문업체 - 옮긴이)에서 보낸 봉투였다. 청구서일 리는 없었다. 우린 대출상환금을 은행 자동이체로 내니까. 머뭇거리면서 봉투를 열어보니 우리가 매달 상환해야 할 액수가 변경된다고 적혀 있었다. "앞으로는 원래 납부하던 금액이 아니라 변경된 금액이 이체됩니다." 안 돼. 안 돼. 안 돼! 또 이럴 순 없어! 하루에 두 번이나? 이건 현실이 아닐 거야.

나는 브라우저를 열었다. 우리의 대출상환금 액수가 어떻게 달라지는지 확인하기 위해 인터넷뱅킹 사이트로 이동. 스크롤을 거듭하는 동안 나의 스트레스 수치가 또다시 상승했다. 아, 찾았다! 얼마를 더 내는 거지? 30센트! 30센트가 줄어들었다! 한 달에 무려 30센트!

바로 그때, 아까 내가 흥분 상태로 남편에게 전화한 것을 그제야 확인한 남편이 나에게 전화했다. "무슨 일 있어?"

"아, 아무것도 아냐. 우리 어린이집 보육료가 주당 2달러 인상된대. 그런데 학자금 대출상환액은 매달 0.3달러 줄어든대. 별일 아니지?"

하여간 우리는 늘 반드시 필요한 만큼의 돈만 가지고 살아간다니까!

 블로그 '더 리버스(The Liebers)'

라비아 리버(Rabia Lieber)는 리버 집안의 공동 상무이사이자 밴 운행 책임자다. 풀타임으로 일하고 아이 셋(딸 하나, 아들 둘)을 키우면서 '남는 시간'(그게 대체 뭐지?)에 블로그 활동을 한다. 그녀는 12년 전 남편 켄과 결혼했다. 두 사람은 모든 좋은 일에 감사하고, 아이들에게 사람들 앞에서는 예의바른 척 하라고 가르치고, 아이들이 잠자리에 들기 전과 슈퍼마켓에 갈 때마다 우아하게 폭발 위기를 넘기려고 노력하며 살아간다. 리비아는 '더 리버스'라는 블로그에 가정생활의 이모저모를 소개하고 그녀의 환상이 깨진 이야기들을 공유한다.
www.thelieberfamily.com
www.facebook.com/thelieberfamily

잦은 출장, 비행기 탑승 22번! 그래도 포기할 수 없었던 '모유'

니콜 굿맨

"C'est lait pour mon bébé. Où est-il? Où est-il?"

그건 우리 아기에게 먹일 모유예요. 그거 어디 있어요? 어디 있어요?

새벽 4시 30분이라는 무지막지한 시각, 나는 이 단순한 문장들을 겨우 뱉어냈다. 내 뱃속의 통증이 뒷목으로 옮겨가고 있었다. 프랑스어 발음 때문에 혀가 꼬이는데다 눈물이 나오려고 해서 눈을 깜박였다. 공포가 산불처럼 번지고 있었다. 그렇다. 그 단순한 문장들은 '엄마 폭발'의 시작이었다. 내 딸들은 그 자리에 있지 않았지만, 그건 딸들과 직접적으로 연관된 일이었다.

엄마 폭발의 기원을 찾으려면 아직 우리 첫째가 태어나지도 않았던 때인 2009년으로 거슬러 올라가야 한다. 예비 엄마들이 대개 그렇듯 나는 육아서적과 잡지와 육아 사이트에 푹 빠져서 기적 같은 아기의 탄생 과정에 대해 자세히 알아봤다. 나는 태아의 성장을 일주일마다 확인하고 그때그때 아기가 어느 정도 컸는지를 어떤 물체에 비유해서 남편에게 알려줬다. "여보, 이번 주에는 우리 딸이 금귤만 하대!" 금귤의 크기는 고사하고, 금귤이 뭔지 아는 사람이 얼마나 될까? (물론 우리나라 독자들은 '낑깡' 이라고도 부르는 금귤이 뭔지는 다 알 것이다. - 옮긴이)

세신한 조사를 하는 과정에서 나는 모유수유에 관해 구힐 수 있는 자료란 자료는 다 읽어봤다. 최대한 자연스러운 방식으로 내 아이를 먹인다는 게 나의 결심이었다. 아, 걱정 마시라. 나는 히피 문화를 찬양하면서 당신에게 귀리 곡물바를 먹이려는 게 아니다. 모유수유는 모든 엄마가 자기 상황에 맞는 방식을 선택하면 되는 것이다. 다만 내 경우는 아기에게 모유를 먹이는 게 최선이라고 생각했다. 어떤 난관이 있더라도, 젖꼭지가 갈라지고 유선이 막혀 아프더라도 말이다.

그래서 나는 사전준비를 철저히 했다. 친구들과 이야기를 나눠보고 모유수유 강좌에도 참석했다. 그런데 막상 내 딸이 태어나고 보니 모유수유라는 걸 어떻게 해야 할지 전혀 알 수가 없었다!

그러나 우리는 용감하게 앞으로 나아갔다. 너무나 서투르고, 처음에는 괴로워서 울음이 터져나왔지만 며칠이 지나자 우리는 요령을 알아냈고 다시는 물러서지 않았다. 모유수유가 항상 쉽지만은 않았다. 누군가가 내 젖꼭지를 칼로 얇게 도려내는 것 같은 고통의 나날들! 그건 하나도 자연스럽지 않았다!

하지만 나의 젖꼭지는 튼튼해졌고, 시간이 흐를수록 고통도 줄어들었다. 그리고 드디어 모유수유를 잘하게 되었다. 적어도 출산휴가가 끝나서 복직하기 전까지는.

복직과 더불어 나는 유축기를 끼고 살면서 영원히 끝나지 않는 모유량 계산에 매달렸다. 모유수유를 해보지 않은 독자들을 위해 덧붙이자면 모유량 맞추기는 매우 과학적인 계산이 필요하다. 유축을 하는 엄마들은 다음날 아기에게 먹일 모유를 젖병에 충분히 담아놓았는지 날마다 계산해야 한다. 수면이 부족한데다 아기를 낳은 후 기억력까지 감퇴한 상태에서는 간단한 덧셈과 뺄셈도 어렵다는 사실을 간과하지 말라! 모유량 계산은 기하학과 미적분과 통계학을 합쳐놓은 것보다 훨씬 어렵다. 내가 보기에는 엔지니어인 남편이 대학 시절 수강했던 고급수학보다도 어려운 것 같다. 고급수학은 숫자조차 쓰지 않는 수학이지만, 그래도 모유량 계산에 비하면 약과다.

문제를 더 복잡하게 만드는 건, 아직 모유수유를 하는 중인데 내가 서너 번 출장을 다녀와야 한다는 사실이었다. 그날부터 나는 두 딸을 위해, 미리 짜낸 모유를 저장하기 시작했다. "나의 컵들이 넘치는(시편에 나오는 '내 잔이 넘치나이다(my cups runneth over)' 라는 구절을 염두에 두고 언어유희를 한 것 - 옮긴이)" 모유수유 초기의 이점을 활용한 셈이다.

나는 유축을 할 때마다 30~50그램씩 나오는 귀중한 모유를 '모유은행(냉장고)'에 저장했다. 나중에는 아침마다 조금 일찍 일어나 한쪽 가슴의 모유를 짜낸 후 다른 쪽 가슴의 모유를 아기에게 먹이게 됐다.

모유수유를 해본 엄마라면 누구나 알겠지만, 모유가 '황금 액체 liquid gold'라 불리는 데는 다 이유가 있다. 모유는 엄마의 몸에 저장된 영양이 고스란히 담긴 것으로 한 방울 한 방울이 귀중하다. 그리고 마치 농장의 젖소처럼 몸에서 모유를 계속 짜내는 건 간단한 일이 아니다. 그래서 그게 지구상에 마지막 남은 '벤과 제리스 Ben & Jerry's' 아이스크림이라도 되는 양, 한 방울도 버리지 않고 보관하게 된다.

유축을 하는 엄마들은 자신의 '황금 액체'가 쏟아지는 모습을 볼 때마다 괴롭고 화가 나고 설명할 수 없는 공포를 느낀다.

개수대에 그냥 버릴 때도 마찬가지. 어떤 이유로 그렇게 됐는가는 중요하지 않다. 손이 미끄러졌든, 아니면 모유저장 비닐에 구멍이 났든 간에 내 모유가 헛되이 버려진다는 것만으로 거대한 폭발을 일으킬 수 있다.

맨 처음 모유를 쏟았을 때, 나는 동맥류에 걸리는 줄 알았다. 심장이 쿵쿵 뛰고 시야가 흐릿해졌다. 입안은 피 맛이 나는 금속으로 코팅한 느낌이었다. 남편이 얼른 달려와서 왜 비명을 질렀느냐, 왜 그렇게 목 놓아 우느냐고 물었다.

"괜찮아. 30그램도 안 되잖아." 그건 남편이 해서는 안 될 말이었다. 절대로. 아니, 누구라도 그런 말을 하면 안 되는 것 아닐까? 그럴 때 남편이 할 수 있는 일은 흐느껴 우는 아내를 안아주고 그녀에게 차마 입에 담지 못할 만행을 저지르는 불공평한 우주를 원망하며 실컷 울게 놔두는 것밖에 없다. 그걸 못 하겠으면 발길을 돌려서 얼른 달아나든가.

모유가 약간 쏟아진 일로 호흡곤란을 일으킬 뻔했던 내가 일주일치 모유를 잃어버릴 위기에 처했다면 어땠겠는가? 짐작하다시피 그건 아름다운 광경이 아니었다. "이미 쏟아진 우유를 두고 울지 말라(Don't cry over spilled milk)"는 속담을 만든 사람은 모유수유를 한 번도 안 해본 사람이다. 그건 확실하다!

원래 하던 이야기로 돌아가자. 발작에 가까운 경험을 하고 나서, 나는 47단계로 이뤄진 아주 꼼꼼한 모유 이동계획을 세웠다. 거기에는 사람의 희생(예를 들면 유축하기)과 귀중한 모유가 한 방울도 남김없이 냉장고에 들어가게 해달라는 간절한 주문 외우기가 포함됐다.

첫 출장을 떠날 날이 다가왔을 때, 우리집 냉장고에는 내가 없을 때 딸아이가 충분히 먹을 수 있는 양의 모유가 비축되어 있었다. 물론 지친 엄마에게 휴식은 없었다. 모유량을 유지하고 여행하는 동안 우리집 냉장고에 텅 빈 모유를 다시 생산하기 위해, 나는 유축기와 15,000가지 장비(!)를 여행가방에 넣었다. 이렇게 해서 나의 시련과 고난이 시작된다. 비행기를 타고도 유축을 하는….

딸들을 키운 2년 동안 나는 출장을 7번 다녀왔는데, 그중 두 번은 7일 이상의 해외여행이었다. 다 합치면 자동차 여행은 2번, 비행기 탑승은 22번이고, 그중 4번은 대서양을 건너는 비행만 4번. 모유에 관한 미국 교통안전청 TSA의 규제에 관해서라면 나는 전문가 수준이다. 종종 TSA 직원들에게 규칙을 상기시켜 주기도 한다.

나는 알몸 수색만 빼고 온갖 조사를 다 받아봤다. TSA 직원들은 내 가방을 뒤지기도 했고, 내 모유를 사실상 분해한 적도 있었고, 나의 얼음주머니를 면봉으로 문질러보기도 했다. 줄을 서 있는 나를 따로 불러내 온몸을 두드려보는 검사도 두세 번쯤 했다.

나는 항상 예의바르게 행동했다. 모터, 전선, 튜브 따위가 들어 있는 검은색 가방이 수상해 보인다는 건 나도 인정하니까. 나는 비행기표 판매대와 X 레이 기계 사이에 있는 모든 직원들에게 내가 유축을 하는 엄마라는 사실을 알리고, TSA 직원들의 조사에 최대한 협조했다.

내가 종이에 글씨를 써서 목에다 걸고 다녔더라면 더 나았을까? 명확한 의미 전달을 위해 세계 각국의 언어로 번역해서?

Milk for the baby

Lait pour le bébé

Leche para el bébé

Milch für das Baby

嬰儿牛奶

赤ちゃんのためのミルク

(모두 '아기에게 먹일 모유입니다' 라는 뜻 - 옮긴이)

언젠가 독일 출장을 갔다가 귀국했을 때의 일은 절대로 잊지 못할 것이다. '유축' 이라는 단어를 이해하지 못한 보안요원들은 나의 유축기 가방을 열고 가슴에 대는 작은 컵을 꺼냈다. 그들은 손으로 멜론을 짜는 동작을 하면서 큰 소리로 말했다. "아아아아, 아기 거라고요!"

아아아아, 아기 거라고요!(Ja, für das baby!) 그러고 나서야 나는 출국 심사를 통과했다! 사실 나는 여행을 다니면서 불쾌한 경험을 수도 없이 했다. 공항 화장실에서 유축을 할 때는 내 주위를 배회하는 수백만 마리의 세균들 때문에 소름이 돋았다. 그래도 세면대에 모유를 그냥 쏟아버릴 때는 슬펐다. 화장실 변기 위에 앉아 아무것도 손으로 만지지 않으려고 애쓰면서 우리 비행기가 난기류를 만나지 않기만을 기도한 적도 있다.

회의실에서도 불을 꺼놓고 유축을 했다. 혹시 누가 들여다보더라도 내가 뭘 하는지 못 보게 하려고 등을 문 쪽으로 돌리고 바닥에 주저앉아 유축기 위로 몸을 푹 수그렸다. 벽장처럼 비좁은 사무실, 주방, 탈의실에서도 모유를 짰다. 오, 유축을 하는 엄마가 출장을 다닌다니 참으로 매력적인 일이다.

몇 년 전 그 운명적인 아침으로 얼른 가보자.

그건 내가 둘째를 두고 떠난 첫 번째 출장이었고, 나는 마침내 집으로 돌아가는 길이었다. 퀘벡의 인쇄공장에서 일주일을 보내는 동안 나는 밤잠도 못 자면서 카탈로그를 점검하고 승인했다. 그러면서도 나의 모유량을 유지하기 위해 4시간마다 꼬박꼬박 유축을 했다.

금요일에 호텔에 도착할 무렵 나는 녹초가 된 상태였다. 다음날 아침 6시 30분 비행기를 타야 했으므로 새벽 4시에 전화로 깨워달라고 호텔에 부탁했다. 체크아웃을 하고 공항으로 가기 전에 유축을 할 시간이 필요했다.

그 부탁을 하면서 나는 얼린 모유가 담긴 커다란 손가방을 맡겨둘 곳이 있는지 물었다. 호텔 객실 안의 자그마한 냉장고로는 어림도 없었다.

"걱정 마세요." 호텔 직원이 미소를 지으며 대답했다. "프런트데스크 뒤쪽에 있는 냉장고에 넣어 드리겠습니다."

나는 황금 액체가 들어 있는 커다란 가방을 호텔 직원에게 건네주고 객실로 돌아왔다. 그리고 다음날 아침, 피곤한 몸을 질질 끌고 프런트데스크로 갔다.

벌써부터 마음이 급했다. 국제선 비행기를 탈 예정이었으므로 이론적으로는 두 시간 전에 공항에 도착해야 하지만, 퀘벡시티의 공항은 소규모였으므로 새벽 5시까지만 도착하면 되리라고 생각했다.

나는 열쇠를 반납하고 청구서를 받은 후 모유를 달라고 말했다. 프런

프런트데스크에는 전날 밤과 다른 직원이 있었으므로 나는 사정을 다시 설명해야 했다. 새로운 직원은 문 뒤로 사라졌다가 빈손으로 돌아왔다.

"냉장고에 가방은 하나도 없는데요." 직원이 내게 말했다.

그 메시지가 나의 졸린 두뇌에 도달하는 순간, 나의 시냅스들이 일제히 곤두섰다. 정신이 번쩍 들었다.

"냉장고에 가방이 없다니, 무슨 소리죠?" 나는 냉정을 유지하려고 애쓰면서 정중하게 물었다. "어젯밤 체크인할 때 가방을 맡겼어요. 내 이름 앞으로 메모가 있을 텐데요."

"죄송합니다. 마담 굿맨. 메모는 없습니다."

"다시 한 번 확인해 주실래요?" 내가 부탁했다.

직원은 문 뒤로 다시 사라졌다. 100년처럼 느껴지는 긴 시간이 지나서 그녀는 돌아왔다. 또 빈손이다.

그걸 본 나는 아연실색했다. 곧바로 출발하지 않으면 비행기를 놓칠 판이었다. 하지만 일주일치 모유를 챙기지 않고 출발할 수는 없었다.

"C'est lait pour mon bébé. Où est-il? Où est-il? (그건 아기에게 먹일 모유라고요. 그거 어디 있어요? 어딨어요?)"

나는 왜 프랑스어로 숨이 넘어갈 것처럼 소리를 질러대는 게 문제해결에 도움이 될 거라고 판단했을까? 그건 나도 모른다. 하여간 나는 그렇게 판단했다. 호텔 직원도 나의 떨리는 목소리, 깜박이는 눈, 선홍색으로 물든 얼굴에서 폭발의 징조를 감지했던 것 같다. 그녀는 전화기를 들고 관리자에게 전화를 걸었다.

째각째각. 몇 분이 흘러갔다. 나는 없던 병도 생길 것만 같았다. 그때 다른 직원이 다른 문을 열고 뛰어 들어왔다. 그의 손에는 내 가방이 떡하니 들려 있었다. 알고 보니 호텔 측에서 가방을 주방의 대형 냉장고로 옮겨놓았던 것이다.

안도감이 온몸을 타고 흘렀다. 나는 그 귀중한 가방을 욕심쟁이처럼 확 낚아채 내 몸에 꼭 붙였다.

"Merci beaucoup! Merci beaucoup!(정말 고맙습니다! 정말 고맙습니다!)" 나는 어깨 너머로 이렇게 소리치면서 렌트한 자동차를 향해 달음질쳤다.

호텔 주차장을 빠져나와 공항으로 질주하는 동안 나의 혈압은 낮아지고 맥박도 귓속에서 쿵쿵 울리지 않게 됐다. 보안요원 앞에 도착했을 때는 완전히 정상이었다. 재앙은 면했구나! 적어도 나는 그렇게 생각했다.

나는 첫 번째 보안요원에게 손으로 여권을 건네주면서 미소로 인사했다. 내친김에 프랑스어로 환담까지 나눠보기로 했다.

"Bonjour, ça va? (안녕하세요? 여행은 어떠셨나요?)"

"Oui, ça va bien, mais je suis très fatigue! (좋았어요. 정말 피곤하긴 하지만요.)"

나는 사람들이 줄을 선 곳으로 가서 유축기와 모유를 컨베이어벨트 위에 올려놓았다. 두 번째 보안요원이 다가오자 나는 유축기를 가지고 여행하는 중이라고 설명했다. 그는 유축기를 힐끔 쳐다보고 나서 모유 쪽으로 시선을 돌렸다.

"아기는 어디에 있습니까?" 그가 물었다.

"아기를 데리고 여행하는 게 아니에요."

"그렇다면 모유를 가지고 다닐 수 없습니다."

뭐야, 당신 지금 [여기에 욕이 잔뜩 들어간다] 장난해?

이번에는 당황스럽지 않았다. 이번에는 문자 그대로 얼굴이 붉으락푸르락해졌다. 아니, 하얗게 변했다고 해야 할까? 눈앞이 캄캄했다. 하얗고 뜨거운 분노가 혈관을 타고 흘렀다.

화가 나면 아주아주 차분하고 조용해지는 사람들이 있는 걸 아는가? 그게 소리를 지르고 울음을 터뜨리는 것보다 더 무섭다는 것도 혹시 아는가?

그때 나는 무서운 여자로 변신했다.

나는 이를 바득바득 갈면서 책임자를 불러달라고 말했다.

불쌍한 직원은 나의 분노를 눈치챘는지 곧바로 책임자를 불러왔다. 책임자는 나를 보자마자 모유를 집으로 가져가도 된다고 말해줬다.

여행의 나머지 부분도 정신없이 흘러갔다. 토론토의 보안요원은 모유를 보고도 대수롭지 않게 넘겼지만, 내 유축기를 거칠게 다루면서 가방을 샅샅이 조사하고 나서야 나를 보내줬다. 그러고 나니 유축할 장소를 찾을 수가 없었다. 공항터미널의 반대쪽 끝까지 걸어가서야 겨우 사람이 없는 가족용 화장실을 찾았다.

화장실 문을 잠그고 변기 덮개 위에 외투를 펼쳐놓고 앉아 유축을 시작했다. 다른 TSA 요원이 내 모유를 쳐다보기만 해도 머리끝까지 화가 날 것 같았다. 그들이 날 감금한다 해도 두렵지 않았다. 나는 그 모든 일의 부당함을 생각하며 실성한 사람처럼 웃어댔다. 너무 격렬하게 웃었더니 눈물이 나와 얼굴을 타고 흘러내렸다.

비행을 두 번 더 하고 90분 동안 운전을 하고 나니 우리집 앞이었다. 남편과 딸들이 현관에서 나를 기다리고 있었다. 첫째 딸이 내게 뛰어왔다. 나는 두 팔로 그 아이를 안아 올렸다. 다음으로는 아직 아기인 둘째를 바짝 끌어당겨 그 달콤한 냄새를 들이마셨다.

수도꼭지 등장~ 이번에는 행복한 눈물이었다. 나는 집에 왔다. 이 달콤한 재회를 위해서라면 유축을 하던 끔찍한 시간들, 답답한 보안 절차들, 모유를 둘러싼 폭발쯤은 감내할 가치가 있다.

갓난아이를 키우면서 유축을 하던 날들은 이제 지나갔지만, 나는 그 날들을 영영 잊지 못할 것이다. 사실 나는 딸들을 위해 내가 감내했던 모든 일을 글로 써서 증거로 남겨뒀다. 나중에 딸들이 감정을 폭발시킬 때 활용하면 효과만점이겠지!

"애야, 왜 그렇게 뾰로통하게 구니? 엄마가 캐나다 출장 때 모유를 얼마나 힘들게 들고 다녔는지 알잖니?"

상황 종료. 나의 승리다.

 블로그 '워크 인 스웨츠 마마(Work in Sweats Mama)'

니콜 굿맨(Nicole Goodman)은 두 아이를 키우는 매력적인 엄마로서, 늘 카페인에 의지하면서 '워크 인 스웨츠 마마'라는 필명으로 활동한다. 낮에는 안락한 가정을 떠나 대기업의 마케팅 전문가로 일한다. 그녀에게 출근이란 계단을 재빨리 내려가서 사무실로 곧장 들어가는 것을 뜻한다. 사실 그녀는 특별한 날이 아니면 트레이닝복 차림으로 일한다! 업무시간이 끝나면 겁 없는 18개월짜리 딸의 뒤를 쫓아다니고, 조숙한 4살짜리 딸과 입씨름을 하고, 집안일을 땡땡이 치고, 장기적인 시각에서 엔도르핀 수치가 높아지는 일을 찾는다. 니콜이 생각하는 최고의 휴가는 배낭을 메고 국립공원에 가서 맛 좋은 건포도와 땅콩을 마음껏 집어먹는 것이다. 두 번째로 선호하는 계획은 하와이에서 산책로를 달리고 배를 타는 것. 그녀는 '워크 인 스웨츠 마마' 블로그에 육아, 조깅, 여행, 그리고 그녀가 사랑하는 스포츠용품과 콜라에 관한 글을 쓴다.
www.workinsweatsmama.com
www.facebook.com/workinsweatsmama

STAR WARS
LEGO STRESS WORLD
레고는 스트레스
맙소사! 내가 왜 이걸 건드렸지?
헐 큰일났네!
으앙! 엄마가 고쳐, 빨리!

웰컴! 레고 스트레스 월드

노린 도킨-맥다니엘

지금까지 살면서 망가뜨려놓고 후회한 것이 세 가지 있다. 앞으로도 살다 보면 뭔가를 망가뜨릴 일이 있겠지만, 일단 나중의 일은 생각하지 말자.

* 첫 남자 친구 윌러드 우드로의 마음. 4학년 때의 일이다.
* 아빠의 알파로미오Alpha Romeo 스포츠카. 고등학교 때 내가 찌그러뜨렸는데 수리도 불가능했다.
* 다섯 살짜리 아들이 오후 내내 조립한 레고의 '스타워즈' 모형.

지금 이 순간까지도 내 마음을 가장 괴롭히는 게 뭐냐고?
30달러짜리 플라스틱 장난감이다. 당연하게도.

우리 아들 플레처는 '스타워즈'의 광팬… 좋다, 열성팬이라고 해두
자. 어쨌든 얼마 전부터 플레처는 한 단계 큰 모형에 도전하고 있었다.
232조각짜리 '하이에나급 폭격기'는 아들이 그전까지 도전했던 어떤
것보다도 복잡한 모형이었다. 나는 조심스럽게 아들을 레고에서 떼어냈
다. 잠깐만. 저녁은 먹고 해라. 아들은 닭고기와 브로콜리를 후다닥 먹어
치우고 다시 작업에 몰두했다. 잠자리에 들기 전에 조립을 끝내고 싶다
나. 몇 단계만 더 조립하면 완성이었다.

그때 내가 그걸 들어올렸다. 왜? 왜? 왜! 오, 대체 내가 왜 그걸 들어올
렸을까?나는 아직도 그걸 모르겠다. 바보같이 그 모형에 손을 대다니. 그
건 공포영화에 나오는 날라리 청소년들이 밤중에 혼자서 빈집에 들어가
는 것처럼 어리석은 짓이었다. 나는 그저 아들의 작품을 자세히 들여다
보고 칭찬을 해주고 싶었을 뿐인데…. 하여간 다음에 벌어진 일은 여러
분이 짐작하는 대로다.

내가 모형을 집어드는 순간 가운데 부분에서 피스 하나가 떨어졌다.
앗!나는 그걸 도로 끼워 넣으려고 했지만 금방 되지 않았다. 이러면 곤란
한데. 나는 억지로라도 끼워보려고 원래 자리에 그걸 대고 꾹 눌렀다. 안
들어간다. 난 망했다. 아까는 잘 맞았는데 지금은 왜 안 맞아? 내가 이렇
게 애쓰고 있을 때 또다시 몇 조각이 더 떨어져나갔다. 젠장! 아, 이러면
진짜로 곤란하지. 나는 허둥거리기 시작했다. 어느새 내 옆에 와 있던 플
레처도 불안한 모양이었다. 처음으로 거의 다 조립한 폭격기가 내 손 안

152

에서 조각조각 떨어지는 모습을 봤으니 당연하다.

"엄마가 고쳐! 빨리!" 플레처는 내 옆에서 방방 뛰면서 화를 냈다.
"지금 하고 있잖아!" 나도 퉁명스럽게 대꾸했다. 두개골 아래쪽이 지
끈거리기 시작했다.
"어어엄마아아아!" 아들이 징징댔다.

그 순간 나는 정말로 짜증이 확 났다. 일이 뜻대로 안 될 때 쉽게 화를
내는 건 니의 가장 큰 단점인데, 특히 문제의 원인이 나에게 있을 때 더
화가 난다. 젠장. 이 조각들이 어디에 붙어 있었더라? 나는 사용설명서를
미친 듯이 넘기면서 완성된 모형의 그림을 찾아냈다. 어디서부터 시작해
야 하나. 플레처가 나를 노려보고 있었다. 분노의 눈물까지 글썽이면서.
레고 모형은 몇 개의 덩어리로 쪼개진 채 테이블 위에 놓여 있었다. 하루
온종일 공을 들인 결과물이 내 손 안에서, 불과 30초 사이에 망가져버린
것이다. 그런데 나는 그걸 어떻게 다시 조립해야 하는지 알 수가 없었다.

"엄마가 망가뜨렸어!" 플레처는 다섯 살 아이에게서 나올 수 있는 최
대한의 분노를 내게 표출했다. 누가 보면 아이가 엄청난 학대 속에서 상
처를 입은 줄 알았을 것이다.
"이 조각들이 어디 있어야 되는 건지 아니?" 나는 플레처에게 물었다.
레고를 향한, 그리고 레고를 망가뜨린 나 자신을 향한 분노가 펄펄 끓어
오르기 직전이었다.

플레처는 고개를 세차게 흔들었다.

그 순간 나는 이성을 잃고 폭발했다.

"엄마도 모른단 말이야!"

여긴 내 친구 클라우디아가 '레고 스트레스의 세계'라 명명한 곳이다. 클라우디아에게도 스타워즈 레고를 끼고 사는 아들이 있기 때문에 그녀 역시 이 세계에 자주 들어온다. 레고 스트레스는 정지된 상태에서 나타난다는 점만 빼면 이른바 '도로 위의 분노 road rage (운전자들이 분노를 참지 못하고 과도한 반응을 보이는 현상 - 옮긴이)'와 비슷한 현상이다. 레고 스트레스의 원인은 멍청한 운전자들이 아니라 판독이 불가능한 조립 설명서에 있다…. 당신의 아이가 8단계에서 어느 조각 하나를 잘못 맞췄는데, 그것 때문에 모형이 제대로 만들어지지 않는다는 사실을 199단계까지 가서 깨닫는다고 생각해 보라.

어떤 아이라도 화가 치솟을 수밖에 없다. 그것은 레고 조립하기에서 통하는 '머피의 법칙'이다. 그 엄중한 실수, 우울한 실수는 아이가 모형을 완성하기 직전에 가서야 비로소 발견된다. 그러면 당신은 레고를 역순으로 하나하나 떼어내면서 어디에 실수가 있었는지 알아내고, 그 지점에서부터 다시 시작해야 한다. 몇 시간이 걸리든 상관없다.

그러는 도중에 당신이 이성과 논리를 잠깐 상실한다 해서 이상할 게 없다. 감정조절이 안 되는 건 당연한 일. 곧이어 당신은 미치광이처럼 꽥꽥 소리를 지르기 시작한다. 내 생각에 이런 증상은 미국 정신질환 진단

및 통계 편람 DSM-V에도 '외상성 레고 스트레스 장애(Traumatic Lego Stress Disorder)'라는 이름으로 나올 것 같다. 만약 당신이 발끈하는 성격이고, 어린 아들을 키우고 있다면 내 얘기가 쉽게 이해될 것이다.

"그 대단한 작품을 조각조각 떼어내고 있노라면 정신이 나갈 것 같아." 어느 날 우리가 초밥을 먹으면서 레고에 얽힌 괴담을 이야기 나누다가 클라우디아가 내게 했던 말이다. "우리 아들은 거의 다 만든 레고를 바닥에 집어던져 부숴버린 적도 있다니까."

알록달록 색을 칠한 플라스틱 조각들이 누군가를 그렇게 화나게 할 수 있다니, 정말 놀랍지 않은가? 레고를 좋아하는 사람들은 돈을 주고 분노 조절 치료를 받는 걸 고려해 봐야 한다. 만약 당신이 400조각이 넘는 레고 모형을 조립하면서도 자제력을 잃지 않고 고기 써는 칼을 집어들지 않는다면, 축하한다. 당신은 달라이 라마(티베트의 실질적·정신적 지도자 - 옮긴이)의 후계자가 될 수 있다. 사실 레고를 조립해도 되는 사람은 세상에 달라이 라마 하나뿐일지도 모른다. 평범한 사람들이 레고에 도전한다는 건 시한폭탄을 만지작거리는 것과 같다.

게다가 우리가 만지작거리는 시한폭탄은 퓨즈가 무지무지 짧다. 내 경우는 최신 초음파 장비가 뱃속에 있는 내 아이의 거시기를 감지하고 아이가 아들임을 확인해 준 그날부터 레고를 가지고 놀아야 한다는 게 두려웠다. 나는 레고를 가지고 놀면서 자라지 않았다. 내가 어릴 때는 '레고 프렌즈 Lego Friends (여자아이들을 위한 레고 시리즈. 소녀 캐릭터들이 들어 있다. - 옮긴이)' 라는 제품이 없었다. 나는 바비 인형과 인형의 집을 가지고 놀면서 티파티를 열었다. 여자아이의 전형에 충실했던 나는 남자아이들이 좋아하는 방식으로 내 아들과 놀아줄 자신이 없었다. 초음파 담당자가 유쾌한 목소리로 "아들입니다!"라고 선언한 후부터 예비엄마인 나의 심장은 특별한 공포로 채워졌다. 나는 세상의 모든 남아용 장난감(닌자 터틀, 파워레인저, 프랜스포머…) 중에서도 레고가 가장 두려웠다.

나는 조카들이 레고를 가지고 노는 걸 본 적이 있었다. 조카들은 부엌 식탁 앞에 앉아 몇 시간 동안 꼼짝도 하지 않았다. 레고 모형에 완전히 몰입하고 있어서 플라스틱 조각이 서로 맞춰지는 '딸깍' 소리 외에 다른 소리는 하나도 듣지 못했다. 조카들 어깨 너머로 슬쩍 들여다보니 조립 설명서는 아찔할 만큼 복잡했다. 나는 겁이 덜컥 났다. 난 죽었다 깨어나도 저걸 못 해! 물론 나도 시도는 해봤다. 플레처는 단순하고 큼직한 아기용 레고로 탑 쌓는 놀이를 매우 좋아했다. 마침내 사촌들처럼 더 복잡한 레고를 가지고 놀 수 있게 되자 플레처는 흥분을 감추지 못했다. 나는 잠시 순진한 생각에 젖었다. '그래도 아이와 함께 레고를 가지고 놀면 재미있지 않을까?'

알고 보니 나는 레고 모형을 같이 만들 상대로 적합한 사람이 아니었다. 레고 조각들이 담긴 비닐봉지가 거실 탁자 위에서 열리기만 해도 나는 호흡곤란을 일으킨다. 우리집 거실 탁자는 나무판자들 사이에 좁은

틈이 있는데, 그 틈은 조그만 레고 조각들을 자석처럼 빨아들였다. 레고 조각들이 그 틈새로 한번 들어갔다 하면 영영 꺼낼 수가 없었다. 그렇게 잃어버린 조각들 때문에 내가 38달러나 들여 구입한 모형을 완성하지 못할 때는 눈물(대부분은 내 눈물이었다)이 비오듯 쏟아졌다.

그런데 진짜로 나를 화나게 했던 게 뭔지 아는가? 진짜로 사람을 미치게 만드는 것 말이다. 조각들을 색깔별로 분류하지 않는 것이었다(참고로 모든 레고 설명서에는 먼저 조각들을 색깔별로 분류하라고 나와 있다). 플레처는 조각들을 다치는 대로 조립하는 걸로 시자채서, 다른 플라스틱 조각들 아래 파묻혀 있는 작은 연회색 사각블록 하나를 못 찾겠다면서 징징거리곤 했다.

어느 날 오후, 나는 6세 아동용으로 나온 간단한 헬리콥터 키트를 조립하려다가 분통을 터뜨렸다. 그러자 나보다 침착한 남편이 중대결정을 내렸다. 남편은 수족관의 정수설비를 설계하고 제작하는 일을 하는데, 곰곰이 생각해 보면 그 일은 실생활 속의 레고 조립과도 비슷하다. 그때부터 레고를 가지고 하는 놀이는 남편이 책임지기로 했다. 나는 잠자리에서 아들에게 이야기 들려주기와 보드게임에 집중한다. 그게 내 혈압에도 좋다는 게 남편의 논리적인 결론이었다. 나야 뭐, 좋았다. 캔디랜드(보드게임의 일종 - 옮긴이)는 나도 수준급이니까.

그러면 부엌 식탁 위에서 그 폭격기 모형이 망가지고, 슬픔에 젖은 아이가 소파 쿠션에 얼굴을 묻고 흐느껴 울고 있는 대목으로 돌아가자.

남편은 출장을 떠나고 없었다. 따라서 망가진 레고를 고치는 건 내 몫이었다. 내 아이가 시간과 노력을 투자해서 뭔가를 만들었는데 그게 망가져서 슬퍼하는 모습을 보니 괴롭기 짝이 없었다. 아, 말은 바로 하자. 그냥 '망가진' 게 아니라 '엄마가 망가뜨렸' 지. 그래서 나는 커다란 잔에 마티니를 한 잔 따라놓고 피해 정도를 조사했다. '너도 할 수 있어.' 나는 스스로에게 용기를 불어넣었다. '천천히, 꾸준히 하면 되는 거야. 그렇게 어렵진 않을 거야. 아이들도 늘 이런 걸 만드는데 뭐.' 다음 순간 다른 생각도 들었다. '아이들은 디지털 비디오카메라를 자유롭게 다루지. 그런데 나는 아직도 비디오카메라 조작법을 익히지 못했잖아.'

그러나 레고 조립은 〈윌&그레이스Will&Grace(미국 NBC 방송국에서 1998년부터 2006년까지 총 8시즌의 시트콤 - 옮긴이)〉의 다음 시즌을 볼 수 있느냐 없느냐보다 훨씬 중요한 문제였다. 그래서 나는 설명서의 그림을 보면서 차근차근 조립 순서를 거꾸로 밟아갔다. 한 조각씩 떼어내다가 드디어 그 잘못 들어간 조각의 원래 위치를 알아냈다. 그 자리에 끼우니 딸깍 소리와 함께 부드럽게 들어갔다.

한 시간이 더 흘렀고, 커다란 잔에 마티니도 한 번 더 따라 마셨다. 나는 폭격기를 조심스럽게 재조립해서 망가지기 전으로 돌려놓았다. 이제 플레처는 원래 하고 있던 지점에서 시작하면 된다. 플레처는 금방 모형을 완성할 테지.

"이것 봐라." 아직 거실 쿠션에 얼굴을 파묻고 있는 플레처를 향해 내가 말했다. 플레처는 내 쪽을 보지도 않고 고개를 흔들어댔다. "이리 와 봐. 엄마가 만든 걸 보렴." 시간이 좀 걸렸지만 나는 플레처를 살살 구슬려 눈물범벅이 된 얼굴을 내 쪽으로 돌리게 한 후 재조립한 모형을 들어 올렸다. "자, 이것 보이지? 엄마가 고쳤단다."

"어디 봐." 플레처가 믿을 수 없다는 얼굴로 말했다. 잠시 후… 함박웃음!

앞으로 플레처가 실패하거나 실망할 때마다 내가 나서서 해결해 줄 수 없다는 건 나도 안다. 하지만 그 순간만큼은 플라스틱 조각들을 잘 끼워 맞춘 게 나에게도, 우리 아들에게도 참 잘된 일이라고 느꼈다.

 블로그 '사이언스 오브 패런트후드(Science of Parenthood)'

노린 도킨-맥다니엘(Norine Dworkin-McDaniel)은 블로그 '사이언스 오브 패런트후드'의 설립자 겸 '과학적으로 투덜거리기 담당자(Chief of Scientific Snarkiness)'다. 그녀는 자유기고가로 활동하면서 '돈 풋 리자즈 인 유어 이어스(Don't Put Lizards In Your Ears)'라는 블로그와 건강 전문 사이트인 '라이프스크립트닷컴(Lifescript.com)'에 일곱 살 아이를 키우는 일의 끝없는 신비에 대해 쓰고 있다. 그녀의 칼럼은 〈모어(More)〉, 〈헬스(Health)〉, 〈패런츠(Parents)〉, 〈아메리칸 베이비(American Baby)〉, 〈레드북(Redbook)〉, 〈마리끌레르(Marie Claire)〉, 〈셰이프(Shape)〉, 〈아이빌리지(iVillage)〉, 〈올유(All You)〉, 〈프리벤션(Prevention)〉 등에 실린다. 현재는 늦깎이 엄마로서의 경험을 담은 자서전을 마무리하는 중이다.
http://scienceofparenthood.com
www.facebook.com/ScienceOfParenthood

엄마 폭발 5단계 대처법

마야 문명의 전설에 따르면 폭풍우의 신 우라칸(Hurakan)은 강한 바람과 악한 영혼을 관장하는 신이다. 마야인들은 우라칸을 달래기 위해 해마다 젊은 처녀 한 명을 제물로 바쳤다. 그들은 처녀를 바다에 던졌다. 바닷속에 있는 우라칸의 왕국까지 그녀를 안내할 전사도 함께.

그리스 신화에서는 바람의 신 아이올로스(Aeolus)가 동굴 안에 12가지 바람을 가둬놓는다. 그 동굴에는 10여 개의 구멍이 뚫려 있고 모든 구멍은 바위로 막혀 있다. 특정한 방향으로 바람을 일으키고 싶을 때 아이올로스는 바위 하나를 치운다. 12개의 구멍이 모두 열리면 허리케인이 생성된다.

현대사회의 전설에도 천하무적의 자연력이 등장한다. 그건 바로 '엄마'다. 엄마는 허리케인처럼 파괴력이 강하다. 엄마는 시간이 지날수록 힘이 세지고 속도도 빨라지기 때문에 전설적인 규모의 폭풍을 일으킬 수도 있다. 이 전설적인 폭풍을 일컬어 '엄마 폭발mother of all meltdown' 이라고 한다.

최악의 재앙이 발생하기 전까지 폭발은 4단계를 거치며 발전한다.

1단계 동요 작은 사건이 발생하고, 일정한 시간이 지나도 해결되지 않는다.

2단계 침체 동요가 폐쇄순환을 일으켜 압력이 한곳에 집중된다.

3단계 강풍 힘의 강도와 밀도가 높아지고 폭발에 이름이 붙는다.

4단계 폭발 전면적인 폭발이 일어난다. 폭발의 잠재적인 파괴력을 기준으로 1부터 5까지 숫자를 매길 수 있다.

엄마 폭발의 강도

모든 폭발은 무시무시하다. 하지만 어떤 폭발은 정말로 위험해질 수도 있다. 폭발의 파괴력을 가늠하려면 속도와 순간적인 가속도, 힘 등의 여러 요소를 함께 고려해야 한다. 폭풍의 경로 안에 있는 사람들의 대비를 돕기 위해, 예보관들은 재앙 가능성 지수를 활용해 폭발 강도를 5가지로 분류한다.

강도 1 피해가 경미하다. 건물과 같은 영구적인 구조물은 해를 입지 않는다. 램프, 접시, 못 쓰는 장난감 등 집안의 고정되어 있지 않은 물건들이 위험하다.

강도 2 피해가 보통 수준이다. 그림 액자, 장식품, 골동품 등 생활에 필수적이지 않은 물건들이 위험하다.

강도 3 피해가 크다. 작은 건물(인형의 집, 요새, 아이들의 놀이집)이 위험하다. 폭풍의 파편으로 인해 큰 구조물도 피해를 입을 수 있다.

강도 4 피해가 매우 크다. 건물이 큰 피해를 입을 수 있다. 유리창과 거울이 깨지고, 문짝이 부서지고, 벽에 주먹 크기의 구멍이 뚫릴 위험이 있다. 일상적인 비상통로를 이용하는 것도 안전하지 않다.

강도 5 재앙이다. 즉시 대피하라.

폭발의 초기 징후 파악하기

테크놀로지를 활용하면 '엄마 폭발'을 미리 감지하고 추적할 수 있는 방법이 꽤 많다. 우수한 경보 시스템을 갖추고 있지 못하다면 다음과 같은 초기 신호를 잘 살펴라.

파도가 높아지고 파도 사이의 간격이 줄어든다 폭풍이 다가올 때는 엄마가 평소보다 크게 화를 내거나 짜증을 낸다. 화를 내는 횟수도 늘어난다. 나중에는 퉁명스러운 말투와 눈물이 등장한다.

기압계의 눈금이 떨어진다 폭발이 임박하면 압력이 눈에 띄게 떨어진다. 긴장이 풀리지만 기분이 오싹한 이런 상태야말로 폭풍 전야의 고요에 해당한다.

속도가 급격하게 증가한다 소용돌이치며 움직이는 바람을 당신이 느꼈다는 건 엄마가 이미 폭발을 시작했다는 이야기. 폭풍이 곧 몰아칠 것이다.

돌풍 전력을 다해 집을 강타하기 전에 태풍의 가장자리가 먼저 도착한다. 너무 늦기 전에 적당한 장소를 찾아 대피하라.

폭풍에 대비하라

초기 신호를 눈여겨보다가 폭풍을 피해 방향을 틀 수만 있다면 그렇게 하라. 폭발의 세기가 어느 정도든 간에 예방을 위해 지나치다 싶을 만큼 신경을 써라. 최악의 경우에 대비해야 한다.

다음은 피해를 최소화하기 위한 유용한 조언이다.

폭풍이 오기 전에

- 연락 계획을 수립한다. 비상시에 연락할 사람들(아빠, 할머니, 엄마의 친한 친구, 엄마의 마사지사 등)과 접촉할 방법을 알아둬야 한다.
- 잠재적인 위험을 인식하고 재산의 안전을 확보한다. 폭풍의 경로 안에 있는 물건들 중 고정되지 않은 것들은 모두 치워둔다.
- 비상시에 대피할 통로를 알아놓아라. 필요하다면 교통편도 알아둔다.
- 안전한 방이 있으면 좋다. 지하실이나 차고에 아빠의 비밀장소가 있다면 그곳이 폭풍을 피하기에 적합한지 미리 확인한라.

폭풍이 한창일 때

- 책임자(아빠, 할머니 등)의 지시사항을 준수한다.
- 필요하다면 대피한다.
- 대피할 수 없는 상황이라면 작은방, 옷장, 복도 등에 숨는다.
- 유리창과 유리 달린 문에서 멀리 떨어진다.

● '폭풍의 눈'에 들어섰을 때 상대적으로 고요하다고 해서 속으면 안 된다. 최후의 일격이 기다리고 있다.

폭풍이 지나간 후에

● 긴장을 풀지 말고 조심조심 행동한다.

● 만약 대피한 상태라면 책임자(아빠, 할머니 등)들이 안전하다고 말하기 전에는 집으로 돌아가지 않는다.

● 엄마를 꼭 안아주고 자진해서 집안 청소를 한다.

폭풍은 무섭기도 하지만 자연이 열을 방출하는 하나의 방식이기도 하다. 폭풍우가 지나간 자리에 무지개가 뜬다는 사실을 기억하자.

그리고 너무 걱정하지는 마라. 처녀와 전사를 희생시키는 건 옛날 방식이니까. 그러나 폭풍의 여신에게 초콜릿이라든가, 신발이라든가, 아무도 방해하지 않는 긴 샤워 따위의 뇌물을 바치면 다음 번 '엄마 폭발'을 막을 수 있을지도 모른다!

더이상 못 참겠어

카렌 블레싱

본래 나는 폭발을 일으키는 사람이 아니다. 나는 자리를 피해서 숨어 버리는 유형이다. 그럴 때면 나 자신이 한심하다는 생각을 하거나 눈물을 한두 방울 흘리기도 하지만, 폭발은 내 성격에 맞지 않는다.

그런데 내게 10대 아이들이 생겼다. 사실 그건 나의 의도와는 무관한 일이었다. 내가 원했던 건 아기들이었으니까. 귀여운 아기들 키우는 일을 꾸준히 하다 보니 시간이 흐르고 또 흘러, 어느덧 우리집에 10대 청소년 둘이 살게 된 것이다.

내가 진짜 폭발을 일으킨 건 딱 한 번이다. 그 시작은 중학생 아이의 잘못된 선택이었다. 그걸로 끝날 수도 있는 일이었다. 아니, 그걸로 끝나야 했다.

우리 아이들은 거실에서 탄산음료를 마시지 못하게 돼 있었다. 그런데 어느 날 내가 집에 와 보니 달콤한 냄새가 나는 끈적끈적한 액체가 거실 카펫에 묻어 있었다. 나는 그게 뭔지 알아내지 못했다. 모두들 그 일에 관해 아는 바가 전혀 없다고 대답했기 때문이다.

그래서 나는 아이들을 불러서 대화를 했다. 규칙을 어기면 어떤 벌을 받는지 명확하게 이야기했더니 한동안 아이들은 예측가능한 범위 내에서 행동했다.

그러다 그 운명의 날이 왔다. 아이들이 다니는 학교의 교장선생님이 내 휴대전화로 연락했을 때 나는 일터에 있었다. 교장선생님의 첫마디가 학생들 간에 싸움이 벌어졌다는 것이었다. 내 가슴은 철렁 내려앉았다. 우리 아이들은 어릴 때부터 싸움꾼은 아니었는데. 영리하게 규칙을 위반하긴 할지라도 친구와 싸우지는 않을 텐데.

이야기를 듣고 보니 내 판단이 맞았다. 우리 아이들은 싸움꾼이 아니었다. 방과후에 학교 바로 앞에서 몇몇 아이들이 싸움판을 벌였다. 누군가가 그걸 목격하고 교장선생님에게 알렸고, 교장선생님은 그 일에 관해 조사를 하고 있었다. 그런데 우리 첫째 아들(아이 이름은 공개하지 않고 OS라는 약칭을 쓰겠다.)이 그 자리에 있었을 뿐 아니라 휴대전화를 이용해 싸움의 과정을 동영상으로 촬영했다는 이야기가 교장선생님의 귀에 들어갔다. 교장선생님이 원하는 건 그 동영상이었다.

나는 벌어진 입을 다물 수가 없었다. 약간 진정이 되자마자 조퇴를 신청하고 OS를 만나러 달려갔다.

집에 도착해서 이야기를 들어보니, 싸움에 가담한 아이들 중 한 명이 OS의 친한 친구였다. 내가 알게 된 사실은 그것만이 아니었다. 내가 차를 몰고 집으로 돌아가는 동안 그 친구의 엄마가 OS에게 전화해서 그 동영상을 삭제하라고 말했다는 것이다.

OS가 섣불리 행동했다가는 친구가 아주 곤란해질 판이었다. 나는 그 친구의 엄마에 대해서는 모순된 감정을 느꼈다. 한편으로는 괘씸하다 싶었지만, 다른 한편으로는 그녀가 전화했을 때 내가 없었던 게 다행이라는 생각도 들었다. 교장선생님 덕분에(?) 우리는 아주 불편한 입장이 됐다. 교장선생님이 우리에게 요구한 동영상은 학교 밖에서 일어난 사건이 담긴 것이고, 그 동영상 때문에 결과적으로는 OS가 같은 반 친구 몇몇을 곤란한 처지로 몰아넣을 수도 있었다. 할 수 없이 나는 교장선생님에게 그가 듣고 싶어 하지 않는 대답을 했다. 그 동영상은 이미 지워졌다고.

아이 친구의 엄마를 상대하는 것도 내 몫이었다. 그녀는 우리집에 전화를 걸어서 그 싸움 장면이 유튜브에 올라가는 일이 없을 거라는 나의 확답을 받아내려 했다. 모두가 자기 영역을 지키기 위해 총력전을 벌이는 양상이었다.

그리고 중요한 문제가 하나 남아 있었다. 나는 아들과 대화를 나눠야 했다. OS는 그 싸움이 처음에는 장난이었는데 나중에 크게 번졌다고 주장했지만, 내가 보기에 그건 중요하지 않았다. OS의 판단은 현명하지 못했다. 그의 행동은 심술궂기도 하거니와 더 나쁜 결과로 이어질 수도 있었다. 싸움이 벌어지면 말리거나 도움을 요청해야 한다. 그게 상식이다.

비디오 촬영은 절대 안 된다.

그 사건은 사람들의 입에 오르내렸다. 두고두고 화젯거리가 됐다는 뜻이다. OS는 딱 한 번 잘못된 선택을 했지만 그 파장은 끝도 없었다. 그러나 OS는 아직 아이였다. 나는 아이가 자기 행동의 결과를 직접 보면서 그게 더 큰 문제로 번질 수도 있다는 사실을 깨달았으리라 여기고, 휴대전화를 일주일 동안 압수하는 걸로 끝냈다. 나중에 OS가 그 사건을 되돌아보면서 깊은 성찰을 하게 된다면, 에헴, 그게 다 부모의 역할을 잘 해낸 덕분이 아니겠는가? 좋은 부모는 이런 기회에 아이에게 감동을 주고 아이의 성장을 도와줘야 한다.

이야기가 이렇게 끝났다면 얼마나 좋았을까? 그런 행운은 내게 없었다. 이듬해 우리 아들은 고등학교로 올라갔는데, 학기 초부터 학교 본관 건물 로비에서 싸움이 벌어졌다.

우리 아들이 어떻게 했는지 맞춰볼 사람?

자, 대강 짐작이 되시는가? 벌써 폭발할 것 같다고? 아직 아니다. 절정에 해당하는 부분은 더 기다려야 한다….

이번에는 학교에서 전화가 걸려오지 않았다. OS가 직접 내게 말했다. 터놓고 말하자면 OS는 자기 휴대전화로 촬영한 동영상을 내게 보여줬다. 10대 아이들은 엄마가 가르쳐준 것과 정반대로 행동하는 것만으로는 부족한 모양이다. 부족하고말고. 똑같은 행동을 또 하는 걸로 엄마를 놀

려대야 재미가 있지 않겠는가?

주변이 갑자기 더워지는 것 같다고? 만약 그렇다면 내 혈압이 엄청나게 높아져서 지구의 온도를 끌어올리는 거라고 생각하시라. 지구온난화? 거기에는 내 책임도 있을지 모른다.

폭발? 두말하면 잔소리다. 이성을 잃었냐고? 정말로, 진정으로, 완전히, 철저하게 잃어버렸다. 나는 소리를 지르고, 아들에게 벌을 주고, 소지품도 여러 개 압수했다. 외출을 금지시키고, 야단을 치고, 빠른 걸음으로 걸어 다녔다. 모든 창문이 활짝 열려 있어서 내 소리가 이웃에게 고스란히 들린다는 사실도 잊어버리고 말이다!

 블로그 '베이킹 인 어 토네이도(Baking In A Tornado)'

카렌 블레싱(Karen Blessing)은 사회복지와 소매업에 종사하다가 지금은 전업주부 엄마로서 십대 아이 둘을 키우고 있다. 사회복지와 소매업 관련 일은 지금도 하고 있는데, 다만 돈이 들어오는 게 아니라 나간다는 점이 다르다. 그녀는 자기 집 지하실에 둥지를 틀고 지내는 한 무리의 십대 아이들을 먹이기 위해 베이킹을 시작했다가 스트레스 해소에 도움이 된다는 사실을 깨닫고 계속하게 됐다. 버터와 설탕보다 스트레스가 더 많다고 판단되면 그녀는 '베이킹 인 어 토네이도' 라는 블로그에 글을 올리고, 조리법을 공유하고, 속마음을 털어놓는다. 카렌은 마마피디아(Mamapedia), 스케리마미(Scary Mommy), 제너레이션 패뷸러스(Generation Fabulous), 트릿 어 데이(Treat a Day) 등의 웹사이트에 글을 게재한 바 있으며 〈행복한 블로그 인생(Life Welll Blogged)〉이라는 시리즈 도서에도 소개됐다.
www.bakinginatornado.com
www.facebook.com/BakingInATornado

"아이가 갑자기 숨을 안 쉰다구요!"

미셸 나옴

이야기를 시작하기 전에, 평소 나는 의료계 종사자들에 대해 존경하는 마음을 지니고 있다는 점을 밝혀두고 싶다. 하지만 내 아이에게 심각한 건강상의 문제가 생겼는데 나의 걱정과 관심사를 대수롭지 않게 여기는 태도로 나를 대하는 의사들을 몇 번 만났다. 폭발은 피할 수 없는 수순이었다. 원래 나는 자제력을 잘 잃지 않는다. 적어도 내가 잘 알지 못하는 사람들 앞에서는 버럭 하는 일은 좀처럼 없다. 그래서 이런 일은 아주 예외적인 경우에 속한다.

그럼, 처음부터 이야기를 해보자.

나의 세계가 홀라당 뒤집힌 그날은 평범한 날과 다름없이 시작됐다. 아직 학교에 다닐 나이가 아니었던 딸은 친구를 집에 초대했고, 두 아이는 뒤뜰 베란다에서 마카로니치즈를 먹고 있었다. 돌을 갓 넘긴 막내아들은 부엌에서 점심을 먹은 후에 아장아장 걸어 다니고 있었다. 나 역시 부엌에 있었다.

그런데 갑자기 아들의 서투른 걸음이 멈췄다. 아이는 바닥에 쓰러져 있었다. 얼굴빛이 파랗고 입가에는 거품을 물고 있었다. 눈동자는 뒤로 넘어가서 흰자만 보였다. 나는 아이 목에 뭐가 걸려서 질식한 거라고 생각했다. 이윽고 아이는 기절했다. 유아 심폐소생술에 관해 배웠던 내용은 하나도 떠오르지 않았다. 뭘 어떻게 해야 할지 종잡을 수 없었던 나는 공포 속에서 911에 전화를 걸었다.

천만다행으로 아이는 구급대원들이 도착하기 전에 스스로 숨을 쉬기 시작했지만, 그런 일이 생기면 1분 1초가 한없이 길게 느껴지는 법이다. 구급대원들의 말에 따르면 우리 아이는 질식한 게 아니었다. 그들은 자기들도 뭐가 문제였는지 모르겠다며 일단 병원으로 이송하자고 했다. 나중에 남편은 나에게 왜 직접 아이를 차에 태우고 운전해서 병원으로 데려가지 않았냐고 물었다. 병원은 우리집에서 5분 거리였기 때문이다. 설명하기가 어렵지만 그때 나는 몸을 가누기도 힘든 상태였다. 머릿속이 하얗게 변했다. 아무 생각도 안 났다. 어떤 조치를 취한다는 게 불가능했다.

솔직히 말하면 그날 하루가 어떻게 흘러갔는지도 제대로 기억나지 않는다. 내 머릿속에 남은 장면은 오직 하나, 얼굴이 새파래진 아이가 바닥

172

에 쓰러져 있는 장면이다. 그 이미지는 내 머릿속에 새겨져 영원히 지워지지 않을 것이다.

우리는 병원에 도착했으나 의사들도 아이가 기절한 원인을 확실하게 밝혀내지 못했다. 그런데 그날 하루 동안 규칙적인 간격으로 세 번이나 발작 같은 증상이 나타났다. 마치 아이가 아프기 전과 아프고 나서의 삶이 따로 있는 것 같았다. 아이가 아픈 후의 삶은 아프기 전의 삶과 판이하게 달랐다. 그 발작 같은 증상은 날마다 일어나지는 않았지만 상당히 자주 일어났다. 그것도 아무런 예고도 없이!

아이는 갑자기 유령처럼 창백해지고, 다음 순간 숨을 못 쉬고, 얼굴이 새파래지면서 기절하곤 했다. 나는 미쳐버리기 직전이었다. 그런 일이 벌어질 때마다 아이가 우리 곁을 떠나버릴 것 같았다. 우리는 늘 두려움에 떨면서 긴장을 풀지 못했다. 그러나 의사들이 검사를 진행하고 아들이 병원을 들락거리는 동안에도 우리는 일상생활을 최대한 정상적으로 유지하려고 노력했다.

우리 아이를 담당하던 소아과 의사가 아이의 혈구 생산에 문제가 있다는 사실을 발견한 게 그 즈음이었다. 의사의 입에서는 '백혈병'이라는 단어도 나왔다. 지금 이 글을 쓰고 있으니 그 모든 감정이 생생하게 되살아나는데, 그때 나는 심장이 멎는 줄 알았다. 그런 단어를 듣는 건 부모에게 가장 지독한 악몽이다. 실제로 아이의 상태가 어떻다고 했는지는 기

오늘은 금요일이고 지금은 5시라구요.
의사도 휴식이 필요해요.
워 워~~
우리 애는 숨을 못 쉬는데 금요일 5시에 전화했다고 의사가 신경질을 내다니! 말이 돼?!

억도 안 난다. 전문가들이 그건 희귀한 증상이며 어떤 바이러스에 대한 반응으로 보인다, 하지만 정확히는 모르겠다고 우리에게 설명했던 기억만 난다. 나중에는 수혈을 받아야 할 수도 있다고 했다. 혈구 생산이 멈춰 있을 경우 아이는 혈구 생산이 재개될 때까지 계속 수혈을 받으며 살아가야 한다는 이야기였다.

그러는 동안에도 아이의 발작 같은 증상은 계속됐다. 며칠 연속으로 증상이 없었던 어느 날, 우리는 친구들과 함께 집 근처 호숫가에 놀러 갔나. 그선 어리석은 결정이있다. 아이가 또 쓰러졌고, 우리는 병원에서 멀리 떨어져 있었다. 호숫가에 있던 어떤 사람이 휴대전화로 911에 연락해서 우리 아들은 두 번째로 구급차를 탔다. 아이를 진찰한 응급실 당직 의사는 단순히 아이가 떼를 쓰다가 그런 것 같다고 말했다. 아이가 스스로 숨을 참다가 기절한 거라고.

참자, 참자. 참아야지. 나는 참아야 했다.

솔직히 말하자면 그 의사를 한 대 때려주고 싶었다. 하지만 그럴 수는 없는 노릇. 나는 심호흡을 하면서 마음을 가라앉히려 애썼다. '내 아이는 내가 잘 안다. 이건 떼를 쓰다 생긴 일이 아니다.' 어쨌든 그 일은 내가 첫 번째 폭발을 일으키는 데 한몫을 했다고 생각한다.

우리 아들은 그날 오후에 퇴원했다. 원래 나는 저녁식사 모임에 나갈 예정이었으나 내 몫의 요리를 만들지도 못했고 그날 겪은 일 때문에 녹

초가 된 상태였다. 남편은 그래도 가보라고 내게 말했다. 그는 내게 휴식이 필요하다고 판단했던 것 같다. 아이의 발작 같은 증상이 상당 기간 이어지고 있었으므로 남편과 나는 둘 다 몸과 마음이 지쳐 있었다. 우리는 아들의 호흡이 중단될까 봐 밤에 잠을 제대로 못 잤고, 증상의 원인을 찾아내지 못하는 의사들 때문에 스트레스에 짓눌려 있었다. 물론 여러분은 이 이야기가 어떻게 전개될지 대강 짐작하고 있을 것이다. 내가 외출 준비를 끝내자마자 또 증상이 나타났다. 아이는 숨을 못 쉬다가 기절했다. 그날만 벌써 두 번째. 우리는 차에 올라타고 아이를 병원으로 데려갔다.

하루에 두 번 그런 일이 벌어지자 나는 충격을 받았다. 그전까지는 아이가 하루에 두 번이나 쓰러진 적은 없었다. 이제부터 아이의 건강이 빠른 속도로 악화되면 어쩌나? 그날 우리가 만난 두 번째 응급실 당직의사는 나의 걱정을 귓등으로 흘려보냈다. 그는 원래 우리 아이를 담당하던 소아과 의사를 불러줄 수가 없다고 말했다. 그 의사는 비번이고 지금은 다른 의사들이 교대근무 중이라고 했다. 나는 최대한 정중한 말투로 그에게 다시 말했다. "어떤 일이 있어도 우리 아이 담당의사를 불러줘야 해요. 이건 전부터 있었던 증상인데, 다른 소아과 의사 선생님들은 우리 아이의 상태를 몰라요."

그러자 응급실 당직의사는 우리 아이 담당의사가 교대근무 중이 아닌 경우에는 자기도 그에게 연락할 권한이 없다고 설명했다. "비번일 때 연락을 하면 의사들이 화를 냅니다. 모든 환자의 요청을 들어주다 보면 의사들은 쉴 수 있는 시간이 없잖아요."

여러분은 어떻게 생각하시는가? 그의 말이 옳다. 의사들의 휴식할 권리는 나도 존중한다. 틀린 말은 하나도 없다. 하지만 만약 여러분이 그 순간, 그 장소에서 내가 느꼈던 걸 똑같이 느꼈다면? 아이의 얼굴이 파랗게 질릴 때마다 이번이 마지막일지도 모른다는 생각이 들었다면? 그랬다면 어떤 부모도 이성적으로 사고하지 못했을 것이다. 그때 나의 사고방식에 따르면, 담당의사의 '휴식'은 내 아이의 '생명'에 비하면 아무것도 아니었나!

나는 이성을 잃었다.

나는 그 응급실 의사에게 고래고래 소리를 질러댔다. "우리 소아과 선생님이 화를 낼 거라는 이유로 당신이 전화를 걸지 않아서 내 아이가 죽는다면, 당신도 평생 그 기억을 떠안고 살아야 할걸요!" 내가 했던 다른 말들은 정확히 기억이 나지 않지만, 예쁜 말이 아니었다는 것만은 분명하다.

쾅! 나는 폭발하고 있었다.

이성을 잃었던 게 자랑스럽지는 않다. 하지만 아이가 쓰러질 때마다 나는 아이가 다시 숨을 쉴 수 있을지 몰라서 조마조마했다. 아이의 얼굴이 새파래질 때마다 이번이 마지막인가 싶었다. 아이가 어떻게 될까 봐 무서웠다.

두말할 필요도 없는 일이지만, 내가 열변을 토한 후 그 응급실 당직의사(어쩌면 응급실 전문의였는지도 모르겠다)는 우리 소아과 의사에게 전화를 걸었다. 우리 소아과 의사는 화를 내지 않았다. 그는 걱정하고 있었다. 그는 우리 아들을 즉시 다른 병원으로 옮겨 추가로 검사를 해보자고 제안했다. 우리는 다른 도시의 아동병원에서 밤을 꼬박 샜다.

나의 두 번째 폭발은 나름대로 명성이 높았던 소아신경과 의사 때문에 일어났다. 우리 아들의 검사 일정을 정해준 사람이 그녀였다. 우리는 그 검사를 위해 꼬박 한 달을 기다렸는데, 그 한 달 동안 아이의 상태에는 별다른 변화가 없었다. 숨이 멈추고, 얼굴이 파래지고, 기절하는 증상이 규칙적으로 나타났다. 그 무렵에는 우리도 아이의 증상을 꼼꼼하게 기록하고 있었다. 벌써 몇 달째였으니까.

검사는 월요일로 잡혀 있었는데, 그 전주 금요일에 병원에서 우리에게 전화를 걸어 몇 가지 일반적인 질문을 던졌다. 그 질문들 가운데 하나는 다음과 같았다. "아이의 호흡이 갑자기 멈춘 적이 있습니까?" 이봐요…. 바로 그게 문제라니까! 나는 당연히 이렇게 대답했다. "네." 그러자 수화기 너머의 직원이 그런 경우라면 이 검사를 예정대로 진행할 수 없고 미안하지만 날짜를 다시 잡아야 한다고 말했다. 얼마나 더 기다려야 하는지 물었더니 그녀는 자기도 잘은 모르지만 몇 주일 수도 있고 한 달일 수도 있다고 대답했다. 우리는 이미 한 달을 기다린 상태였다. 그리고 그 문제는 우리의 실수가 아니라 병원 측의 실수가 아닌가!

나는 우리 소아과 의사에게 전화해서 메시지를 남겼다. 잠시 후 내게 전화를 걸어온 우리 소아과 의사는 지금 당장 그 신경과 의사의 진료실로 전화해라, 그녀가 문제를 해결해 줄 거라고 자신 있게 말했다. 그 신경과 의사는 우리 아이를 여러 번 진찰했기 때문에 아이의 상태를 알고 있었고, 인상도 좋은 편이었다. 이미 오후 5시가 넘은 시각이었지만, 우리 소아과 의사는 그래도 그녀에게 전화해 보라고 충고했다. 그는 우리가 예정대로 월요일에 검사받기를 원했다.

그래서 나는 전화를 걸었다. 그랬더니 신경과 의사는 큰 소리로 나를 비난했다. 어떻게 5시가 넘었는데 전화를 할 수 있느냐, 검사 날짜는 다시 잡아야 한다, 그건 우리 직원의 잘못이 아니다, 따위의 말들이 그녀의 입에서 나왔다. 그녀가 마구 짜증을 내면서 이야기하는 통에 내 몸이 덜덜 떨리기까지 했다. 지금 내 아이의 생명에 관해 이야기하고 있는데, 금요일 오후 5시가 넘어서 전화했다는 이유로 내게 소리를 지르다니! 나는 미안하다고 말했다. 그냥 끊어버렸어야 하는 건데.

그러고 나서 나는 우리 소아과 의사에게 다시 연락했다. 나는 누구에게도 큰 소리를 치지 않았지만 내 말투가 약간 신경질적이었을지도 모른다. 방금 있었던 일을 이야기하자 소아과 의사는 대경실색했다. 나는 앞으로 그 여자는 내 아들 근처에도 못 오게 할 거니까 다른 신경과 의사를 소개해 달라고 부탁했다. 아마도 다음과 같은 표현을 썼을 것이다. "그 여의사는 우리 아들이 죽든 살든 관심도 없어요! 저는 그 여자가 우리 아들 근처에 얼씬거리지 못하게 할 겁니다!"

그 신경과 의사에게 마침 그날 기분 나쁜 일이 있었을 수도 있다. 그러나 명색이 소아신경과 의사라면, 자기 아이가 정기적으로 호흡곤란을 일으키고 얼굴이 새파랗게 질려서 스트레스를 받는 부모의 마음을 조금 더 이해해야 한다. 진료실 직원의 무능(혹은 병원의 무능) 때문에 절차상 문제가 생겼다면 해결책을 내놓아야 한다. 우리 아이의 상태가 어떤지는 모든 진료기록에 상세히 나와 있었기 때문이다. 그 의사가 아이의 부모, 즉 우리와 여러 번 대화를 나눴다는 건 두말할 필요도 없다. 다른 건 다 제쳐두고서라도, 스트레스에 시달린 엄마에게 그렇게 소리를 지르면 안 된다.

결국 아이의 발작 같은 증상은 없어졌다. 우리 아들에게 음식 알레르기가 있다는 사실을 발견한 것이다. 어떤 의사도 알레르기라는 최종 진단을 내리지는 않았지만, 우리가 아이를 알레르기 전문의에게 데려가고 식단에서 밀가루를 뺐더니 아이의 증상은 거짓말처럼 없어졌다. 그때부터 우리 아이는 밀가루가 들어가지 않은 음식만 먹었다. 2년이 지나자 아이의 몸이 튼튼해져서 알레르기를 이겨냈다.

우리가 정말정말 힘겨웠던 그 시간들을 이겨낼 수 있도록 도와준 우리 소아과 의사와 그 병원의 사무실 직원에게 고마움을 전하고 싶다. 아이의 병이 애초에 생각했던 것만큼 심각하지 않아서 다행이기도 하다. 무엇보다도 나는 삶이라는 선물에 감사하고 있다. 그 어려운 시기를 보내는 동안 삶이란 얼마나 귀중한 것인가를 다시금 깨달았기 때문이다.

 블로그 '어 디시 오브 데일리 라이프(A Dish of Daily Life)'

미셸 나옴(Michelle Nahom)은 세 아이의 엄마이며 개인사업을 하고 있다. 그녀는 날마다 아이들을 각종 스포츠 연습에 데려다주고, 저녁에 무슨 음식을 만들지를 막판까지 결정하지 못해서 끙끙거리고, 잡동사니(그리고 아이들의 방)와 영원히 끝나지 않는 전쟁을 벌인다. 그녀는 사진, SNS, 조깅을 사랑하며 가족(개 3마리와 고양이 4마리도 포함)을 사랑한다. 그녀의 블로그 '어 디시 오브 데일리 라이프'를 방문해 보라.
www.adishofdailylife.com
www.facebook.com/DishOfDailyLife

뿌
뿌
뿡
애들이 조용할 땐
반드시 사고 치는중.
이제 어떻게
되는 건가요?

덥다, 더워

재닌 헐디

요즘 나는 어지간해서는 폭발하지 않는다. 나는 16개월 차이 나는 두 딸을 키우는 엄마다. 첫째는 얼마 전에 만 4세가 됐고, 둘째는 연말이면 만 3세가 된다. 지금껏 두 아이의 엄마 노릇을 하면서 별의별 경험을 다 해봤다. 영아산통, 유당 알레르기, 대두 알레르기, 분유수유(어떤 아기들은 젖꼭지를 물지 않기 때문에), 저자극성 특수분유….

그다음에는 젖니가 나고, 18개월의 첫 반항기가 찾아오고, 배변훈련을 하고…. 둘째를 데리고 처음부터 다시! 그러는 동안 나는 '항상'은 아니지만 '거의 항상' 침착한 태도를 유지했다.

어릴 때는 나도 쉽게 울컥 하는 성격이었다. 그리고 입이 거칠기로는 화물트럭 운전기사나 선원에 뒤지지 않았다! 제2차 세계대전에 참전했던 우리 할아버지가 청소년기의 나에게 그런 말을 한두 번 했는데, 솔직히 말하면 그때 나는 특별한 칭찬을 받은 기분이었다. 할아버지는 진정한 영웅이었고 내가 어릴 때부터 존경한 분이었다. 그런 할아버지의 눈에 내가 당신과 비슷해 보인다는 것 아닌가!

그러나 그건 오래전 일이고, 나의 현재 모습은 다르다. 할아버지는 1999년 밸런타인데이에 세상을 떠나셨고 지금은 2013년 여름이니까, 14년이란 세월이 흐르는 동안 변한 것이 한두 가지가 아니다. 이제 나는 여러 면에서 성인이 됐을 뿐 아니라 삶에서 중대한 책임을 지고 있다. 내게는 돌봐야 할 가족도 있다.

그날은 7월 중순이었고, 무더위가 한창이었다. 기온이 38도에 육박하니 꼭 누군가가 우리집 오븐의 문을 열어놓은 것만 같았다.

우리집 거실의 에어컨은 전날 밤부터 작동을 멈췄다. 그렇다. 완벽한 타이밍이었다(아니지!). 그렇다. 미리 말해두지만, 우리는 평소에 에어컨 수리를 맡기던 기술자 아저씨에게 전화를 여러 번 했다. 하지만 그는 전화를 받지 않았고 신속하게 답을 주지도 않았다. 그의 연락을 기다리는 동안 다른 수리공에게도 전화를 해봤다. 그중 한 명은 뻔뻔하게도 수리비를 두 배로 내야 당일에 고쳐줄 수 있다고 말했다.

우리는 비록 덥고 불쾌했지만 바보가 되긴 싫었다. 학부에서 경영학을 전공한 나는 수요와 공급의 법칙을 이해하고 있었다. 정말이다. 경제학 수업을 잔뜩 들으면 개념은 머릿속에 남는다니까! 푹푹 찌는 날씨였지만 그 수리공이 우리에게 바가지를 씌우거나 폭리를 취하는 걸 용인할 만큼 은 아니었다!

끝없이 길게 느껴지는 시간이 흐르고 나서, 원래 우리집에 오던 기술 자 아저씨가 전화를 걸어왔다. 약속이 많지만 일정을 조정해서 그날 중 으로 우리집에도 들르겠다고 말했다. 그러는 와중에 나는 오전 내내 선 풍기를 틀어놓고 창문을 열어놓았다. 그렇게라도 하면 조금은 시원해질 거라는 부질없는 희망을 품고서.

어느덧 오후 1시. 아이들은 아침과 점심을 다 먹었고, 나는 블로그에 글을 올리고 있었다. 그렇다. 내가 블로깅에 몰두하다가 시간 가는 줄 몰 랐던 것 같다. 그렇다. 내가 글을 읽고 쓰는 동안 아이들은 끝내주게 조용 했다. 그거야말로 뭔가가 잘못되고 있다는 걸 알려주는 첫 번째 단서였 는데 내가 알아차리지 못했다. 정말이다. 아이들이 조용하면 열에 아홉 은 사건이 생긴다!

마침내 글을 다 썼다. 내가 고개를 돌려보니, 장난감이 여기저기 널려 있었고 며칠 전에 할머니가 첫째 아이에게 선물로 준 플레이도우(놀이용 고무찰흙)가 조각조각 나뉘어 거실 바닥 곳곳에 떨어져 있었다. 플레이도 우는 놀이탁자 밑에도 있었고 거실 카펫에도 덕지덕지 붙어 있었다.

나는 딸아이의 생일에 플레이도우를 사줄 생각이 전혀 없었다. 그런데 우리 남편이 자기 어머니에게 플레이도우가 좋은 선물이 될 것 같다고 말했다. 딸아이가 학교에서 플레이도우를 가지고 노는 걸 좋아한다면서. 이제 난 왜 엄마들이 플레이도우를 학교에서만 가지고 놀게 하는지 알게 됐다. 아이들이 좋아하는 이 단순한 장난감으로 인해 벌어진 난장판은 한마디로 끔찍했다.

엉망이 된 거실을 살펴보는 동안 내 몸속에서 피가 부글부글 끓어올랐다. 그렇잖아도 내 몸은 지나치게 달궈진 상태였다. 만약 내가 〈루니툰즈(Looney Tunes)〉에 나오는 '벅스 버니' 같은 전통적인 만화 캐릭터였다면, 내 귀에서 김이 모락모락 피어나 소용돌이쳤을 것이다. 나의 분노가 어느 정도인지 보여주는 요란한 나팔 소리도 삽입됐을 것이다.

폭발이 일어났다. 뚜껑이 열린 나는 '내일은 태양이 뜨지 않을 것처럼' 고래고래 소리를 질렀다. 애니(뮤지컬 영화 〈애니 Annie〉의 주인공으로 긍정적인 성격을 가졌으며, "내일은 꼭 태양이 떠오를 거야."라는 명대사로 유명함 - 옮긴이)에게는 미안하지만, 그때 내 기분이 꼭 그랬는데 어쩌겠는가! 내가 애니 영화를 본 건 어릴 때였지만, 다음날이 된다고 무조건 태양이 뜨는 게 아니라는 사실을 그 순간에야 비로소 깨달았다.

나는 딸들에게 큰 소리로 명령했다. 거실에서 당장 나가라고. 엄마가 청소기를 돌리는 동안 각자 침대에 가서 앉아 있으라고! 나는 고래고래 소리를 지르면서 '엄마가 얼마나 화가 났는지'도 알려줬다. 너희가 얼마나 나쁜 짓을 했는지 아느냐, 한 시간 만에 어떻게 집을 이렇게 엉망으로 만들 수 있느냐고 묻고 또 물었다.

나는 청소기를 돌리면서 하느님에게 욕을 퍼부었다. 그러는 동안 딸들은 침대 위에서 잠자고 있었는데, 설마 내 입에서 쏟아져나온 말을 딸들이 다 듣진 않았겠지? 할아버지가 자랑스럽게 여길 정도로 거친 말을 잘 하던 그 여학생이 내 안에서 부활했다. 나는 오랫동안 꼭꼭 숨겨놓았던 수많은 비속어들을 다 풀어냈다.

청소기를 돌리면서 틈틈이 두 손과 무릎을 바닥에 대고 플레이도우 조각을 주워야 했다. 그럴 때마다 분노가 부글부글 끓었다. 거대한 플레이도우 악몽 속에 들어와 있는 것만 같았다!

바닥에 앉아 감정을 폭발시키는 동안 땀이 비 오듯 쏟아졌다. 내가 평소에 의식하지도 못했던 부위에서도 땀이 나왔다. 게다가 내가 분노와 좌절을 청소기에다 발산해서 그런지, 다이슨 청소기도 덜덜 떨고 있었다. 마치 '이제 어떻게 되는 건가요?'라고 묻고 있는 것처럼.

청소기 돌리는 일을 끝내고 나니 기분이 좀 나아졌다. 내 어깨에서 커다란 짐 하나가 내려진 것 같았다. 말도 안 되는 소리 같지만, 이제는 화가 나지 않았다. 이제 나는 먼지를 잔뜩 뒤집어쓰고 있었고 땀을 흘린 탓에 온몸이 찐득거렸다.

그 다음은 어떻게 됐을까?

엄마 폭발이 끝나고 보니 나의 두 '플레이도우 괴물' 들이 곤히 잠들어 있지 뭔가! 진공청소기의 백색소음 때문에 졸음이 왔는지, 두 딸은 천사처럼 자고 있었다. 그 아이들이 청소기 소리를 들으며 잠든 건 영아산통을 일으키던 갓난아기 때가 마지막이었는데. 우습게도 그때 잠자던 아기가 벌써 네 살배기 아이가 돼서 플레이도우를 가지고 이런 난장판을 만들었다니. 좌우간 우리는 처음으로 새 진공청소기가 필요하게 됐다. 그날 밤 우리는 청소기가 제풀에 꺼지기를 기다리다 잠들었다. 여기까지 읽고서 어떤 사람은 청소기가 치유의 마력을 발휘했다고 말할 것이다. 그것도 맞는 말이지만, 폭발 과정을 거치면서 우리는 우리의 보석인 딸들을 멋지게 키우겠다는 결심을 했다.

플레이도우 덩어리는 다 치웠고, 아이들은 자고 있었다. 그래서 나는 샤워를 하면서 땀과 먼지를 씻어냈다. 그렇게 기분 좋은 찬물 샤워는 처음이었다! 아이들이 자고 있었기 때문에 이번만은 빨리 끝내야 한다는 걱정 없이 내내 즐기면서 샤워를 했다.

이쯤에서 여러분은 우리집 에어컨이 고쳐지긴 했는지 궁금해질 것이다. 대답은… 예스! 몇 시간 후에 우리는 에어컨을 고쳤다. 패밀리 레스

188

토랑에 가서 시원하게 저녁식사를 하고 아이스크림까지 먹었다. 물론 느 긋하게 저녁식사를 즐기지는 못했다. 첫째 아이가 화장실이 급하다고 보 챘고, 나는 그 와중에도 내 접시에 담긴 마지막 한 입을 먹으려고 애썼다. 하지만 그 이야기는 다음으로 미뤄두자!

앞으로도 엄마 폭발을 몇 번 더 일으켜야 하나 싶기도 하다. 길고 시원 한 샤워와 아이스크림이라는 보상을 받고 나니, 그 미칠 것 같던 그 순간 들도 짧은 휴가로 변해버렸으니 말이다!

 블로그 '재닌스 컨페션스 오브 어 마미어홀릭(Janine's Confessions of a Mommyaholic)'

재닌 헐디(Janine Huldie)는 교사자격증 소지자이며 현재는 가정과 가족을 책임지고 관리하면서 수시로 일어나는 사소한 폭발을 억제하고, 평화를 유지하기 위해 노력하고 있다. 케빈의 아내이며 16개월 차이 나는 두 딸의 엄마이기도 하다. 첫째 엠마는 얼마 전에 네 살이 됐고 둘째 릴리는 곧 세 살이 된다. 재닌은 글쓰기와 디자인을 무척 사랑한다. 그녀를 만나려면 '재닌스 컨페션스 오브 어 마미어홀릭' 블로그 또는 'J9 디자인스(J9 Designs)'에 가보라.

www.janinehuldie.com
www.facebook.com/janine.huldie

블랙홀이군!
에미의 서랍은 언제쯤 정리될까?
점점 더 화려해 지지 않을까요?
이걸 입어?
아님 이거?

못 말리는 둘째딸의 '옷' 투정

지니 마리

    나는 둘째 아이를 처음 본 순간부터 이 아이가 자기 언니와는 다르겠구나 싶었다. 그건 내게도 놀라운 일이었다. 어떻게 갓 태어난 아기가 자기 성격을 그렇게 확실하게 드러낼 수 있을까?

    큰딸인 릴리는 주변 상황이 어떻든 개의치 않고 젖을 먹은 뒤 내 가슴팍에서 행복하게 잠들곤 했다. 하지만 둘째 에미는 그렇게 쉽게 재울 수가 없었다. 에미를 낳고 나서 첫 번째로 맞이한 어머니날, 나는 가족들과 함께 근사한 레스토랑에서 저녁식사를 하는 대신 온종일 조용한 우리 차 뒷자리에서 에미에게 젖을 먹이며 시간을 보냈다. 에미는 다 먹고 나면 나를 밀어냈고, 잠은 자기가 원할 때만 잤다.

    에미는 젖 먹을 때는 조용한 장소를 원했지만, 기분이 좋지 않을 때면 요란하게 울어댔다. 실내에서나 길에서나 슈퍼마켓에서나 모든 사람이 우리를 쳐다봤다. 에미가 머리카락이 곤두서게 만드는 소리를 낼 때마다 나는 창피했지만 억지로 미소를 지으면서 사람들에게 설명했다. "아기는 괜찮아요. 정말이에요. 필요 이상으로 큰 소리를 내는 거지 어디가 아픈 건 아니랍니다." 나는 밖에서는 차분하게 행동했지만 집안에서는 미친 사람처럼 고래고래 소리를 지르기도 했다. 대체 왜 내 아이가 나를 이렇게 힘들게 하는 거냐고 한탄했다.

제일 나빴던 건 따로 있다. 에미가 떼를 쓸 때면 너무 심하게 울다가 먹은 걸 자기 옷에다 토해버리곤 했다. 나는 에미에게 제발 울음을 그치라고 호소했다. 아무 데나 토하는 다 큰 애를 달래듯이. 조카의 졸업식에 갔을 때 나는 에미를 조용히 시키기 위해 묽은 시판 이유식을 먹이려 했다. 에미가 시끄러운 졸업식장에서 젖을 먹지 않을 게 분명했으니까.

에미는 이유식을 먹다가 토했다. 아기의 온몸에, 그리고 내 무릎에 토사물이 묻었다. 눈앞이 캄캄해진 나는 부랴부랴 에미를 데리고 강당을 빠져나왔다. 평소에 나는 준비를 철저히 하는 엄마였지만 그날은 아기의 여벌옷이나 내가 비상시에 갈아입을 옷을 미처 챙기지 못했다. 그래서 기저귀가방에서 아기 손수건 한두 장을 꺼내 화장실에서 내 치마와 에미의 작은 옷을 쓱쓱 닦아낸 후에 아기 토사물 냄새를 풍기며 졸업식장으로 슬며시 되돌아갔다.

유아기의 에미는, 내가 첫째 딸을 데리러 5분 거리인 학교까지 걸어가는 동안 간식을 챙겨주지 않거나 공원에 있다가 집에 가자고 하면 마구 떼를 썼다. 장난감 가게에서 아주 깜찍한 고양이 인형을 안 사주겠다고 하면 눈물을 뚝뚝 흘리며 울었다. 한번은 우리 부부가 큰마음 먹고 딸들을 레스토랑에 데려갔다. 혼잡한 식당 안에 자리를 잡고 앉자마자 딸들이 소란을 피우기 시작했고, 우리는 메뉴를 보지도 못하고 자리를 떴다.

나는 고래고래 소리치며 우는 아이를 두고 발길을 돌리는 엄마였다. 아이가 제 발로 따라오리라고 여겼고, 대개는 그렇게 됐다. 나는 홍당무처럼 빨개진 얼굴로 웃으면서, 우리를 빤히 쳐다보는 행인들에게 딸아이는 아픈 게 아니라 흥분한 거라고 변명하는 엄마였다. 또 나는 혼자 쇼핑을 하다가 다른 집 아이가 떼쓰는 소리를 들을 때마다 남몰래 미소를 짓는 엄마였다. 그럴 때마다 우리집 말썽쟁이는 지금 나와 함께 있지 않고 집에 있다는 사실을 생각하며 신에게 감사드렸다.

에미가 유치원에 다니기 시작하면서 예전처럼 심한 떼쓰기는 줄어들었다. 에미는 레스토랑에서 예의바르게 행동하며 가게에서 내가 뭘 사주지 않아도 울지 않는다. 공원에 있다가 그만 가자고 하면 순순히 따라온다. 길에서 소리를 지르지도 않는다. 그러나 에미가 고집을 부리는 일이 딱 하나 있다. 옷 입기!

올해가 시작될 때만 해도 나는 좋은 엄마가 된 기분이었다. 매일 아침 나는 딸아이가 입을 옷을 침대 위에 놓아뒀는데, 에미는 날이면 날마다 내가 골라준 옷을 거부했다. 마침내 나는 머리를 쓰기 시작했다(적어도 나는 그렇게 생각했다). 아침마다 옷을 두 벌씩 침대 위에 올려놓고 둘 중에 하나를 고르도록 했다. 에미는 전혀 다른 옷을 꺼내 입고 계단을 내려오곤 했는데 전체적인 차림새를 보면 영 어색했다. 나는 속으로 외쳤다. '이 정도는 괜찮아. 우리 딸이 독립적인 아이라는 증거니까 좋은 일이라고!' 나는 옷 골라주는 일을 그만두고 아이가 입고 싶은 대로 놔두었다.

그래. 빨간 셔츠에 보라색 레깅스를 입든, 혹은 제일 좋아하는 셔츠가 너무 작아져서 배꼽티가 되든 말든 무슨 상관이야? 나는 간섭하고 싶은 걸 꾹꾹 참으면서 에미가 제일 좋아하는 옷들 중에 실밥 떨어진 옷들을 감췄다.

그러던 어느 날, 내게는 그리 반갑지 않은 새로운 행동패턴이 나타났다. 아침에 에미의 방에 들어가보면 가지런히 개켜 있는 옷들을 서랍장에서 꺼내어 빨래감과 뒤섞인 채 바닥에 흩어져 있었다. 나는 아직 깨끗한 옷들을 주워서 차곡차곡 갠 다음 종류별로 서랍에 넣었다. 나는 아침마다 에미에게 옷을 바닥에 던지지 말라고 타일렀다. 전날 밤에 미리 옷을 골라보라고도 했다. 하지만 에미는 아침마다 마음을 바꿔서 전날 밤에 고른 옷이 싫다고 했다.

에미는 입고 싶은 옷을 발견할 때까지 깔끔하게 개놓은 옷들을 하나씩

바닥에 던졌다. 옷걸이에 걸린 옷들도 꺼내서 아무렇게나 던져놓곤 했다. 에미의 빨래바구니에는 사흘 연속으로 입은 옷들과 딱 2분만 입은 옷들이 가득 들어 있었다.

에미의 서랍장은 점점 지저분해졌다. 인내심을 잃은 내가 아침마다 옷을 개는 일에 시간을 들이지 않고 옷들을 그대로 서랍장에 던져 넣기 시작했기 때문이다. 내게도 갈 곳이 있고, 할 일이 있지 않은가. 나는 엄마의 사랑이 담긴 충고를 받아들이지 않는 딸아이, 서랍장 정리에 나 몰라라 하는 딸아이에게 좌절감을 느끼기 시작했다. 에미는 이 셔츠는 금속 장식이 몸에 닿으면 가려워서 입기 싫다고 했고, 저 바지는 단추에 글씨가 새겨져 있어서 안 입겠다고 했다. 학교 갈 시간이 됐을 때 에미가 옷을 다 입고 있었던 적은 거의 없었다.

어느 날 아침, 나는 옷 고르는 일을 '도와주기' 위해 에미의 방에 들어갔다. 서랍장 안의 옷이 모조리 나와서 바닥에 흩어져 있었다. 그날 아침 나는 아이들을 학교에 데려다주고 나서 일하러 가야 했다. 나는 영원히 끝나지 않는 빨래의 순환에 대해 생각했다. 꽉 차서 넘칠 것 같은 빨래바구니, 아직 개지 않은 깨끗한 옷들이 담긴 바구니. 에미의 방에서 바닥을 내려다보는 동안 내 안에서 뭔가가 왈칵 솟았다. 전날 단정하게 개놓은 옷들이 마치 허리케인(허리케인은 에미를 뜻한다.)의 희생양처럼 바닥에 쓰러져 있었다. 나는 딸아이를 쳐다봤다. 에미는 속옷 차림으로 방 안에 서 있었다. 사방에 흩어진 옷 무더기 속에서도 입고 싶은 옷을 발견하지 못

했기 때문에 아직 옷을 입지 않은 것이다.

내가 입을 열었다. "이 중에서 입고 싶은 옷이 하나도 없다면, 엄마가 이걸 기꺼이 입을 다른 여자애들한테 갖다 줘야겠다!" 나는 바닥에 떨어진 옷들을 한아름 집어들고 내 방으로 가서 바닥에 던져놓았다.

"엄마, 잠깐만!" 에미가 소리쳤다. "옷 입을래!"

"새 거나 다름없는 옷이 이렇게 많은데!" 한 번 터져 나온 분노는 멈출 수가 없었다. "몽땅 자선단체에 갖다 주면 아주 좋아하겠어!" 나는 에미의 서랍장에서 서랍 하나를 빼낸 다음 그 안의 옷들을 내 방바닥의 옷 무더기 위에 와르르 쏟았다.

"엄마, 엄마, 나 그거 다 입을 거예요! 정말이야!" 에미는 엄마가 제정신이 아니라고 생각했을 것이다. 그 생각은 아주 틀린 건 아니었다. 다른 서랍이 내 팔 안으로 들어왔다. 더 많은 옷들이 방바닥에 쌓였다.

"자기 옷을 바닥에 던져버리지 않는 여자애한테 줄 거야!" 나는 열린 문 밖에 있는 에미를 향해 소리쳤다.

"엄마, 봐요. 나 옷 다 입었어!" 에미가 말했다. 두 뺨에는 눈물이 흘러내리고 있었다. 나는 2분 만에 완전히 뚜껑이 열렸던 것이다. 인내심을

196

발휘하며 아이를 독립적으로 키우던 엄마가 갑자기 변신해서 서랍을 거꾸로 들고 요정이 그려진 팬티 하나, 분홍색 발레복 하나까지 다 쏟아버렸다. 그날 아침 우리가 집을 나왔을 때 에미의 서랍장과 방바닥에는 아무것도 없었고 내 방 바닥에는 옷이 산처럼 쌓여 있었다.

학교가 끝난 후 에미와 나는 함께 옷 무더기를 뒤졌다. 우리는 에미가 계속 입고 싶어 하는 옷들을 골라내 서랍장에 차곡차곡 넣었다. 너무 오래된 옷이나 구멍이 여러 개 난 옷들은 쓰레기통에 버리고, 너무 작아졌거나 장식이 많이 기워운 옷들은 기부하기 위해 따로 봉지에 넣었다. 한두 벌은 내가 기념으로 간직하고 싶어서 따로 분류했다.

그후로 나는 폭발한 적이 한 번도 없었고 에미는 두 번 다시 옷들을 바닥에 던지지 않았다… 라고 쓰면 얼마나 좋을까. 하지만 여러분과 나 모두 그게 거짓말이란 걸 알지 않나? 나는 아직도 소리를 질러대고, 에미는 여전히 빨래바구니를 뒤진다. 우리는 육아에 지친 엄마의 피로와 유치원생 아이의 고집 한 무더기를 정리하며 산다. 그런데도 나중에 보면 우리의 서랍장에는 축복이 가득하다.

 블로그 '레몬 드롭 파이(Lemon Drop Pie)'

지니 마리(Ginny Marie)는 유방암을 이겨내고 엄마가 된 기쁨을 '레몬 드롭 파이' 라는 블로그에 기록한다. 2013년 여성 전용 커뮤니티인 '블로그허' 에서 선정하는 '올해의 목소리' 상을 받기도 했다. 그녀는 자연을 사랑하며 가족과 함께 독서하기를 좋아한다.
www.lemondroppie.com/
www.facebook.com/lemondroppie

폭발은 엄마 노릇의 일부,
똥에 관한 폭발도!

스테파니 팔리

자동차 여행! 한때는 나도 자동차 여행을 무지무지 좋아했다. 그러나 어린아이를 키우고 있는 지금은 생각이 좀 다르다.

엄마가 되기 전까지 네게 자동차 여행이란 남편과 끊임없이 대화를 이어가며 사랑의 이중창을 부르기도 하고, 때로는 정적을 즐기는(이제는 침묵이 뭔지도 기억나지 않는다!) 시간이었다. 이제 자동차 여행은 시끄러운 DVD 플레이어, 고막이 터질 것처럼 큰 소리를 내는 아이패드, 뒷좌석을 몽땅 차지한 커다란 장난감 상자, 수시로 징징거리는 아이들, 그리고 잦은 정차를 의미한다. 이렇게까지 온갖 물건을 차에 싣는 이유는 열세 시간도 넘게 카시트에 앉아 있고 싶어 하는 아이는 세상에 없기 때문이다.

지금부터 우리의 잘생긴 빨간 머리 아들을 E라는 애칭으로 부르겠다.

보통 때 E는 매우 순한 아이다. E는 생후 8주 때부터 밤새 깨지 않고 잘 잤다(그렇다. 나는 아침에 일어나서야 아기가 밤새 잤다는 사실을 깨닫고 아이의 침대로 뛰어갔다. 내가 세상에서 가장 귀가 어두운 사람인지, 아기가 아직 숨을 쉬고 있는지 확인하기 위해서!). E는 혼자서도 재미있게 잘 놀고, 이것저것 배우는 것도 좋아한다. E는 매우 신중하기도 하다. 성격은 외향적이고(도대체 누구를 닮은 거니?), 낯선 사람을 만나도 무서워하지 않는다. E는 울면서 떼쓴 적도 별로 없다. 하지만 가끔 징징거릴 때면 빨간 머리가 반짝반짝 빛난다는 이야기는 꼭 해두고 싶다. 대체로 E는 키우기가 아주 수월한 아이였다.

내용을 조금 손질해야겠다. 두 돌이 되기 전까지 E는 상당히 수월한 아이였다. 유아기를 무사히 넘긴 엄마들은 다 똑같은 얘기를 할 것도 같다. '수월하다'고 여겨지던 모든 아이는 두 돌이 되고 나서부터 달라진다. "내 거야!"를 입에 달고 사는 시기가 찾아온다. 자기 물건을 아무도 못 만지게 하는 시기, 절대로 가만히 앉아 있지 않는 시기, 입에 모터가 달린 시기, "내가 할래!"를 외치는 시기, 가능한 모든 방법으로 집안을 어지르는 시기, 배변훈련의 시기도 있다. 돌이켜보면 그 모든것이 두 돌이 되고 나자 한꺼번에 찾아왔던 것 같다. 신이시여, 너무 무자비하나이다!

자동차 여행을 앞두고, 우리는 E가 아주 착하고 얌전하게 여행할 확률과 뿔이 돋아난 괴물처럼 행동할 확률이 50 : 50이라고 추측했다. 다행히 여행은 괜찮았다. 그러다 우리는 화장실에 들르기 위해 차를 세웠는데, 그때부터 E는 갑자기 '순한 아이' 상태를 벗어났다.

우리가 차를 몰고 주유소로 들어가자 E는 신이 나서 소리쳤다. "저기서 간식 먹어! 저기서 먹어!"

E는 두 돌을 넘기고 나서부터 지금까지 줄곧 폭풍성장을 하는 중이다. E는 뭘 먹는 시간을 최고로 좋아했다. 이 아이가 청소년이 되면 우리집 식비가 얼마나 들지 내심 걱정스럽기도 하다. "아냐, 저기서 간식 먹는 게 아니야. 우린 화장실에 갈 거야." 내가 E에게 말했다. 우리는 차에서 내렸고, E는 내 손 하나, 아빠 손 하나를 잡고 기분 좋게 걸어갔다. 주유소 안에 들어간 엄마와 아빠는 각자 화장실로 가기 위해 갈라섰다. 지금 생각해 보면 내가 왜 E를 자기 아빠와 함께 화장실에 보내지 않았는지 모르겠다. 그랬다면 내가 그 수모를 당하지 않았을 텐데. 여기서 '수모' 란… 음….

나는 E를 데리고 여자화장실 안으로 들어갔다. 내가 먼저… 그러니 까… 화장실 안에서 다들 하는 일을 했다. 그러는 동안 E를 조용히 시키기 위해 휴대전화를 건네주면서 가지고 놀라고 했다. 사람들이 변기 물을 내리는 소리가 들렸다. 그런데 갑자기 E가 나를 쳐다보면서 말했다.

"엄마, 똥!(Mommy Poop)"

내가 아까 두 돌짜리 아이에 대해 했던 설명을 기억하는가? 이제 거기 에다 하나를 덧붙여야겠다. '고장난 레코드판' 시기도 있다고. 그 시기에 아이는 머릿속에 뭔가가 떠오르면 부모의 인정을 받아낼 때까지 그 말을 되풀이한다. 그래서 나는 낮은 소리로 E의 말에 대답했다. "그래, 엄마가 응가 하는 거야. 너도 하지? 사람은 누구나 응가를 하는 거야."

"엄마가 응가 한다! 엄마, 여기다 응가!(Mommy pooping! Mommy, poop in there!)" E는 신이 나서 소리쳤다. "잘한다, 엄마! 똥이야!(Yay, Mommy! You poop!)" 불행히도 이번에는 부모가 인정해 준 후에도 고장난 레코드판이 멈추지 않았다.

"그래, E. 엄마 응가 하고 있다. 이제 쉬… 조용히 하세요. 입에 비눗방울 들어간다." 나는 여름 성경학교에서 배운 이 방법이 효과가 있기를 바라면서 말했다. 화장실 문이 열리는 소리, 사람들이 물 내리는 소리가 또 들렸다.

"엄마 똥! 엄마 똥! 엄마가 <u>으으으으으으으</u>응가 해!(Mommy pooping! Mommy pooping! MOMMY POOOOOOOPING!)" 효과는 없었다. 전혀.

화장실 안에서 사람들이 키득거리는 소리가 들렸다. 저 사람들이 세상에서 제일 귀한 우리 아들을 비웃는 건 아니겠지. 누군가가 웃긴 이야기를 했는데 내가 못 들은 거야. E가 내가 뭘 하고 있는지를 나에게 알려주는 통에 정신이 없어서 그랬을 거야.

아들은 실황중계를 계속했다. "엄마, 이 안에 똥! 이 안에 똥 있다! 잘

지니.
볼 일 끝나면
쏜살같이
뛰어가는
거예요.
아하하하 쿡쿡쿡
킥킥킥
아하하하.
MOMMY POOP!
엄마! 똥!
엄마! 똥!
아하하하

했어, 엄마! 똥이 나오고 있어!(MOMMY POOP IN THERE! POOOOOP IN THERE! YAY, MOMMY! YOU POOPING!)"

화장실 안에 있는 모든 사람이 박장대소하고 있었다. 그제야 나는 우리 아들의 목소리가 100킬로미터 반경 내의 모든 사람에게 들릴 정도로 크다는 사실을 깨달았다. 화장실 칸막이 안에서 나가지 말고 평생 살까도 생각해 봤다. 품위를 완전히 망가뜨리지 않고 이 사태를 마무리할 확률도 계산해 봤다. 그럴 확률은 희박했다. 나는 영영 밖으로 나가지 않겠다고 결심했다. '품위'라는 걸 생각하면 절대로 나갈 수 없는 상황이었다. 그 와중에도 E는 계속 노래를 불러댔다.

"엄마 똥! 엄마 똥! 또오오오옹!(MOMMY POOP! MOMMY POOP! POOOOOP!)"

위력적인 폭발이 일어날 것이 분명했다. 우리 아들의 폭발이 아니었다. 이번에는 내 차례였다. 울어야 하나, 웃어야 하나? 솔직히 말하자면 울고 싶었다. 속마음으로는 울고 있었지만 나는 깔깔 웃기 시작했다. 숨쉬기도 어려울 만큼 큰 소리로 격렬하게 웃어젖히는 바람에 "E! 조용히 해!"라는 말도 겨우 내뱉었다. 화장실 안에 있던 사람들은 내 말을 듣고 더 신나게 웃어댔다.

정말이다. 그냥 콱 죽어버릴까 하는 생각도 스쳐갔다. 하지만 주유소 화장실을 영구적인 거처로 삼을 수는 없다는 사실을 인정한 나는 칸막이 밖으로 나왔다. 12칸짜리 화장실에는 사람이 꽉 차 있었고, 화장실 출입문은 활짝 열려 있었다. 그 난리가 벌어지는 내내 화장실 출입문이 열려 있었던 것이다. 몸매가 탄탄한 운동선수 같은 여대생들이 20명쯤 줄을 서 있었다. 방금 체육대회라도 하고 온 모양인데, 그들도 모두 소리 내어 웃고 있었다. 여대생들의 줄은 화장실 밖으로 나가서 주유소 한복판까지 이어졌다. 여긴 작은 주유소도 아닌데. 이게 과연 현실일까? 진짜로 내게 이런 일이 일어난 건가? 잔인한 세상, 엿 먹어라!

내가 손을 씻는 동안 사람들이 너나없이 내게 말을 걸었다. "오오오, 아이가 너무 귀여워요! 깜찍하기도 하지!"

그래, 귀엽고말고요. 내게 이런 일이 안 일어났다면 훨씬 귀여웠을 거예요! 그 사람들 말도 맞긴 하다. 우리 아들은 진짜 귀염둥이다. 얼마나 귀엽냐 하면, 여대생들이 바글바글한 주유소에서 엄마가 똥을 쌌다고 중계방송을 한 직후에도 귀여워 보인다.

마침내 나는 화장실을 빠져나왔다. 길게 늘어선 여대생들을 지나칠 때는 창피해하는 것처럼 보이지 않으려고 걸음걸이에도 신경을 썼다.

이것 봐, 학생들, 똥은 누구나 싸거든? 그리고 학생들도 언젠가 어린 아이를 키우게 될 날이 있을 거야. 엄마가 되면 지금의 나처럼 창피한 일도 겪게 될 거라고.

그래, 엄마 역할은 항상 즐겁다. 웃음을 참으려고 애쓰는 기색이 조금도 없는 여대생들에게서 멀어지자 남편이 내게 다가왔다. 마스카라가 뺨 한가운데까지 흘러내린 모습을 보고 남편이 말했다. "얼굴이 왜 그래? 무슨 일 있었어?"

"여기서 빨리 나가자. 얼른. 차 안에서 말해줄게. 우리가 여기서 멀리, 멀리 떨어진 곳으로 간 다음에!"

나는 마스카라 섞인 눈물 자국을 지우면서, 주유소 화장실에서 있었던 일을 남편에게 이야기했다. 그리지 남편도 웃음을 참지 못했다. 나는 힘없이 중얼거렸다. "당신이랑 대학 운동부 학생들에게 웃을 일을 만들어 줘서 정말 기쁘네!"

지금 나는 내 인생에서 가장 창피했던 폭발의 순간을 책에다 공개하려고 이렇게 글을 쓰고 있다. 고맙다는 인사는 안 해도 된다.

폭발은 엄마 노릇의 일부이므로 폭발을 아예 피해갈 수 있는 방법은 없다. 폭발은 육아라는 세트 상품의 한 부분이다. 아이의 폭발은 우리를 울리기도 하고 웃기기도 한다.(주의 : 당신이 울거나 웃으면 아이의 폭발은 더 심해진다!) 때로는 아이가 감정을 폭발시켜서 우리도 감정을 주체하지 못하게 된다. 하지만 우리의 작은 아이들은 폭발을 감내할 만큼 귀중한 존재다.

나는 엄마로 사는 기쁨에 대해 뭐라고 설명할 수가 없다. 엄마가 된다는 건 내가 지금까지 살면서 해본 일들 중에 가장 행복하고, 가장 힘들고, 가장 보람 있고, 가장 멋지고, 때로는 창피한 일이다. 세상을 다 준다 해도 엄마 자리를 남에게 내줄 마음은 없다!

그러니까 우리가 때때로 신경질을 낼 수도 있다는 사실을 그냥 받아들이자. 폭발이 육아의 한 과정이라는 사실도 받아들이자. 내가 똥을 싸고 있다는 사실을 아이가 온 세상 사람에게 폭로할 수도 있다는 것도 그냥 받아들이자.

블로그 '크레용 마크스 앤 타이거 스트라이프스(Crayon Marks and Tiger Stripes)'

스테파니 팔리(Stephanie Farley)는 자존심 센 의사의 아내이며 빨간 머리 아들을 키우는 엄마다. 예수님을 따르고, DIY와 목록 만들기를 좋아하며, 커피에 탐닉한다. '나는 엄마다! 나의 우렁찬 고함소리를 들으라!' 라는 구호를 내걸고 세상을 살아간다. 엄마와 아내로 살아가는 여자들을 격려하기 위해 글을 쓴다. 어린 아들의 시중을 드느라 여념이 없는 생활이지만 틈틈이 '크레용 마크스 앤 타이거 스트라이프스' 블로그에 건강한 생활, 긍정적인 신체 유지하기, 신앙, 육아의 이모저모에 관한 글을 쓴다.
www.crayonmarksandtigerstripes.com
www.facebook.com/CrayonMarksAndTigerStripes

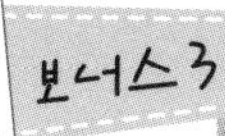

작은 '악당' 들과 평화롭게 지내는 법:
초등교사의 조언

"클레어가 요즘 좀 사나워진 것 같아." 남편의 말에 나는 빙그레 웃었다.
"왜 웃는데?" 남편이 물었다.

나는 잠깐 고민했다. 어떻게 하면 남편의 기분이 상하지 않게 내 생각을 전달할 수 있을까? 내가 종종 남편과 어린 딸 클레어의 관계에 대해 의견을 제시하거나 충고를 하면, 남편은 고집 센 마누라가 흠 한 점 없는 남편의 흠을 찾아내려고 한다는 식으로 받아들였기 때문이다.

"진짜로 내 의견을 듣고 싶어?" 고민 끝에 내가 말했다.
"응." 남편의 대답이었다.

"당신이랑 클레어는 걸핏하면 충돌하잖아." 나는 조마조마한 마음으로 이야기를 시작했다. "둘이서 힘겨루기를 하니까 그런 거야. 클레어는 당신이 하라는 일을 하기 싫으니까 당신에게 소리를 질러대는 거야. 당신은 당장 말을 들으라고 클레어를 강압하지. 그러면 클레어는 더 크게 소리를 지르고, 당신도 언성이 높아지더라.”

“좋은 방법이 있어?” 남편은 방어적으로 나오지는 않았다. 생각을 좀
해보는 눈치다. 이런 기회에 남편에게 한 수 가르쳐줘야지….
“물론이지.” 내가 대답했다. 이래봬도 나는 클레어를 낳기 전부터 초등
학교에서 일하지 않았던가. 나는 남편에게 말했다. “지금부터 내가 하려는
충고는 오랫동안 직업적으로 아이들을 가르친 경험에서 나온 거야.”

나는 철학적인 배경설명부터 했다. “아이들이 습관적으로 떼를 쓰거나
자기 멋대로 다 하는 걸 내버려두라는 이야기는 아냐. 하지만 어린아이들
은 감정을 통제하고, 충동을 조절하고, 느낌을 표현하는 능력이 부족하거
든. 아이들이 앞으로 살아가면서 감정조절 능력을 키우려면 우리가 잘 가
르쳐줘야 해. 나의 충고는 당신이 클레어를 대할 때 감정의 흐름을 염두에
뒀으면 한다는 거야. 아이에게 어떤 지시를 할 때는 아이가 상황을 주도한
다는 느낌을 줄 수 있어야 해. 그리고 당신이 아이를 존중하고 아이에게
관심을 기울인다는 걸 느끼게 해줘야 해.”

그리고 나서 나는 성인과 아이들의 관계에서 감정을 어떻게 다뤄야 하
는지를 간략하게 설명했다. 내가 실전에서 배운 것들. 교실에서 평화를 유
지하기 위해 꼭 필요한 시시콜콜하지만 핵심적인 요령들. 나는 그걸 세상
에 공개하기 위해 다음과 같이 정리했다.

도와줘! 도움이 필요해! 도움의 손길이 필요하다는 점을 강조해서, 아이가 당신을 도와주고 싶은 마음이 들도록 한다. 때때로 클레어가 나와 힘겨루기를 시작하려고 하면 나는 "엄마가 일을 끝내려면 네 도움이 필요해."라고 말해준다. "네가 직접 신발을 신지 않으면 신발이 저절로 네 발에 달라붙지는 않을 거야."라고 말하기도 한다. 운 좋은 날이면 클레어는 순식간에 나의 적에서 동맹군으로 변한다. 그때부터 우리는 공동의 목표를 위해 협력하는 동료가 된다. 내 일을 마치는 데 클레어가 중요한 기여를 했을 때 나는 고맙다는 인사를 아끼지 않는다.

미리 알려주기. 아이가 경험하게 될 일들을 미리 알려주자. 우리 남편은 이 부분에 취약했다. 예를 들면 남편은 퍼즐에 완전히 몰두하고 있는 클레어에게 그걸 그만 하고 점심을 먹으라고 말하곤 했다. 남편의 사고방식으로는 자신이 딸아이를 위해 요리를 했으니 이제는 식사를 해야 한다. 하지만 클레어는 다음에 일어날 일을 미리 아는 걸 좋아한다. 아이들에게 변화란 힘든 일이다. 조금만 생각해 보면 어른들도 그렇다는 걸 알 수 있다. 다음에 어떤 일이 일어날지 예고를 해주면 아이들을 다루기가 한결 수월해진다.

감정이 최우선이다. 우리가 종종 잊어버리는 사실. 우리가 항상 원하는 걸 아이들도 똑같이 원한다. 아이들은 자신의 경험을 인정받고 누군가가 자기를 이해해 주는 느낌을 원한다. 내가 클레어의 감정을 인정하고 격

려해 줄 때면 나와 클레어의 상호작용도 한결 평화롭다. "아침식사가 준비
될 때까지 기다리는 건 힘든 일이지. 엄마도 기다리는 게 싫을 때가 있단
다. 그래도 오늘 넌 끈기 있게 잘 기다렸어." 이렇게 말하면 내가 아이의 감
정에 관심을 기울인다는 사실을 알려주고, 아이가 아직 언어로 표현하지
못하는 감정을 대신 표현해 줄 수 있다.

당근 작전. 나는 클레어가 자기 장난감을 정리하는 걸 배우기를 바란
다. 하지만 대개의 경우 클레어는 장난감 정리를 선뜻 하려고 하지 않는다.
그럴 때 '공원'이라는 미끼를 눈앞에 들이대면 클레어가 내 말을 따를 확
률이 높아진다. "공원에 갈 시간이다. 그런데 나가기 전에 장난감을 좀 정
리하자." 이 방법은 언제나 마법 같은 효력을 발휘한다. 물론 나도 클레어
가 언젠가는 스스로 장난감을 정리하길 바라지만, 클레어는 아직 그런 단
계에 이르지 못했다. 내가 '당근'이라고 이름 붙인 전략을 교육학 영역에
서는 '발판'이라 부른다. 발판이란 새로운 영역을 교육할 때 쓰는 보조도
구다. 연습을 충분히 시키고 나면 우리는 발판을 치우고 클레어가 어떻게
하는지 지켜볼 것이다.

"…할 시간이야" 나는 "어서 아침 먹어라."라고 말하거나 "아침 먹
을래?"라고 묻는 대신 "아침 먹을 시간이야."라고 말한다. 말을 약간만 바
꾸면 되는 건데, 왜 이것이 그렇게 효과가 좋은지는 나도 모르겠다. 엄마
때문이 아니라 시간 때문이라고 하면서 무엇을 요구하면 주체의 요소가

제거되기 때문에 힘겨루기의 여지도 없어지는 것 같다. 이것은 내가 맨 처음 교사로 부임했을 때 누군가가 내게 가르쳐준 요령이기도 하다. 전국 어느 지역의 어느 교실에서나 교사들은 이런 식으로 말한다.

타이밍이 중요하다. 아이에게 어떤 요구를 할 때 우리는 아이가 당장 그 요구를 따르지 않으면 우리 자신의 체면이 손상되는 걸로 받아들인다. 그런데 그건 진실이 아니다. 아이들의 시간관념은 어른들과 다르다는 점을 감안해서, 급한 일이 아니라면 아이가 원할 때 하도록 해주자. "지금 당장 그걸 하고 싶진 않은가 보구나. 하지만 곧 해야 한다." 이렇게 설명하고 나서 일정한 시간 간격으로 아이에게 그 일을 상기시키자.

준비, 시작. 방금 설명한 요령과 비슷하다. 시간에 쫓기지 않을 때는 아이에게 "네가 준비되면 말해."라고 부탁해 보자. 아이는 단지 자기 자신의 일에 주도권을 갖는 느낌을 원하는 것이고, 그건 무리한 요구가 아니다. 이 방법은 아이가 가까운 곳에 있고 다른 재미있는 할 일이 없을 때 효과가 좋다. 클레어가 기저귀 갈기를 싫어할 때 나는 기저귀를 들고 한 발짝 물러나서 이렇게 말한다. "준비되면 엄마한테 알려주렴." 그러면 클레어도 곧 싫증을 내고, 잠시 후에는 옷을 갈아입거나 기저귀를 가는 것이 자신의 선택이라고 생각하게 된다.

미리 선택하게 하라. 대부분의 부모들은 이걸 잘 알고 있을 것이다.

아이에게 무엇을 선택하게 하면 아이는 어떤 일을 요구받는 게 아니라 자신이 결정해서 하는 걸로 받아들인다. 선택지는 단순하고 가짓수가 적당해야 한다. 선택지가 너무 많으면 아이가 감당하기 어렵다.

선택하려면 지금 해라. 시간이 촉박할 때는 일단 선택지를 제시해라. 그래도 효과가 없거나 시간을 많이 잡아먹는다면 이렇게 말해보자. "X와 Y 중에 고르지 않으면 엄마가 대신 골라준다." 아이들은 엄마가 주도권을 쥐는 걸 좋아하지 않지만, 자신이 선택권을 잃을 수도 있는 상황이라는 것도 직관적으로 이해한다.

타협의 여지가 없는 사항들. '타협의 여지가 없는' 사항들은 아이에게 위험한 행동이나 당신이 절대 용납하지 않는 것들 몇 가지로 한정해야 한다. 그래야 아이가 '타협의 여지가 없는' 것을 요구할 때 부모가 단호히 거부해야 아이들이 진지하게 받아들인다. 양치기 소년을 생각하면 쉽다. 너무 많은 일에 대해 "늑대"라고 외치면 진짜 늑대가 나타났을 때 사람들이 믿지 않는것처럼.

넉넉히 준비하라. 어제 통했던 방법이 오늘은 통하지 않을 수도 있다. 유연성을 발휘하고, 다른 방법을 써보고, 여러 가지 시도를 해보자. 대개의 경우 그 중 하나는 통한다.

다 필요 없어. 아무것도 통하지 않을 때도 있다.

정직이 최선의 방책. 지금까지 설명한 모든 방법을 다 써봤는데도 아이가 꼼짝도 하지 않는다면? 그래서 병원 약속에 늦었다면? 솔직하게 말해라. 짧게, 침착하게, 사실만 이야기해라. "우린 지금 병원에 가야 한다. 네 레고를 엄마가 치울 거야. 네가 싫어할 거라는 건 알아. 화날 거라는 것도 안다." 그러고 나서 성난 야수를 달래는 데 최선을 다한다.

인간의 본성. 당신 자신에게 너그러워지자. 당신은 완벽한 사람이 아닐 것이다. 나 역시 완벽하지 않다. 오랫동안 아이들을 가르친 경험이 있는 나도 자제력을 잃을 때가 간혹 있다. 나 역시 피곤하고, 배도 고프고, 시간이 없고, 기분이 언짢을 때가 있다. 내 말을 못 믿겠거든 이 책에 실린 다른 글을 읽어보라. 그 글에서 소개한 대폭발 역시 피로 탓이었다. 당신이 인간적인 모습을 보인다고 해서 아이들이 당신을 존경하지 않게 되는 건 아니다. 나중에 당신의 마음을 이야기하면 되고, 사과도 언제든지 할 수 있다. 육아는 싸움이 아니라 전쟁이라는 걸 기억하자 ('전쟁'이라는 비유를 썩 좋아하진 않지만 사실이 그런데 어쩌겠는가).

그리고 지금까지 소개한 요령들은 남편에게도 잘 먹힌다고 누군가가 말해줬다. 나는 이 방법이 아이들에게 효과가 있다는 것밖에 보증할 수 없지만, 이걸 어떻게 활용하느냐는 당신에게 달려 있다.

'광전사 엄마' 말대로 해야지!

멜리사 스웨도스키

"911입니다. 어떤 비상사태입니까?"

"제가 슈퍼마켓 주차장에서 정신적으로 폭발할 것 같아요. 빌어먹을 분유병이 열리지 않아요. 게다가 방금 어떤 인간이 카트로 우리 차를 퍽 치고 갔어요."

"뭐라고요?"

"이보세요, 아가씨! 사태가 폭동으로 번지기 전에 주 방위군을 보내라고요!"

하마터면 이럴 뻔했다. 어쩌면 진짜로 911에 전화하는 편이 나았을지도 모른다. 하지만 실제로는 그렇게 하지는 않았다. 지금부터 실제 이야기를 해보자. 언젠가는 이 일도 우습게 여겨질 날이 오겠지. 언젠가는.

우리 부부는 찌는 듯이 무덥고 허탈할 만큼 한적한 텍사스 주 남동부에 살았다. 6년간 그곳에 살고 나서, 우리는 그동안 소중히 키워온 소규모 주간신문사를 매각했다.

당시 9개월짜리 딸을 키우고 있던 우리 부부는 거주지와 생활방식에 변화를 주기로 마음먹었다. 우리 딸 애니는 느긋한 아기였다. 애니는 뭘 하든 서두르는 법이 없었다. 우리 남편도 느긋한 사람이다. 어떤 일이 벌어져도 흥분하지 않는 사람.

나는 어떨까?

임신 3개월쯤 됐을 때 나는 미친 사람처럼 굴었다. 굳이 원인을 찾자면 호르몬 탓이었다고 말하고 싶다. 임신한 후에 나는 다양한 수준의 비정상을 경험했지만, 대개는 내 행동이 비합리적이라는 사실을 알고 있긴 했다. 대개는.

이사를 준비하는 과정에서 우리 부부는 꼭 필요하지 않은 물건과 원하지 않는 물건들을 처분하기 시작했다. 우리가 지나치게 많이 소장하고 있는 책들도 그중 하나였다. 남편은 우리가 사는 곳에서 30분 거리에 위치한 중고서점을 발견했고, 우리는 초가을의 어느 날 책을 팔기 위해 그곳에 갔다. 그런데 우리는 갈색 종이 쇼핑백 3개에 꽉 차게 책을 사왔다. 그렇다. 우리 동네 슈퍼마켓에서는 아직도 갈색 종이 쇼핑백을 쓴다. 그건 여러분이 기억하는 것보다 훨씬 편리하다.

그 중고서점은 작은 곳이었다. 애니와 나는 '아동서적 코너'에 앉아 있었다. 애니는 책들을 뒤적거렸고, 나는 애니에게 관심을 두는 척하면서 머릿속으로는 19,000가지나 되는 할 일들을 생각하고 있었다. 나의 할 일은 점점 늘어나고 있었다.

애니가 약간 짜증을 내기 시작했다. 당연한 일이었다. 오래된 책 냄새가 나는 가게 안에 한참 있었던 아기를 누가 탓할 수 있겠는가? 책 애호가라면 그 냄새도 향기처럼 느끼겠지만, 유아에게는 그곳이 그다지 흥미롭지 않을 것이다.

현명한 엄마들이 으레 그렇게 하듯이 나도 애니의 짜증을 그냥 무시했다. 아이들이 기분이 좋지 않을 때는 다른 데로 관심을 돌리면 곧잘 진정되지 않던가. "이것 봐. 아주 재미있는 팝업북이 있네. 마음대로 망가뜨려도 괜찮아."

시간이 거북이처럼 느리게 간다. 남편이 알려준 바에 따르면 점원은 책들을 하나하나 넘겨보고 한 번 더 확인한 후에 가격을 매긴단다. "저런! 그리고 우린 그렇게 많은 책을 살 돈을 가져오지 않았어. 카드로 결제해. 그럼 우리가 과소비를 하게 되진 않을 거야. 그렇지?"

애니는 오래된 책들을 망가뜨리는 놀이에 싫증이 난 모양이다. 짜증을 내고 심술을 부리며 마치 배고픈 아기처럼 행동하기 시작했다. 나는 손목시계를 봤다. 젠장. 애니는 배가 고프구나. 우리 아기는 끼니 거르는 일을 좋아하지 않는다.

남편에게 자동차 열쇠를 받으러 가려고 하는데, 이상한 예감이 머릿속을 스쳐간다. 이건 뭐지? 내가 기저귀 가방에 젖병을 안 넣었나? 아냐. 기저귀 가방에 기저귀를 안 넣었나? 아냐. 과자를 잊고 안 가져왔나?

오, 맙소사. 난 그 무시무시한 기저귀 가방을 깜박 했다. 기저귀 가방은 여기서 30분 거리의 우리집 소파 위에 편안하게 앉아 쉬고 있다.

시한폭탄이 켜졌다. 폭발 20분 전.

나는 정신을 못 차리고 허둥지둥하다가 곧바로 합리화를 시작한다. 마침내 상황이 내 생각만큼 나쁘지 않다는 결론에 도달. 괜찮아. 해결책이 있을 거야. 노리개 젖꼭지로 애니를 조금 더 달랠 수 있어. 그러다 보면 집에 도착하겠지. 주유소에서 뭘 사 먹어도 되잖아.

여러분도 그런 느낌을 알 것이다. 초조하고, 불안하고, 뱃속에서 뭔가가 보글보글 끓으면서 식도로 올라오려 하는 느낌. 그렇다. 그게 식도까지 올라왔다. 그리고 시간이 갈수록 시큼한 맛이 더해진다.

"여보, 있잖아… 애니가 배고픈 것 같아."

"자동차 열쇠 줄까?"

"그런데 내가 기저귀 가방을 안 가져왔어."

갑자기 남편이 내게 주의를 온전히 집중한다. 20초 정도밖에 집중을 못 하는 사람으로서는 드문 일이다.

"어떻게 할 건데?" 남편은 조금 당황한 목소리로 묻는다.

그 질문에 더 당황한 나는 이렇게 대답했다. "지금 집에 갈까 하는데. 내가 보기엔 애니도 30분쯤은 견딜 수 있을 것 같아." 그 바보 같은 말이 내 입에서 나오는 순간, 애니가 기다렸다는 듯이 원초적인 비명소리를 내기 시작했다. 애니는 지난번 식사의 기억을 되살리고 있는 걸까, 아니면 악령을 쫓는 의식을 거행하는 중인 걸까? 확률은 반반이다.

남편의 눈동자가 수상쩍게 움직인다. 계획을 짜고 있다는 신호. "그런데 애니가 책을 더 봐야 하잖아."

그런 무시무시한 농담이 어디 있어? 조금만 더 이러고 있다가는 내가 혼비백산해서 응급실로 실려 갈 판인 거 몰라? 하지만 나는 이렇게만 대답했다. "알았어."

내 마음은 시속 100만 킬로미터로 질주하고 있다. 동시에 나는 이 불행한 사태의 14가지 결말을 생각해 본다. 우리 아이가 10분 만에 굶어죽는다, 나는 머리카락을 죄다 뽑아서 먹어치운다, 등등. 스트레스가 너무 심해서 견딜 수 없었기 때문이다. 남편은 자기 눈앞에 펼쳐지는 장면에 당황해서 멍하니 보고만 있다.

그런데… 나는 엄마다. 엄마가 기본적인 준비물을 잊어버린다는 게 말이 되나? 음식, 기저귀, 옷. 생각해 봐, 생각을 해 봐, 생각을! 캐롤 브

218

레디(미국의 TV 드라마인 〈브래디 번치(The Brady Bunch)에 나오는 엄마 캐릭
터 - 옮긴이)였다면 어떻게 했겠니?

마치 할리우드에서 '큐' 신호를 받은 것처럼, 나는 순간적으로 아이
디어를 떠올렸다. 큰길로 나가서 1킬로미터쯤 가면 슈퍼마켓이 있다. 바
로 그거야! 위기를 모면했다! 하느님, 앞으로 10분 동안만 우리 딸이 기
저귀에 똥칠을 하지 않게 해주십시오.

에니는 아직도 울고 있었다. 다행히도 에니는 차에 타는 걸 좋아하는
아기여서, 카시트에 앉혔더니 잠시 누그러졌다. 벌써 두 번째 카시트 탑
승이다.

나는 조금 빠른 속도로 차를 몰았다. 아, 그래. 제한속도보다 15킬로미
터쯤 빨랐던 거, 맞다. 여긴 대도시의 도로가 아닌가. 여기서는 누구나 과
속을 한다. 그리고 이건 비상사태였다. 10분 후면 우리 아기가 굶어죽을
수도 있는데 벌써 2분이 지났다.

주차장으로 급히 들어가서 돌멩이를 밀어내며 돌아다니다가, 운 좋게
슈퍼마켓 입구 근처에서 주차할 곳을 발견했다. 잘됐다. 머릿속이 엄청
나게 혼잡해서 그런지 나는 땀을 삐질삐질 흘리고 있었다. 운동 효과가
만점이다. 나는 이 짧은 모험을 즐기고 있는 것처럼 애니를 안아들고 슈
퍼마켓을 향해 걸어갔다. 우리 동네 슈퍼마켓보다 3배는 넓었다. 내가
대형 슈퍼마켓에 처음 와본 건 아니었다. 이 슈퍼마켓에 처음 왔을 뿐이

기저귀 가방 실종
분유병 안 열림.
돌격!
침착해~ 침착해~
으앙쓰 쓰으앙 으앙쓰
911이죠!
제가 수퍼마켓에서 폭발했어요!

다. 어느 통로에 뭐가 있다고 알려주는 표지판이 왜 안 보이는 걸까?

나는 카트를 가져오지도 않았다. 아기를 카트에 앉힐 시간이 어디 있나? 지금은 비상사태잖아. 잠깐이니까 애니를 아기띠로 둘러메고 돌아다녀도 된다. 애니가 요즘 폭풍성장을 하고 있어서 지난주보다 2킬로그램쯤 더 나가는 것 같긴 하지만. 지금 폭풍성장이라고 했지? 그래. 젠장, 분유는 어디 있는 거야?

눈동자를 총알처럼 빠르게 움직이면서 망막을 긴장시키다 보니 머리가 지끈거렸다. 다행히 계산대에 줄 선 사람들을 지나치다가 통로 위쪽의 표지판이 눈에 들어왔다. '아기용품.'
하느님 감사합니다. 잠시 후 그쪽 통로에 가보니 인류에게 알려진 아기와 관련된 상품이 몽땅 다 있었다. 상품의 가짓수만 많은 게 아니라 그 양도 어마어마했다. 바닥에 주저앉아 엉엉 울고 싶어졌다. 하지만 그럴 순 없지. 정신을 차리자.

눈동자를 빠르게 움직이면서 눈에 익은 흰색과 파란색 용기를 찾았다. 아니지. 내게는 액상분유가 필요했다. 지금은 분유를 물에 탈 시간도 없기 때문이다. 내 아이디어가 어떤가? 나는 액상분유 6개들이 한 묶음을 찾아냈다. 1초 전까지만 해도 생각지 못했던 기막힌 아이디어다. 액상분유를 사고, 젖병을 사자. 그러면 짠! 문제는 해결되는 거다.

잠깐. 우리가 평소에 쓰던 그 브랜드의 젖병을 여기서는 팔지 않네. 이곳 사람들은 우리 아기가 얼마나 섬세하고 연약한지 모르나? 우리 아기에게는 아무 젖병이나 줄 수가 없는데. 정말이다. 애니는 바닥에 떨어진 음식을 먹는 건 개의치 않지만 젖병의 크기와 질감에는 유난히 민감한 아기란 말이다.

시간이 흐르고 있었다. 내 두 다리는 4번 통로의 그 자리에 고정된 것 같았다. 당황할 필요는 없다. 그냥 저렴한 젖병을 하나 사서 쓰고 버리면 되잖아. 젠장. 이 젖병에 맞는 고무젖꼭지 크기가 어느 건지 내가 어떻게 알아? 애니는 벌써 3단계 젖꼭지를 쓴다. 젖꼭지 크기가 맞지 않으면 어쩌나? 우리 아기가 죽을 수도 있는데!

원래 계획은 취소. 새로운 계획을 세우자. 잠깐, 잠깐, 잠깐. 이 액상분유 병에 고무젖꼭지를 끼워서 쓰면 안 될까? 알루미늄 뚜껑을 벗기고, 젖꼭지를 끼우고, 뚜껑을 다시 닫고, 아기가 내 눈앞에서 축 늘어지기 전에 분유를 먹이면 되잖아. 그래. 지금 애니가 지저분한 매장 바닥을 기어 다니고 있는 건 나도 안다. 애니는 먹을 걸 찾으려고 필사적으로 노력하는 거다. 이제 기운을 다 써버려서 기절하기 직전일 거야! 애니가 쉴 새 없이 움직이고 있다는 사실은 무시하자.

이제 고무젖꼭지만 고르면 된다. 너무 콸콸 흘러나와서 아기를 질식시키지 않을, 그러면서도 빨아먹기가 너무 어렵지는 않은 걸로. 여기 있다!

3단계라고 쓰여 있는 젖꼭지. 나는 플라스틱 뚜껑 아래 있는 젖꼭지를 위아래로 꼼꼼하게 살펴봤다. 좋아, 이거면 되겠다.

나는 만족스러운 심정으로 애니를 안아 올리고 계산대로 향했다. 이거 괜찮은 계획인데. 아까는 왜 걱정을 했을까? 나는 심통이 난 게 분명한 아기(온종일 슈퍼마켓 바닥을 기어 다닐 수는 없잖아!)와 조그만 지갑을 손에 들고 복잡한 슈퍼마켓을 빠져나와 주차장으로 걸어갔다.

나는 애니를 운전석에 내려놓고 맨 먼저 고무 젖꼭지를 꺼냈다. 애상분유 병의 알루미늄 포장을 벗겨내고 바로 젖꼭지를 끼울 작정이었다. 이렇게. 이렇게 하면 된다. 나는 그 동그란 알루미늄 조각을 손가락으로 쿡쿡 찔러댔다. 왜 안 벗겨지지? 심장박동이 빨라졌다. 겁먹지 말자.

나는 힘을 주고 또 줬다. 다른 병을 꺼내 열어봤다. 또 다른 병. 또 다른 병도. 결과가 다를 걸 기대하면서 똑같은 행동을 하고 또 하는 걸 미친 짓이라고 하지 않던가? 사실 난 '마켓 바스켓'의 주차장에서 미쳐버리기 직전이었다. 애니는 참다 참다 한계에 도달했다. 배고픔은 자동차 내부 구조에 대한 호기심을 능가했다. 오직 아기와 상처 입은 고양이들만 낼 수 있는 신경질적인 울음소리가 들리기 시작했다. 몸을 들썩이며 엉엉 우는 애니의 얼굴에는 이렇게 쓰여 있었다. "엄마만 믿었는데, 이게 뭐야."

젖꼭지를 끼워 넣기 전에 알루미늄 포장을 먼저 제거해야 한다는 게 말이나 되냐고? 나는 어찌나 화가 났던지 그 젖병을 주차장 바닥에 데굴데굴 굴리고 싶었다. 하지만 진짜로 그렇게 하진 못하고 젖병을 몹시 흔들어댔다. 미. 치. 겠. 다. 이걸 그냥 콱. 젖병아, 너 나랑 끝까지 해보자는 거니?

나는 애니를 조수석으로 옮겼다. 젠장. 카시트를 채우고 어쩌고 할 시간은 없었다. 이건 특급 비상사태니까. 아기는 계속 울다가 눈앞의 풍경이 바뀌자 잠시 기분이 나아졌다. 그리고 나는 운전석에 앉아 차문을 닫기 직전에 그걸 발견했다… 스위스제 칼이 달린 열쇠고리. 내가 남편에게 크리스마스 선물로 사줬던 물건이다. 그 열쇠고리에는 아주 조그만 칼과 연장들이 줄줄이 달려 있고, 스파이들이 국제암호를 전송할 때 쓰는 USB 메모리도 하나 달려 있었다.

이걸로 알루미늄 포장을 벗겨내기만 하면 원래 계획대로 아기에게 분유를 먹일 수 있을 것 같았다. 나는 아주 조그맣고 날카로워 보이는 칼로 알루미늄을 자르기 시작했다. 지금. 그래, 지금 당장. 너 진짜 이럴 거니? 나는 칼로 알루미늄을 푹푹 찔렀다. 탁탁 쳤다. 병을 돌려서 반대편에서 다시 시도. 드디어 칼로 알루미늄을 뚫는 데 성공했다. 그런데 그 구멍은 내가 유리병에 넣어 키우고 있는 작은 생쥐를 위한 숨구멍처럼 작았다. 나는 그 숨구멍에 칼을 넣어 더 크게 뚫어보려 했지만, 칼은 100만 분의 1초가 지날 때마다 무뎌졌다.

오, 하느님 맙소사. 머리가 핑핑 돌았다.

나는 땀을 줄줄 흘리고 있었고, 내 딸은 뭔가를 씹고 있었다. 하느님, 제발 저게 먹다 남은 과자이기를 바랍니다. 그 순간 금속 같은 게 덜컹거리는 소리가 들렸다. 5… 4… 3… 꽉! 이건 또 뭐야! 고개를 들어보니, 누군가가 쇼핑카트로 우리 차를 퍽 치고 지나갔다. 실수를 해놓고 미안하다는 기색도 없었다. 오히려 '당신이 눈에 거슬리는 히스패닉이어서 내가 쾅 박았어.' 라는 표정이다.

그때부터 상황이 돌변했다. 나는 '광전사 엄마'로 변신했다. 게임 속에서 아주 빠른 속도로 빙글빙글 돌고, 유리 깨지는 소리를 낼 수도 있고, 두 손에서 불을 뿜기도 하는 광전사. 아, 물론 나는 불을 뿜지는 못한다. 하지만 내가 화가 나면 상대를 압도하는 강력한 눈빛을 보낸다고 사람들이 말한다.

카트를 몰던 남자는 내 눈빛을 무시하고 겸연쩍게 미소만 지으면서 계속 걸어가려 했다. 오, 이건 아니잖아. 어이, 거기 아저씨. '광전사 엄마'는 그런 식으로 게임을 하지 않아. 다시 링에 올라오시지. 내가 록키처럼 당신을 날려보낼 테니까.

만약 내가 영화에 나오는 똑똑한 여자였다면 그렇게 말했을 것이다. 현실의 나는 음색이 높고 떨리는 목소리로 이렇게 말했다. "거기, *&#%*#! 정신 차리고 다녀! $%·*·% 쇼핑카트 모는 게 그렇게 어려워? 여기가 자동차 경주장인 줄 알아? 내가 *·$#·* 경찰을 부르지 않는 걸 다행으로 알아!"

그 남자는 걸어가면서 웃고 있었거나 울고 있었던 것 같다. 웃었는지 울었는지는 잘 모르겠다. '광전사 엄마'가 훌륭한 준거체계를 가지고 있는 건 아니니까. 다만 나의 절망을 누군가에게 쏟아내고 싶었다. 논리와 이성의 제약에서 벗어나고 싶었다. 그리고 냄새 제거제도 필요했다. 빌어먹을. 아직도 땀이 나잖아. 내 머리는 너무 빨리 회전하고 있어서 귓속에서 피가 솟구치는 소리까지 다 들렸다. 내 딸을 힐끔 쳐다보니 방금 목격한 광경을 어떻게 이해해야 할지 고민하는 표정이었다.

내가 마음을 진정시키려고 애쓰고 있는데 애니가 다시 울음을 터뜨렸다. '광전사 엄마'는 빛나는 왕좌에서 내려와 다시 싸움터에 섰다. "대체 이 *&·$#· 분유를 만든 사람들은 생각이 있는 거야, 없는 거야? 너무너무 불편하게 만들었잖아! 이 사람들을 찾아내서 책임지라고 해야겠어!" 거친 말을 몇 마디 더 내뱉으면서 나는 머릿속으로 이 엉터리 분유 제조업체인 프라우즈Frauds에 보낼 항의서한과 이메일, 전화, 보도자료를 구상했다.

어라. 차 문이 열려 있네. 나는 다른 누군가가 이 망신스러운 꼴을 구경하러 왔다고만 생각했다. 다시 한 번 말하자면 '광전사 엄마'는 주변에서 어떤 일이 벌어지는지 잘 모른다. 시야가 좁아서 자기 아이밖에 보지 못한다. 그리고 그 아이는 멍청한 분유회사 때문에 굶어죽게 생겼다!

이제 플랜 B로 넘어가야겠어. 남편은 나보다 힘이 세니까 우리 아이에게 분유를 먹이지 못하게 하는 이 알루미늄 괴물을 벗겨낼 수 있겠지. 앗, 잠깐. 기막힌 아이디어가 떠올랐다. 애니는 컵 같은 걸로도 마실 수 있잖아. 이 액상분유 병을 바로 입에 대주고 마시게 하면 어떨까? 그건 물을 마시는 것과는 차원이 다른 일이다. 게다가 지금은 여벌옷과 턱받이가 들어 있는 기저귀 가방도 없었다. 차 안에는 수건이나 냅킨도 없다. 분유가 닿기만 하면 곧바로 찢어질 휴지가 전부였다. 하긴, 애니가 분유 옷을 입고 다닌 게 처음은 아니니까.

애니는 분유를 조금 먹었다. 덕분에 폭풍우가 몰아치는 우리의 항구, 즉 중고서점으로 다시 가는 동안 애니는 기분 좋게 기다렸다. 애니는 조수석에 누워 있고, 나는 오른손을 애니의 배 위에 얹고 있었다. 아기가 바닥에 굴러 떨어지지 않도록 잡고 있으면서 한쪽 손으로 좌회전과 우회전을 시도한다. 중고서점으로 들어가는 골목을 놓쳐서 한 손으로 유턴까지 해야 했다. 슬슬 부아가 나지만 '광전사 엄마'는 그런대로 잘하고 있다. 빨간 신호등에서 그냥 앞으로 가기도 하고, 다른 운전자들을 앞지르면서도 한쪽 손으로는 아기를 고정시켰다.

중고서점 앞에 도착하자마자 차에서 뛰어나가 서점 문을 활짝 열었다. 나는 공중도덕 같은 건 생각지도 않고 냅다 소리쳤다. "토머스! 이리 와서 도와줘! 빨리!" 내 목소리를 듣고 남편은 무척 기뻐했을 것이다. 그의 얼굴 표정이 그걸 말해주고 있지는 않았지만, '광전사 엄마'가 등장한 걸 보고는 그도 자기 생각을 말로 표현하지 않기로 결심한 듯했다.

남편이 차 안으로 들어오자마자 나는 횡설수설 이야기를 늘어놓았다. 액상분유 병의 알루미늄 속뚜껑이 얼마나 고약한지 봐라, 내가 원하는 건 굶주린 딸을 먹이는 것뿐인데 이 악마의 분유병이 그걸 가로막는다고 했다. 남편은 분유병을 자세히 살펴보고 나서 나를 쳐다봤다. 다시 분유병을 보던 남편은 '지금 난 미친 사람에게 이야기하는 거야.'라는 태도로 아주 침착하게 말했다. "자기야, 이 분유는 그렇게 먹이는 게 아냐. 알루미늄 캡을 떼어내고 젖꼭지를 넣는 제품이 아니라고. 다른 용기에 따라서 먹이는 거래."

풍선을 바늘로 콕 찔렀을 때 그 풍선이 땅으로 곤두박질치는 광경을 본 적 있는가? 그때 내 모습이 바로 그러했을 것이다. 나는 다시 운전석에 털썩 앉았다. 옆을 보니 아기는 파란 캔버스 열쇠고리가 달린 아빠의 열쇠 꾸러미를 깨물며 놀고 있다. 아기의 얼굴은 파랗게 물들어 있다. 혓바닥도 파란색. 나는 웃음을 터뜨리고 싶었지만, 아직은 내 안의 '광전사 엄마’가 우세했다.

“왜 안 된다는 거야? 왜 내가 그걸 알 수 없게 만들었지? 당신이 해도 안 되는 거 확실해? 당신은 뭐든지 고칠 수 있잖아! 애니는 아직 컵을 능숙하게 못 쓴단 말이야!”

광전사 엄마는 몸을 구부려 남편의 어깨를 흔들어댔다. “이게 얼마나 &·$#· 중요한 일인지 모르겠어? 내가 ‘훌륭한 엄마’ 상을 박탈당할 위기에 처했다고!”

남편은 애니를 데리고 차에서 잠시 내리자고 제안했다. 우리는 중고서점 앞 계단에 앉았다. 남편은 애니를 내게 넘겨준 다음 분유병의 알루미늄을 벗겨보겠다고 말했다. “그럼 한번 해보자. 당신이 구멍을 여러 개 뚫어놓았네.”

광전사 엄마에게 지금 필요한 건 헛똑똑이 남편이 아니다. 엄마는 누군가에게 쓴맛을 보여주고 싶다. 그녀는 이미 머릿속에서 불타는 분노가 담긴 항의서한을 열다섯 통쯤 날렸다. 그 분유회사 사람들은 자신들이 한 일을 후회하게 될 거야.

나는 계단에 앉은 채, 너무 큰 구멍이 뚫려버린 분유병을 애니의 입에 조심스럽게 갖다 댔다. 애니는 생각보다 잘 마셨다… 그건 애니가 천재이기 때문이다. 당연하지. ‘광전사 엄마’는 여전히 시야가 좁았고, 그 순간 내게는 애니 말고는 어떤 것도 보이지 않았다. 그렇게 얼마나 있었을까. 남편이 젖꼭지를 꽂은 분유병을 내게 건넸다. 그가 어떻게 그걸 해냈는지는 나도 모른다. 남편은 친절하게 말했다. "딱 맞진 않으니까 애니가 먹는 동안 손으로 받쳐줘야 할 거야."

'광전사 엄마'는 마침내 발톱을 안으로 집어넣고, 머리 위의 뿔도 감추고, 두 눈 속에서 이글거리던 불도 꺼뜨렸다. 그러자 시야가 다시 넓어져서 세상에 어떤 일이 일어나고 있는지 보였다. 더 정확히 말하면 조금 전에 어떤 일이 벌어졌는지를 깨달았다. 조금 전에 내가 '마켓 바스켓' 주차장에서 소란을 피운 거 맞아? 음⋯ 맞구나.

천천히 회전하면서 현실로 돌아오고 나니, 왜 내가 그냥 이유식 한두 병과 숟가락을 사지 않았을까 하는 생각이 떠올랐다. 애니는 이제 고형식을 먹을 수 있지 않나? 그건, 광전사 엄마의 말은 무조건 들어야 하기 때문이다. 그리고 주 방위군이 바빠서 못 왔기 때문이다.

 블로그 '홈 온 디레인지드(Home on Deranged)'

멜리사 스웨도스키(Melissa Swedoski)는 신문사에서 기자와 편집자로 일했기 때문에 일상생활의 복잡성에 대해 잘 알고 있다고 생각했다. 그러다 그녀는 13살 어린 남자와 결혼해 전업주부로 살면서 두 딸을 키우게 됐다. 요즘 그녀는 텍사스 주의 작은 동네에 살면서 결혼생활과 육아가 얼마나 정신없는지를 글로 표현한다. 그녀는 부모 노릇을 하면서 저지르는 크고 작은 실수들, 그리고 마라톤과 같은 결혼생활을 예리하게 관찰해서 글로 쓴다. 그녀의 글은 항상 유머와 사랑을 강조한다. 블로그 '홈 온 디레인지드'에 가보면 그녀의 거창하고 소소한 일상을 만날 수 있다.
www.homeonderanged.com
www.facebook.com/OurHomeOnDeranged

임신한 게 아니라 살찐 거예요!

멜리사 갈릴레오

우리의 적당한 크기의 실용적인 SUV 자동차 조수석에 앉아 있던 나는 발을 내려다보다가 얼굴을 찌푸렸다. 네 살짜리 딸 이사벨라가 내 발톱을 칠해줬는데, 빨간색과 형광주황색의 독특한 패턴이 그려져 있었다. 이사벨라는 착한 아이지만 패션감각은 집시 저리가라 할 수준이다. 차가 네일살롱에 가까워지자 나는 기대감에 들떴다. 단지 내 발톱이 곧 예뻐질 거라는 예상 때문만은 아니었다. 내게 꼭 필요했던 페디큐어가 끝나면 남편과 단둘이 이틀 동안 놀러 갈 예정이었기 때문이다.

석 달 전 둘째 딸 아이라가 태어난 이후로 우리 부부는 저녁시간에 편하게 쉬어본 적이 없었다. 우리는 말할 수 없이 피곤했다. 신생아를 돌보는 일과 이사벨라의 끝없는 수다 때문에 우리의 기력은 소진되고 기분도 바닥이었다. 이건 진심인데, 네 살짜리 아이에게 채울 수 있는 '조용히' 버튼 같은 건 없나? 나는 하늘의 은총과도 같은 이틀을 온전히 즐기고 싶었다. 조그마한 젖먹이 아이가 내 젖꼭지에 24시간 달라붙어 있고, 기저귀를 갈아줘야 하고, 결국에는 먹지도 않을 샌드위치의 가장자리를 잘라줘야 하는 일과로부터 해방된 이틀을 보내고 싶었다. 내 마음의 준비는 다 됐다. 하지만 다른 성인들처럼 자유롭게 돌아다니려면 발톱 손질부터 받아야 했다.

남편 앤디가 네일살롱에 차를 세워주면서 몇 가지 볼일을 보고 나서 오겠다고 말했다. 나는 천천히 오라고 말해줬다. 가만히 앉아서 그림이 없는 책을 읽는다는 생각만 해도 날아갈 것 같았다. 네일살롱에 들어간 나는 온갖 색깔의 색상판을 넘기면서 빨강도 아니고 형광주황도 아닌 색을 골랐다. 푹신한 가죽의자에 앉아 편안한 마음으로 책을 펼쳤다.

"정말 아름다우시네요." 내 발뒤꿈치의 딱딱해진 피부를 다듬던 여직원이 서투른 영어로 말했다.

나는 활짝 웃었다. 사실 나는 출산한 지 3개월밖에 안 됐고, 첫째 아이를 낳았을 때와 달리 이번에는 몸매가 금방 회복되지 않고 있었다. 나는 매일같이 요가용 바지, 레깅스, 임산부용 청바지를 입고 지냈다. 내 몸이 펑퍼짐하다고 생각했던 나는 몸매에 자신이 없었다. 무엇보다 반나절 이상 다이어트를 지속하지 못하는 나 자신의 우유부단한 모습에 화가 나 있었다. 조깅을 해보려고도 했지만 20분 만에 내 목구멍에 달콤한 과자

232

를 쑤셔넣고 말았다. 그래서 그 여직원이 당연하다는 말투로 칭찬의 말을 건넸을 때 나는 진짜로 황홀한 기분이었다.

"정말 고마워요! 진짜로 고마운 말이에요." 나는 미소를 머금고 말했다.

"아니에요, 진심이에요. 고객님은 정말 좋아 보이시는데요."

"고마워요!" 나는 이렇게 대답하면서 머릿속은 계산하기에 바빴다. 이 여자에게 팁으로 백만 달러를 주고 싶은데 은행계좌에 잔고가 그만큼 있니? 아, 그렇지. 나는 교사니까 돈은 없지.

"예정일이 언제죠?"

그럼 그렇지. 나는 맥이 탁 풀렸다.

그 여직원, 내가 평생 저축한 돈을 다 던져주려고 했던 그 여자는 내가 임신한 줄 알았던 것이다. 임신한 건 물론이고 임신 중기를 지났으니 예정일이 언제인지 물어도 된다고 생각했던 것이다. 내가 임신 5개월 이상으로 보였던 모양이다. 부지깽이가 빨갛게 달아오르는 것처럼, 수치심 때문에 내 눈에 눈물이 고이기 시작했다. 목구멍 안에는 골프공 크기의 혹이 있는 것만 같았다. '참자. 이성을 잃지 마, 멜리사. 정신을 차려.'

나는 숨을 깊이 들이쉬고 눈물과 자존심을 한꺼번에 꿀꺽 삼킨 후에 쌀쌀맞게 대답했다. "난 임신부가 아니에요." 그 여자가 팁을 받을 가능성은 줄어들고 있었다.

버스에서 자리양보 받았어. 어딜 봐서 내가 임신부야, 응?
지구인아, 방법은 하나뿐. 다이어트야.
임신한 게 아니라 살찐 거예요.
모른 척 하시지 그래요.

나는 얼마나 많은 사람들이 이 역사적인 굴욕을 목격했는지 알고 싶어서 살롱 안을 둘러봤다. 내 옆에는 기껏해야 열일곱 살에 몸무게는 40킬로그램쯤 나갈 것 같은 여자아이가 앉아 있었는데, 그 아이는 잡지에 얼굴을 푹 파묻고 있었다. 나는 속으로 그 여자아이에게 고마움을 표시했다. 우리의 대화를 분명히 들었을 텐데 못 들은 척해주는 건 점잖은 행동이다. 다들 미국의 청소년들이 위기라고 하던데 저 정도면 양반이다.

나는 당황스러운 침묵 속에서 페디큐어가 끝날 때까지 버텼다. 여직원이 발톱 손질을 끝내자마자 나는 화장실로 미친 듯이 뛰어가서 거울 속의 내 모습을 봤다. 내가 임신한 것처럼 보이는지 나 스스로 판단하고 싶었다.

그런데 그 화장실은 작은 벽장 하나 크기였고 거울은 우표 한 장 크기였다. 나는 그래도 단념하지 않고 변기 위에 올라가서 한쪽 발을 변기 뚜껑 위에 올리고 다른 발은 세면대에 걸쳤다. 나 때문에 벽에서 세면대가 떨어지면 어쩌나 하는 걱정이 일순간 머리를 스쳤다. 만약 그런 일이 벌어지면 모든 사람이 기뻐해 마지않을 것이다. "그 살찐 건지 임신한 건지 헷갈리는 여자가 방금 화장실 설비를 뜯어냈어요!" 어떻든 간에 나는 내 배를 꼭 봐야 했다. 그 여자가 말한 게 진짜인지 알고 싶었다. 그때 나는 제정신이 아니었다. 반드시 그 거울을 들여다보고 그녀의 눈에 내가 어떻게 보였는지 알아내려는 일념에 불타고 있었다.

수유용 원피스를 걷어올리고 티셔츠를 살짝 잡아당겨 내 몸을 들여다봤다. 그 비좁은 화장실에서, 창피하고 당혹스러운 심정으로. 거울을 보자마자 나는 의기소침해졌다. 내 배는 빵 반죽처럼 풍성하게 부풀어 있었다. 성난 붉은색의 튼살 자국이 몸 한가운데에 새겨져 있었고, 배꼽은 꼭 똥구멍이 늘어난 것처럼 보였고, 임신선이 음부부터 배꼽까지 지그재그 모양으로 이어지고 있었다. 바지 허리 부분의 고무밴드 위에 머핀처럼 툭 튀어나온 엉덩이도 보였다. 거울이 작아서 허벅지는 보이지 않았지만, 허벅지도 크게 다를 것 같지는 않았다.

나는 나 자신에게 뭐라고 격려의 말을 해주고 싶었다. 정말이다. 거울 속의 내 몸을 바라보면서 나 자신에게 이렇게 말하려고 했다. 나는 불과 3개월 전에 출산을 했고, 내 몸은 40주가 넘도록 한 생명을 품고 다녔으며, 아기가 자랄수록 내 복부도 함께 커졌고, 지금 내 몸은 그 예쁜 생명에게 영양을 공급하기 위해 모유를 생산하는 중이라고. 내 골반은 출산 중에 넓어진 것이고, 분만이 너무 빠르게 진행되고 진통이 세서 병원으로 기어가다시피 하지 않았느냐고.

나는 예전에 핀터레스트(사진 공유 SNS)에서 봤던 사진들을 떠올려봤다. 배의 튼살 자국이 호랑이 줄무늬처럼 보이는 사진들. 그 모습은 아무리 예쁜 말을 갖다붙이더라도 솔직히 예쁘지는 않았다. 나 역시 이성적으로는 내가 나 자신에게 해준 설명을 다 이해하고 있었지만, 그 순간 나를 전적으로 지배한 건 감정이었다. 그리고 내 몸이 이렇게 된 게 순전히 아기 때문은 아니라는 사실도 조금은 인정하고 있었다. 배 터지도록 먹고 운동을 안 하는 습관은 특정기간에 국한되지 않고 나의 생활방식으로 바뀌었다는 사실도 알고 있었다. 모든 걸 아기 탓으로 돌릴 수는 없었다. 내 몸의 주인은 나였고 어느 정도의 책임은 나에게도 있었다.

나는 고개를 떨어뜨리고 서둘러 화장실을 빠져나가서, 페디큐어 요금을 지불한 후 매장 밖으로 나갔다.

내가 차에 타자마자 남편은 무슨 일이 있었다는 걸 알아차렸다.

"왜 그래? 발톱 손질이 잘 안 됐나?"

"아냐, 아냐. 괜찮아." 나는 거짓말을 했다. 그 불행한 사건을 다시 한 번 이야기할 마음은 없었다. 남편은 세상에서 나를 제일 사랑한다. 내 몸매가 어떻든 그건 변하지 않는다. 하지만 나는 바보가 아니다. 남편에게도 보는 눈이 있다. 어쩌면 남편도 내가 임신부처럼 보인다고 생각했는데 예의를 차리느라 그런 이야기를 안 했을지 모른다.

남편의 이마에 주름이 잡혔다. 그래도 말해보라고 해야 할지, 아니면 나를 그냥 내버려둬야 할지 고민 중이라는 표시다. "치폴레 Chipotle (미국의 유명한 멕시칸 레스토랑 체인 - 옮긴이)에 가서 점심이나 먹을까?"

나는 주저 없이 좋다고 대답했다가 곧바로 후회했다. 내게는 감정적 스트레스를 먹는 걸로 푸는 습관이 있었는데, 나의 감정적 스트레스는 결코 적은 양이 아니었다. 백화점에 들러서 강력한 보정속옷이나 살까 하는 생각도 들었다. 보정속옷은 공산품답게 힘이 세서 이런 상황에 조금은 도움이 되니까.

우리는 말없이 쇼핑몰 쪽으로 이동했다. 그런데 뱃속에 음식이 좀 들어가자 창피한 마음은 줄어들고 화가 나기 시작했다. 내가 맛있는 부리토(토르티야에 콩과 고기 등을 넣어 만든 멕시코 요리)를 한 입 베어 먹을 때마다 부정적인 생각들이 분노로 바뀌는 듯했다. 한번 따져보자. 세상에 어떤 여자가 다른 여자한테 그런 식으로 임신 이야기를 하나? 여자라면 그런 것쯤은 알아야 하지 않나. 어떤 여자가 자기가 임신했다고 분명하게 이야기했거나 아기가 그녀의 뱃속에서 나오는 걸 눈으로 직접 본 게 아니라면 입을 다물고 있어야 한다. 그게 상식 아닌가?

나는 생각할수록 화가 났다. 대체 내가 왜 그 여자 때문에 나 자신을 비하해야 하는데? 왜 우리 사회는 여자들이 출산 후에 신속하게 원래 몸매로 돌아가기를 기대하는 걸까? 최근에 출산한 유명 여배우가 그렇게 해서? 그래, 내가 날마다 조깅을 하지는 못했지. 밤새 우는 아기를 품에 안고 거실을 왔다 갔다 한 다음날이면 조깅보다 낮잠이 더 당기거든. 내가 건강한 음식보다 패스트푸드를 더 자주 사 먹었던 것도 맞아. 부엌에서 요리하는 대신 우리 큰딸과 눈을 마주치며 관심을 보여주고 싶었기 때문이라고.

그게 나의 정신적인 한계 지점이었다. 몸속에서 피가 끓어오르기 시작했다. 어마어마한 '엄마 폭발' 이 일어나기 직전이었다.

"네일살롱에 다시 들러야겠어. 신용카드를 놓고 왔어." 나는 남편에게 말했다.

남편은 내가 또 덜렁거린 줄 알고 눈살을 살짝 찌푸린 후에 나를 데려다줬다. 나는 기세 좋게 안으로 들어가서, 아까 내 발톱을 손질해 준 여직원을 향해 곧장 걸어갔다.

"저기요." 말을 꺼내고 보니 나는 사람이 꽤 많은 네일살롱의 한가운데 서 있었다. 모두의 시선이 나에게 모였다.

"아까 왔던 손님인데요, 저한테 예정일이 언제냐고 물으셨죠. 전 임신부가 아니에요. 그건 정말 무례하고 몰상식한 질문이었어요. 당신도 여자니까 그 정도는 알아야 하는 거 아니에요? 참고로 저는 3개월 전에 출산을 했는데 시간도 없고 에너지도 부족해서 아직 살을 다 못 뺀 거예요. 당신이 터무니없는 질문을 했다고 해서 제가 온종일 자괴감을 느낄 필요는 없잖아요?"

역사적인 순간이었다. 나는 머릿속에 있던 것들을 단숨에 말로 쏟아냈다. 잠깐이지만 나의 정당성을 입증했다고 느꼈다. 다음 순간에는 내가 얼마나 이상한 사람으로 보일까 싶었다. 네일살롱 안에 있던 사람들은 모두 나의 불룩하지만 축 늘어진 배를 쳐다보면서 속으로 '저 여자가 임신부처럼 보이는가, 아닌가?' 를 저울질하고 있었다.

나는 굴욕감에 휩싸였다. 얼굴이 진홍색으로 달아오르는 게 느껴지고, 귀가 멍멍해서 아무런 소리도 들리지 않았다. 나는 여직원의 대답을 듣지도 않고 휙 돌아서서 최대한 빨리 밖으로 나갔다. 네일살롱에 있던 여자들이 나의 용기에 감동해서 서서히 박수를 치기 시작했다…고 생각하고 싶지만, 실제로는 그들이 "손톱 손질을 받고 있는데 어떤 정신 나간 여자가 소란을 피웠어요."라는 글을 페이스북에 올렸을 것 같다.

요즘 나는 차로 10분 더 가야 하는 다른 네일살롱에서 2달러를 더 내고 페디큐어 서비스를 받는다.

 블로그 '컴플리틀리 이클립스드(Completely Eclipsed)'

멜리사 갈릴레오(Melissa Galileo)는 뉴욕에서 초등학교 교사로 일한다. 지난 9년 동안 도심지 빈곤층 아이들을 가르쳤으며 현재는 학생들에게 읽기와 쓰기를 가르치고 있다. 남편과 함께 뉴저지에서 두 딸을 키우고 있는 그녀는 와인에 푹 빠져 지내면서 '컴플리틀리 이클립스드' 블로그를 운영한다. 그녀의 블로그에는 실패담을 포함한 육아와 일상생활의 경험들이 올라온다. 그녀는 수공예나 바느질에 취미가 없고 직접 빵을 만들지도 않지만 핀터레스트와 커피에 적당히 중독되어 살아간다.
www.completelyeclipsed.com

애들아, 이건 없었던 일로 하자

제니퍼 바버

날씨가 기막히게 좋은 날이었다. 너무 덥지도 않고, 너무 춥지도 않고, 태양은 피부를 따뜻하게 덥혀줬다. 미풍이 불었기 때문에 나도 모르게 맑고 신선한 공기를 들이마시면서 바람이 몸 안으로 들어오게 하고 싶었다.

그런 날이면 살아 있는 존재는 누구나 밖에 나가고 싶어진다. 나는 재택근무를 하며 빡빡한 하루를 보낸 뒤 아이들을 데리러 갔는데, 집을 나서면서 개들을 집안으로 들여놓는 일조차도 쉽지 않았다.

아들 G는 평소와 똑같이 학교 버스에서 내렸다. 초등학교 2학년인 G는 집까지 걸어가는 짧은 시간 동안 그날 있었던 일에 대해 상세히(?)

보고했다. "별다른 일 없었어."

우리는 차에 올라타고 G의 동생이 다니는 어린이집으로 출발했다.

학기 중에 나의 생활은 보통 이런 식이었다. 아침에 아이들을 데려다주고 오후에 데려온다. 그 사이 시간에 회의, 문서작성, 교육과 상담 등의 업무를 최대한 많이 처리해서 밤에 일하는 시간을 최소화한다.

하지만 결국에는 밤에도 일을 해야만 했다. 사업하는 사람의 삶이 원래 그러니까. 학교와 어린이집에서 아이들을 데려와서 잠자리에 눕히기까지가 나에게는 가장 귀중한 충전의 시간이었다. 가족과 함께하는 시간은 생활의 균형을 잡아준다. 적어도 좋은 날에는 그렇다.

어린이집에 도착한 순간 나는 뭔가 순탄치 않으리란 걸 직관적으로 알아차렸다. 차에서 내리면서 세 살짜리 아들 비즈의 머리를 힐끔 봤기 때문이다. 어린이집 정문을 향해 걸어가면서 보니 비즈는 엄마가 왔다는 사실을 알고도 기뻐하는 기색이 없었다. 비즈는 모래상자 안에서 하던 놀이를 계속하면서 엄마를 완전히 무시했다. 친구들이 큰 소리로 "비즈, 너희 엄마 오셨다!"라고 외쳤지만 비즈는 못 들은 척했다.

비즈는 어린이집을 떠나기가 싫은 모양이었다. 나는 동요하지 않았다. 벌써 7년째 아이들을 어린이집에 맡기고 있는 터라 내게도 나름의 요령이 생겼다. 아이에게 하던 놀이를 마무리할 시간을 조금 주고, 다정한 말투로 천천히 아이를 달래서 집에 가면 된다.

날씨는 정말 좋았다. 나 같아도 떠나고 싶지 않을 만큼.

어린이집에 들어갈 때와 나올 때가 만만치 않다는 건 나도 안다. 아이들이 더 어렸을 때 나는 '아이들 던져놓고 달아나기'의 명수였다. 처음 몇 번은 가슴이 찢어지는 아픔을 겪었지만, 문 밖으로 나서는 엄마를 필사적으로 붙잡으며 소리치는 아이들에게 나는 무조건 작별 키스를 했다. 슬픈 얼굴을 보이지도 않았고, 차를 몰고 도로로 나갈 때까지는 울지도 않았다.

한 시간쯤 후에 어린이집 선생님이 전화를 해주곤 했다. 내가 건물 밖으로 나가자마자 아이들이 울음을 그쳤다는 것이었다. 나는 그렇게 행복하고 적응력이 뛰어난 아이들을 둔 게 자랑스러웠다. 어린 나이에 그 힘든 변화를 잘 이겨내다니! 하지만 마음 한구석에서는 엄마가 자기들을 두고 가버렸는데도 아이들이 괜찮다는 게 의아하기도 했다.

요즘 나는 보육기관에 아이를 맡기는 일로 고충을 겪는 초보 엄마와 아빠들을 위해 가끔 상담을 해준다. 원래 부모가 더 힘든 거야. 나는 그들에게 그렇게 말해준다. 나는 그들에게 아이를 두고 단호히 돌아서는 방법을 알려주고, 그렇게 한다고 아이에게 평생 기억에 남을 상처를 입히는 건 아니라고 말해준다. 그런 대화는 되도록 아이들의 눈을 피해서 나눈다. 우리가 주차장을 서성거리는 모습을 아이들이 못 보기를 바랄 뿐이다.

나는 모든 육아 잡지와 웹사이트를 꼼꼼히 읽어보면서 아이들을 보육 기관에 적응시키는 방법과 요령을 터득했다. 놀이터를 떠날 때, 아이들을 저녁 식탁에 앉힐 때, 혹은 어린이집에서 아이를 데려올 때 어떻게 해야 하는지 나는 다 꿰고 있다. 한마디로 나는 정보통 엄마다. 이따금씩 우리 둘째 비즈에게 그런 전략이 먹히지 않아서 탈이지만.

그 따뜻한 봄날, 우리 비즈에게는 엄마의 출현이 세상에서 가장 나쁜 소식이었다. 비즈는 나를 본 척도 하지 않고 모래상자에서 어린이집 뒤편의 운동장으로 자리를 옮겼다. 내게 등을 돌리고 선 아이의 얼굴에는 싫은 표정이 역력했다. 나도 그 비슷한 표정을 지은 적이 있었다. 내가 값비싼 저녁식사와 완벽한 와인을 즐기고 있는데 육아도우미가 문자를 보내 스컹크가 우리집 개에게 오줌을 묻혔는데 어떻게 하느냐고 물었을 때였다.

"안녕, 비즈!" 나는 최대한 명랑한 목소리로 인사했다.

비즈는 대답하지 않고 저쪽으로 걸어갔다.

"이제 하던 놀이를 마무리하자. 우리는 금방 출발할 거야." 나는 아들에게 이렇게 통보하고 어린이집 선생님 한 사람과 이야기를 나누기 시작했다.

엄마가 왔다, 우리는 곧 출발한다는 메시지를 전했다! 나는 뿌듯한 심정이었다. 잠깐 동안.

다음 순간, G가 시야에서 사라졌다. 한때 그 어린이집에 다녔던 G는 그곳의 전설적인 존재였다. 이제 G는 형이고 오빠였으므로 G가 문 안으로 들어오기만 하면 어린 여자아이들이 졸졸 따라다녔다. G가 깔깔거리는 팬들을 뒤에 달고 다니곤 했다.

"G, 엄마가 비즈를 데리고 나가는 일을 너도 도와줘야 한다, 알지?"
아까 우리는 내가 출발할 시간이라고 말하면 자리를 떠야 한다는 대화를 나눴다. 형이 일어서면 대개는 비즈도 따라 나온다.

G는 그만 뛰어다니고 집에 가자고 부탁하는 나의 말을 귓등으로 흘려들었다.

이제 어린이집 뒤뜰에서 앞쪽 도로로 자리를 옮긴 비즈는 겁도 없이 자전거를 타고 있었다. 자전거를 타고 지나가면서 가끔씩 내 쪽을 힐끔거리긴 했지만, 멈춰 서서 내 말을 들을 태세는 아니었다.

별안간 내 피부에 와 닿는 햇살이 아까보다 뜨겁게 느껴지기 시작하면서 땀이 났다. 집에 가자고 부드럽게 하던 말은 조금 더 급한 말로 바뀌었다. 나는 새로운 출발 전략을 구사하기로 했다.

"한 바퀴만 더 돌고 나서 가는 거다!"
"집에 가서 모래놀이 하자. 커다란 성도 만들 거야!"

그만! 집에 가야지!
우와~
엄마~
저러니 금방 가긴 틀렸어.
역시 집보다는 어린이집 놀이터지.

"엄마랑 집에 안 가면, 새로 산 자동차를 가지고 놀 수 없잖니?"

"개들을 산책시켜야 한다!"

"엄마 말 안 들으면 집에 가서 타임아웃이다!"

"엄마는 집에 가서 저녁 준비를 해야 돼요!"

마지막 말은 절박한 심정으로 던진 거였다. 저녁식사 준비를 담당하는 건 남편이었기 때문이다. 하지만 아이들이 내 말을 듣고 있는지 시험해보기는 좋은 문장이었다. 아이들은 듣고 있지 않았다.

내가 애쓰는 모습을 본 어린이집 선생님들도 우리 아이들을 내보내려고 했다.

"엄마 말 들어야지. 내일 또 만나요!"

직장에서 힘든 하루를 보내고 나서 아이들을 데리러 온 다른 엄마들이 속속 도착하고 있었다. 부모가 어린이집 정문에 도착하는 순간을 애타게 기다렸던 그 아이들은 흥분을 감추지 못하고 활짝 웃는 얼굴로 소리를 질렀다. "엄마 왔다!"

'우리 애들은 왜 저럴까? 나를 보고 반가워하면 죽기라도 하나?' 나는 속으로 생각했다. 완벽한 하루가 신속하게 최악의 하루로 바뀌고 있었다.

"알았어. G와 비즈, 이제 끝이다." 나는 승부수를 던졌다. "너희들이 따라오든 안 오든 엄마는 간다." 나는 정문 쪽으로 걸어가면서 다른 부모들을 향해 수줍은 미소를 날렸다. 저도 다 생각이 있거든요.

그런데 우리 아이들은 꼼짝도 안 했다. G는 내 말을 못 들은 것 같았고, 비즈는 내게 손을 흔들어 잘 가라고 인사했다. 어린이집 선생님들과 다른 부모들은 예의상 개입하지 않고 내가 알아서 하게 내버려뒀다.

나는 다른 부모들보다 일찍 왔는데도 아이들이 하나둘 떠나는 모습을 바라보고만 있었다. 이대로 가다가는 내 아이들을 데리고 이곳을 떠나지 못할 것만 같았다.

새로운 전략을 도입할 때였다.

"너희들 여기서 자고 갈 거구나?" 나는 초조한 웃음을 지으면서 이렇게 말하고 어린이집 정문을 슬금슬금 빠져나가 차 쪽으로 걸어갔다. 뒤를 돌아보니 G가 상황을 파악한 듯했다. 비즈는 행복한 얼굴로 자전거 페달을 밟고 있었다. 어린이집 선생님이 비즈에게 엄마 말을 들으라고 충고했다.

모두가 최선을 다했는데도 아이들은 정문 쪽으로 걸어오지 않았다. 내가 아이들을 어린이집에 두고 달아나기를 밥 먹듯이 했더니, 아이들이 엄마가 가버린다고 해도 정말 아무렇지 않게 된 걸까?

마지막 한 번의 단호한 경고가 효과를 발휘했고, 나는 드디어 아이들을 차에 태우는 데 성공했다. 비즈는 싫은 기색이었지만 아무 일도 없었던 것처럼 차 쪽으로 뛰어왔다. G는 내가 화가 났다는 사실을 눈치채고 있었다. G는 엄마가 언제 자제력을 잃는지 잘 안다.

내가 어린이집에 머물렀던 시간은 기껏해야 15분에서 20분이었을 텐데, 그 시간이 얼마나 길게 느껴졌는지 모른다. 책에 나오는 방법을 다 동원했는데도 아이들은 내 말을 듣지 않았다. 내가 원했던 건 단 하나, 그곳을 떠나는 거였다. 하루 동안 바쁘게 일했던 나는 긴장을 좀 풀고 아이들과 놀고 싶었다. 그게 아이들에게는 무리한 요구였을까? 그래, 그랬나 보다. 나는 스트레스를 잔뜩 받은 상태여서 머리가 잘 돌아가지 않았다. 아이들이 어린이집에서 그렇게 편안함을 느낀다는 게 얼마나 좋은 일인지 생각할 겨를도 없었다.

그 다음에 일어난 일은 잘 기억나지도 않는다. 아이들이 안전벨트를 잘 맸는지 확인하고, 심호흡을 하고, 어린이집 앞에 나와 있는 사람들에게 손을 흔들어 인사했던 기억은 난다. 나는 내가 억지로 지을 수 있는 최고로 밝은 미소를 띠고 도로로 나갔다.

어린이집이 있는 골목을 나서자마자 나는 아이들에게 화풀이를 했다. 말 그대로 화풀이였다. 엄마 말을 안 들은 게 얼마나 무례한 일인지를 큰 소리로 이야기했다. 엄마가 그만 가자고 몇 번이나 부탁했는데 너희는 싹 무시했지? 엄마를 보고도 네가 반가워하지 않아서 엄마가 얼마나 섭섭했는지 알아? 너희들이랑 시간을 보내려고 엄마가 지금처럼 업무시간을 조정해 가며 일하는 건데 너희는 관심도 없지! 나는 장황한 연설을 하면서 핵폭탄을 한두 개 떨어뜨렸다. 거기다 나는 엉엉 울기까지 했다.

그 완벽한 하루는 완벽한 폭풍의 날이 돼버렸다. 고함치기, 막말하기, 울기. 바람직하지 못한 육아의 3종 세트라고나 할까. 그러고도 모자라서 나는 아이들에게 구태의연한 죄책감까지 심어줬다.

다행히 어린이집에서 우리집까지는 차로 금방이었다. 신호에 어떻게 걸리느냐에 따라 달라지긴 하지만 대략 3분 30초면 도착한다. 폭발이 반쯤 진행됐을 때부터 엄마로서의 죄책감이 솟아나기 시작했고 눈물이 샤워기 물처럼 쏟아졌다. 차고에 차를 세울 무렵 아이들은 상처를 받고 겁에 질린 상태였다. 내 기억에 의하면(다시 말하지만 이 모든 일은 기억조차 희미하다.) 내가 울어서 아이들도 따라 울었던 것 같다.

G가 일어서더니 나에게 잘못했다고 말했다. "우린 엄마를 사랑해요, 엄마." 그 말을 들으니 눈물만 더 나왔다.

"소리를 질러서 미안하지만, 지금은 엄마가 기분이 안 좋구나. 지금은 아무하고도 말하고 싶지 않아. 우리 모두 타임아웃이다."

아이들은 각자 자기 방으로 들어가고, 나는 개들을 데리고 밖으로 나왔다. 마음을 진정시키고 나서 보니, 소동은 내가 일으켜놓고 왜 내게는 책임이 없다고 생각했나 싶었다. 내 아이들은 나중에 이날을 돌이켜보면서 부모가 절대로 하지 말아야 할 행동의 사례로 삼겠지. 아이들은 이제 나를 두려워할 거야. 내가 자기들을 사랑하는지 의심하게 될 거야.

잠시 후 나는 아이들 방으로 올라가서 그날 있었던 일에 대해 솔직한 대화를 나눴다. 내가 왜 화가 났는지 알려주고, 내가 조금 지나친 반응을 보였다고도 이야기했다. 다음번에 내가 데리러 가면 어떻게 해야 하는지에 관해서도 이야기했다. 엄마가 출발하자고 말하면 곧바로 출발하기로 약속했다. 나는 기분이 한결 좋아졌다. 엄마 폭발을 계기로 커다란 교훈을 얻었다는 생각도 들었다.

아이들을 몇 번 안아줬다. 그러고 나니 아이들이 지루해하기 시작했다. 나는 아직 대화가 끝나지 않았다고 생각했지만 비즈는 좀이 쑤셨던 모양이다.

"엄마, 우리 아래층에 내려가서 TV 봐도 되요?"

"그래. 둘 다 내려가도….."

내가 대답을 끝내기도 전에 아이들은 벌떡 일어나서 아무 일도 없었다는 듯이 후다닥 계단을 내려갔다.

아이들은 상처받지 않았다. 엄마를 미워하거나 원망하지도 않았다. 나의 폭발은 내 생활의 모든 스트레스에 대한 반응이었다. 답은 내 머릿속에 있었다. 완벽하게 보낼 수 있었던 하루였는데 내가 감정의 폭풍우를 일으키고 말았다.

아까 했던 말은 취소다. 커다란 교훈은 무슨. 이건 그냥 없었던 일로 하자.

어때, 얘들아?

 블로그 '어나더 제니퍼(Another Jennifer)'

제니퍼 바버(Jennifer Barbour)는 직업적으로 글을 쓰면서 뉴미디어 마케팅 컨설턴트로 일한다. 메인 주 브룬스윅에 살면서 자랑스러운 두 아들과 개 세 마리를 키우고 있다. 그녀는 '어나더 제니퍼' 블로그 운영자, '올 씽즈 레프트핸디드(All Things Left-Handed)'의 큐레이터, '심플 기빙 랩(Simple Giving Lab)'의 크리에이터이기도 하다. '사회정의를 추구하는 엄마 블로거들(Mom Bloggers for Social Good)'이라는 사이트에도 글을 쓰고 있으며 pplkind에서 자선사업 부서를 담당한다. 그녀는 글쓰기, 자선사업, 가족, 베이컨을 사랑하는데, 꼭 이 순서대로 사랑하는 것은 아니다.
http://anotherjennifer.com
www.facebook.com/writinglab

252

이 인간은 도대체 뭘 들은 거야?

안젤라 켁

나의 그 폭발도 시작은 다른 폭발과 비슷했다. 그러니까 그날은 다른 날과 별로 다르지 않게 시작했는데 나중에는… 꽝! 폭발로 끝났다.

그날 아침은 여느 때와 마찬가지로 정신이 하나도 없었다. 두 아이를 준비시켜서 각각 학교에 데려다줘야 했다. 두 아이의 학교는 동네 양쪽 끝에 있었는데, 한 학교에서 다른 학교까지는 20분이나 걸렸다.

그리고 여기서부터는 '여느 때와 마찬가지로'가 아니다.

아이들을 학교에 내려주고 나서 나는 월마트에 들렀다. 화장실 휴지가 마지막 한 칸만 남을 때까지(정말로 한 칸 남을 때까지) 식구들 중 어느 누구도 휴지가 떨어졌다고 내게 알려주지 않았기 때문이다. 그래서 나는 매장으로 뛰어가서 생활필수품을 고른 다음, 내가 제일 좋아하는 와인도 한

병 사서 기분전환을 하기로 결심했다. 벌써부터 흥분이 된다. 이따가 아
이들을 다 침실로 보내고 집안이 조용해지면, 소파에 편안하게 앉아 와인
한잔을 따라놓고 재미난 TV 프로그램이나 보면서 느긋하게 쉬어야지.

그 순간 나는 나 자신에게 욕을 퍼부었다. 무슨 일인지 대강 짐작이 되
시는가?

나는 매장을 급히 빠져나와 내 차가 있는 곳으로 돌아왔다. 9시 15분에
전화회의가 있어서 제시간에 전화를 받아야 했다. 그런데 내 자동차 열
쇠가 지갑에 없다는 사실을 깨달았다. 열쇠는 주머니에도 없었다. 그렇
다면 열쇠는… 차 안에 있었다!

상황이 그보다 더 나빠질 수 있는 방법은 단 하나, 내가 열쇠를 차 안에
두고 차 문을 잠갔다는 사실을 깨달은 바로 그 순간 천둥번개가 치는 거
였다. 안타깝게도 나는 할리우드 영화세트 안에서 사는 사람이 아니므로
특수효과 따위는 없었다. 비가 내리지 않는 게 어디냐. 나는 그것만 해도
정말, 정말 고마운 일이라고 혼잣말을 했다!

나는 월마트 주차장 한가운데에 서 있다. 거대한 두루마리휴지 묶음과
5달러짜리 와인 한 병을 손에 들고 있는데 차 안으로 들어갈 수가 없다.
남편에게 전화를 해봤지만 오후 1시 전에는 이쪽으로 올 방법이 없다고
한다. 내 차의 여벌열쇠가 집에 있을 것 같은데 확실하지는 않다고 한다.

나는 '친구에게 전화하기' 찬스를 썼다. 친구에게 나를 데리러 와달

라고 사정사정했다. 친구가 나를 우리집까지 태워다주면 집안으로 들어가서 여별열쇠를 찾아볼 요량이었다. 내 친구에게 신의 가호가 있기를 빈다. 그녀는 밴을 몰고, 두 아이(둘 다 다섯 살 아래였다)를 데리고, 실내복 차림으로 나타났다. 그녀는 나를 집까지 데려다줬고, 나는 창문 하나를 억지로 열고 집안으로 기어들어갔다. 왜냐하면 내 차 안에 있는 건 차 열쇠만이 아니었으니까!

자, 여기서 여벌열쇠가 집안에 있었다면 이 이야기는 폭발로 이어지지 않을 것이다. 그랬다면 나는 아까 나 자신에게 선물한 그 와인 한 병을 여러분과 나눠 마시면서 재미나게 그 이야기를 나눴을 것이다. 하지만 여러분은 이 이야기가 그렇게 끝나지 않을 거라는 사실을 벌써 눈치챘으리라 믿는다. 여벌열쇠는 집안에 없었다.

나는 친구에게 월마트까지 한 번만 더 태워달라고 부탁했다. 내가 열쇠공에게 전화해서 내 차에 들어가게 해주는 대가로 50달러를 지불하는 동안 친구는 친절하게도 함께 기다려줬다. 다행히 열쇠공을 기다리는 시간과 전화회의 시간이 일치했으므로 내 친구와 그녀의 아이들은 주차장에서 나와 함께 기다리는 기쁨을 누렸을 뿐 아니라 나의 업무회의 내용까지 다 들어야 했다. 이 이야기에서 와인을 대접받아야 할 사람은 내 친구가 분명하다!

빠른 속도로 앞으로 나아가보자. 나는 늘 그렇듯이 정신없이 바쁜 하루를 보냈다. 재택근무를 하고, 오후 3시가 되면 아침에 했던 일을 한 번 더 해야 한다. 동네 양쪽 끝, 20분 거리에 위치한 두 아이의 학교에서 아이들을 데려왔다. 아이들을 데려와서 재빨리 저녁을 먹이고, 딸아이를 댄스 수업에 늦지 않게 데려다줬다. 그러는 내내 내 머릿속에는 한 가지 생각뿐이었다. '내가 내 차에 들어가기 위해 50달러를 썼다니 믿을 수 없어!' 빨리 5달러짜리 와인을 따서 소파에 앉아 휴식을 취하고 싶었다. 조용하고 평화로운 밤 시간과 딱 한잔의 와인을 생각하니 침이 흘러나올 지경이었다.

오후 9시경으로 가보자. 딸아이의 댄스를 보면서 열 살짜리 아들을 재미있게 해주는 일로 저녁시간을 다 보낸 후에 우리는 드디어 집에 돌아왔다. 여기서 재미있게 해줬다는 건, 아들이 내 휴대전화의 배터리를 한 번 이상 방전시켰기 때문에 콘센트 근처에 자리를 잡았다는 뜻이다. 아들이 잠시라도 내 머리카락을 잡아당기지 못하게 하기 위해, 어떻게든 전화기를 켜서 '체이싱 옐로' 인지 '마인크래프트' 인지 하는 게임을 계속하도록 해줬다는 뜻이다.

나는 말도 못 하게 피곤했다. 와인과 리모컨을 가져와서 푹신한 소파에 몸을 던지고 싶은 마음이 굴뚝같았다!

신속하게 집안으로 들어간 나는 아들에게 샤워를 하라고 명령했다. 열 살짜리 남자아이에게서 흔히 나는 냄새가 났기 때문이다. 딸에게는 체육복을 건조기에 넣으라고 일러줬다. 그래야 다음날 체육시간에 입을 수 있으니까. 그리고 방으로 들어가기 전에 부엌 식탁 위에 놓아둔 과제물을 챙기라고도 말해줬다. 나는 부엌에서 종종거리며 저녁 먹은 그릇을 치우는 동안에도 와인 한잔을 상상하고 있었다.

아이들이 투덜거리기 시작했다. 욕실을 둘이 같이 쓰기 때문이다. 딸은 자기가 전생에 어떤 끔찍한 죄를 지어서 이런 벌을 받는 게 틀림없다고 말했다. 너, 내 수건 건드렸지? 아니, 안 건드렸어. 욕실에 왜 그렇게 오래 있어? 그건 어쩔 수 없어! 욕실이 왜 이렇게 지저분해? 누나는 사방에 머리카락을 흘려놓잖아! 둘이서 계속 툭탁거리기에 나는 협박을 했다. "한마디만 더 했다가는… 억!" 두 아이는 마지막 단어를 이해할 수 없어서 괴로워하는 얼굴 표정을 지었는데, 그 표정을 보니 내 마음도 풀렸다. 아주 조금은.

마침내 저녁식사 뒷정리를 끝냈다. 식기세척기가 돌아가고 있었다. 개는 마당에 내보냈다가 집안으로 도로 데려왔다. 아들은 샤워를 끝내고 잠잘 준비를 했다. 나는 와인 한잔을 따라놓고 소파 쪽으로 걸어갔다.

그때부터 진짜 폭발이 시작됐다. 소파에 앉을 자리가 전혀 없었기 때문이다. 내일 아침 학교에 가져갈 물건들을 미리 챙겨놓으라고 아이들에

게 말했는데도, 우리집 소파는 몇 개 구역으로 나뉘는 '거대한' 가구인
데도, 내가 아침부터 줄곧 5분의 휴식을 갈망했는데도, 내가 앉을 자리는
없었다!

소파 한쪽 끝에는 아들의 책가방이 놓여 있었고, 가방 안에 든 물건들
이 빠져나와 소파의 절반 정도를 차지하고 있었다. 소파의 반대편 끝에
는 아들이 앉아서 마치 지금이 취침시간이라는 걸 모른다는 듯이 〈보글
보글 스펀지밥 SpongeBob SquarePants〉을 보고 있었다.

딸의 책가방과 그 안에 든 물건들은 작은 쿠션의자 위에 흩어져 있었
다. 내가 늘 앉는 자리에는 딸이 등을 돌리고 앉아 있었다. 소파 위에 흩
어진 물건들 위에 발을 떡하니 올려놓은 모습이다.

나는 내 눈을 의심했다! 정말이다.
아까 있었던 일로도 모자란단 말인가? 형편없는 하루를 보내고 나서
지친 몸을 소파에 푹 파묻고 싶은 마음뿐인데, 내 아이들이 거만한 자세
로 소파에 앉아 있었다. 자기 전에 하라고 시킨 일은 하나도 안 해놓고.
잠자리에 들 시간이라는 사실은 안중에도 없어 보였다.

나는 되도록 침착하게 말했다. "너희 물건을 챙겨 방에 들어가서 자면
안 되겠니?" 내가 그 시점까지 침착한 태도를 유지했다는 게 얼마나 자
랑스러운지 모른다. 진짜다. 나는 버럭 화를 내지도 않았고 언성을 높이

지도 않았고 와인을 엎지르지도 않았다. 그저 침착한 목소리로 아이들에게 자신의 행동을 돌아보고 더 나은 선택을 할 기회를 줬다.

난 정말 훌륭한 엄마다!

그러나 아무도 움직이지 않았다.

혹시 내가 입으로 말하는 걸 잊었나? 아이들에게 물건을 챙기라고 해야겠다고 머릿속으로 생각만 했나? 그래. 그랬겠지. 그게 아니라면 왜 아이들이 아무 이야기도 못 들은 것처럼 행동하겠는가?

그래서 나는 똑같은 말을 반복했다. 그러자 딸이 나를 쳐다보며 물었다.

"물건을 어디다 두라는 거야?"

폭발 시작.

나는 손도 대지 않은 와인 잔을 탁자에 내려놓고 내가 앉을 자리를 손수 만들기 시작했다… 소파 위에 있는 물건을 모조리 바닥에 던지는 방법으로. 그건 유체이탈에 가까운 경험이었다. 내가 바보 미치광이처럼 행동하고 있다는 건 나도 알았지만 멈출 수가 없었다. 램프 안에 꼭꼭 숨어 있던 요정이 나와버렸는데 어쩌겠는가!

책가방이 날아가서 거실 벽에 부딪쳤다. 잠시 후에는 신발(그렇다. 우리 집 소파 위에는 신발도 있었다.)이 날아갔다. 연필과 노트, 빈 간식통 등 갖가지 자잘한 물건들이 모조리 거실 바닥에 떨어졌다!

이성이 돌아왔던 유일한 순간은 내가 바닥에 던진 어떤 물건이 선반 위의 장식품에 부딪쳤을 때였다. 결국 저걸 치워야 하는 사람은 나일 테니, 나 자신의 일거리만 늘리는 셈이라는 사실을 그때 깨달았다.

폭탄을 맞고 충격을 받은 아이들은 닥치는 대로 물건을 집어들고 도망쳤다. "알았어, 알았어. 치우면 되잖아. 쳇." 아이들의 물건이 각자의 방으로 들어갔다.

진짜 문제는 그때가 4월이고 학기가 끝나가고 있었다는 것이다. 그리고 내가 1년 내내, 날마다 아이들에게 말했다는 것이다. "책가방을 소파 위에 놓지 마라. 소파는 사람이 앉는 곳이고 책가방은 의자가 필요없잖니. 책가방은 너희 방으로 가져가렴." 날마다. 하루도 빠짐없이. 꼬박꼬박.

그런데도 그날, 우리집 소파가 책가방과 그 안의 물건들로 뒤덮여서 빈틈이 없었다는 게 말이 되나!

손에 잡히는 모든 물건을 바닥에 던지고 아이들에게 너희는 왜 그렇게 뻔뻔하냐고 소리친 후에야 내가 앉을 자리가 생겼다. 그래서 나는 그 자리에 앉았다. 작은 의자에 발을 올려놓고, 그날 오전 8시 30분부터 줄곧 생각하고 있었던 와인을 집어들었다. 그리고 〈스펀지밥〉에 고정되어 있는 채널을 돌려 내가 보고 싶은 프로그램을 틀었다.

얄밉게도 잘 잔다.
ㅋㅋㅋ
나는 여태
애들과 전투를
치르다 왔는데
이 인간은
정말!

그러자 기분이 좋아졌다. 내 꼴이 우습다는 생각도 스쳐갔지만, 좋은 게 좋은 거다.

갑자기 아이들이 또 거실로 나왔다. 나는 너희 방에 들어가서 아침까지 나오지 않는 게 좋을 거라고 쏘아붙였다. 아이들은 "알았어, 알았어." 라고 중얼거리며 사라졌다.

나는 와인을 마음껏 즐긴 다음 침대로 갔다. 말로 표현하진 않았지만 아직도 화가 가시지 않았다. 남편은 벌써 잠들어 있었다. 내가 폭발을 일으켜 거실 바닥을 엉망으로 만든 것도 모르고. 나는 그의 옆자리에 누워서 속으로 생각했다. 내가 그… 그 모든 일을 다 겪는 동안 이 인간은 어떻게 잠을 잘 수 있었을까? 침대에 눕기 전에 저녁식사 설거지라도 하면 안 되나? 내가 진짜로 원했던 건 단 5분이었다. 나만의 시간 5분. 그게 지나친 요구인가?

폭발은 아직 끝나지 않았다!

나는 다음날 아침 남편에게 전화했을 때(나는 매일 아침 남편에게 전화를 한다.) 내가 폭발했던 이야기를 들려줬다. 남편은 조용히 듣기만 했다. 나는 흥분해서 빠른 말투로 이야기를 늘어놓았다. 나는 단 5분이라도 조용히 앉아 있을 시간을 원했는데 아이들이 자기 물건을 사방에 늘어놓았다고! 내가 거실 바닥에 물건들을 모조리 던졌고, 아이들은 엄마가 미친 줄 알았겠지만 결국에는 자기 물건들을 치웠다고! 이 집안에서 누군가가 나를 도와주게 만들려면 내가 이성을 잃고 고래고래 소리를 질러야 한다는 게 얼마나 웃긴 일이냐고!

내가 이야기를 끝내자 남편이 조용히 물었다. "그래서 지금은 기분이 어때? 좀 나아졌어?"

이 인간은 도대체 뭘 들은 거야?

 블로그 '라이터 맘스 블로그(Writer Mom's Blog)'

안젤라 켁(Angela Keck)은 인터넷 카페와 SNS 활동을 열심히 하다가 멋진 직업을 갖게 됐다. 블로그 운영은 그녀가 사랑하는 두 가지 일인 인터넷과 글쓰기의 연장이었다. 그녀는 SNS, 육아, 사진, 요리법, 그리고 그녀의 상상력을 자극하는 온갖 것에 관한 글을 블로그에 올린다. 그녀가 글쓰기에 대한 사랑을 되찾은 계기는 지금 열네 살이 된 첫째 딸의 탄생이었다고 한다. 딸이 유치원에 다닐 무렵, 안젤라는 자신이 꿈을 포기해 놓고 아이들에게는 꿈을 이루기 위해 노력하라고 가르칠 수가 없다는 사실을 깨달았다! 그래서 그녀는 오래된 뮤즈를 다시 불러내 글을 쓰고, 쓰고, 또 썼다! 10년 전 아들이 태어났을 때 그녀는 직장생활을 그만두고 집에서 온라인 커뮤니티를 관리하는 일을 하는 재택근무 엄마로 변신했다. 요즘 그녀는 아이들의 자아실현을 돕기 위해 두 아이를 차에 태워 학원에 데려다주면서 틈틈이 자랑 섞인 글을 쓴다.
http://writermomblog.com
www.facebook.com/WriterMomBlog

치즈는 어딨어?

크리스틴 카터

엄마들은 멀티태스킹의 여왕이다. 그렇지 않은가? 우리는 어디에나 있어야 한다. 가게에도 있고, 학교에도 있고, 공원에도 있고, 직장에도 있고, 집에도 있어야 한다. 우리는 '육아' 라는 게임에서 우리에게 날아오는 갖가지 공들을 한꺼번에 받아내야 한다. 단언컨대 이건 쉬운 게임이 아니다.

엄마들은 제대로 된 훈련을 받지도 못하고 실전에 투입된다.

아, 물론 운 나쁜 다수의 예비엄마들은 그전부터 '임신'이라는 불량
배로부터 괴롭힘을 당한다. 본격적으로 게임이 시작되면 공 여러 개가
높이, 그리고 빠르게 날아다니기 시작한다. 우리는 어떻게 그 공들을 한
꺼번에 처리하는 걸까? 그건 수수께끼에 가깝다. 어떤 엄마들은 타고난
것처럼 자연스럽게 해낸다. 어떤 엄마들은 공이 너무 많아서 힘들어한
다. 대개의 경우 나는 힘들어하는 쪽이다.

나는 한 번에 많은 일을 처리하지 못하는 사람이다. 한꺼번에 너무 많
은 일을 히려고 달려들면 과잉자극을 빋아 무니지고 민다. 멀티태스킹이
라는 기예를 완벽하게 익힌 다른 엄마들이 서너 가지 일을 빠른 속도로
처리하면서도 집중력을 잃지 않는 모습을 볼 때면… 놀라워서 입이 딱
벌어진다.

내 친구 하나는 축구장에 가서 아이들을 데려오고, 후다닥 뛰어가서
장을 보고, 아이들을 집에 데려와서 재운다. 그러는 동안 2시간에 걸쳐
나와 통화하면서 의미 있는 대화를 나눈다. 원래 나는 친구가 전화를 받
는 동안 그 일들을 다 처리하는 줄 몰랐다. 그래서 어느 날 전화기에 대고
이렇게 말했다. "이제 끊어야겠다. 너희 아이들 재워야 하잖아." 그러자
친구는 이렇게 대답했다. "아냐, 할 일은 다 끝냈어. 아이들도 얌전히 있
고."

우아. 나는 통화할 때마다 손을 마구 휘두르면서 입 모양으로 아이들

육아·임신
요리
청소
육아는 힘들어
통화 하면서 애도 재웠어. 흥흥흥~
윽!
우와~

에게 '저리 가, 당장!' 이라고 소리치는데. 며칠 후 나는 친구와 전화통화를 하는 동안 그녀가 뭘 하는지 다 알려달라고 했다. 쳇. 너무 많았다.

'엄마'에게 주어진 대본의 다른 역할들은 그래도 참을 만했다. 그 역할들이 쉽다는 건 아니지만 나는 나름의 자신감을 가지고 있다. 엄마로서 그 정도 자신감을 가진다는 것도 흔한 일은 아니다. 방과후의 우리집은 혼란 그 자체지만, 평소에는 나도 최고속도로 날아다니는 공들을 동시에 처리하는 능력을 발휘한다.
하지만 어떤 날은 에이다….

그날 나는 아이들 학교 앞에 차를 세우고 세 시간이나 줄을 서서 기다렸다(조금 과장했음). 아이들은 휠휠 날아서 집안으로 들어오더니 가방을 열고 종이뭉치와 냄새 나는 도시락통을 부엌 싱크대에 던져놓았다. 딸아이는 배가 고프다면서 구운 치즈 샌드위치를 달라고 졸라댔다. 날아다니는 공들을 열심히 받아내고 있는데 전화기가 부르르 떨린다. 힘든 일을 겪고 있는 친구가 보낸 문자였다. 나는 상담을 시작했다(문자요법은 효과가 짱이다!).

그러는 동안 딸아이는 참을성 있게 나에게 말하고 있었다. 구운 치즈 샌드위치가 뱃속에 들어가지 않으면 진짜 굶어죽을 것 같단다. 지금 당장(불쌍한 우리 아이!). 나는 허둥지둥 구운 치즈 샌드위치의 재료를 꺼내면서 딸아이에게 말했다. 잔디를 뽑아서 한번 씹어보라고. 그래야 지구상의 굶주리는 아이들이 얼마나 괴로운지 느낄 수 있을 거라고 (폭발하는 것보다는 냉소적으로 말하는 게 낫다.)!

아이들은 집안 곳곳을 뛰어다니다가 밖으로 나갔다. 다시 집안에 들어왔다 나가고… 소리를 질러대고… 또 들어왔다 나가면서 별것 아닌 일로 싸운다. 나는 친구의 아픔을 위로하면서 계속 문자를 보낸다. 프라이팬 안에서는… 뒤집고… 눌러주고… 접시를 꺼내고, 마실 것을 준비하고, 다시 문자를 보내고… 또 보내고… 뒤집고… 다 됐다! 얘들아, 소리 좀 그만 질러! 이리 와서 구운 치즈 샌드위치 먹어라! 딸아이가 들어와서 샌드위치를 집어드는 동안 나는 부엌을 치우기 시작한다. 아직 싱크대 위에 놓여 있는 종이뭉치를 분류하면서 친구를 위해 기도한다. 문 닫아! 밖에서 놀다가 툭탁거리는 딸들을 향해 소리친다.

5분 후. 딸아이가 반쯤 먹은 샌드위치를 들고 부엌에 다시 들어왔다.

"엄마! 왜 구운 치즈 샌드위치에 치즈가 없어?"

아차.

그렇다. 나는 구운 치즈 샌드위치를 만들면서 치즈를 빼먹었다. 하지만 이 이야기에서 가장 심란한 대목은 따로 있다. 나는 딸아이에게 그냥 토스트라고 생각하고 먹으라고 말해줬다. 딸아이는 뭐라고 불평을 했고, 나는 잔디를 뽑아 먹는 것보다는 낫지 않느냐고 대꾸했다.

그렇다. 진짜로 그랬다.

 블로그 '더 맘 카페(The Mom Cafe)'

크리스틴 카터(Christine Carter)는 예쁜 초등학생 둘을 키우는 엄마다. 3년쯤 전부터 '더 맘 카페'에 글을 썼다. 그녀는 블로그를 통해 유머, 영감, 믿음을 전파하면서 세상 모든 곳의 엄마들을 응원하고 싶다고 한다.
http://themomcafe.com/
https://www.facebook.com/TheMomCafecom-101377199977009/timeline/?ref=hl

SNS시대 화풀이에 대한 단상

화난 감정을 분출하는 건 자연스러운 일이다. 우리의 어린 시절을 돌아보면, 우리의 어머니들은 친구와 이웃에게 감정을 쏟아내곤 했다. 그 시절 엄마들의 인간관계에서 이웃은 큰 비중을 차지했다. 요즘은 밖에서(또는 집에서) 일하는 엄마들이 많아져서 그런지, 이웃이 엄마들의 삶에서 별다른 역할을 못 한다. 우리는 종일 일한 다음에 쉬지도 못하고 아이들을 차에 태워 과외수업에 데려다준다. 우리는 버스정류장에 나가서 이웃과 대화를 나누지 않고, 파티를 열어 음식을 나눠 먹지도 않는다. 때로는 이웃이 누군지 알지도 못하고 살아간다.

인터넷과 SNS와 블로그가 일상이 된 지금, 사람들은 이웃과 친구가 아니라 그런 공간을 활용해서 감정을 분출한다. 과거에는 사적이었던(아니, 반쯤은 사적이었던) 페이스북, 트위터, 블로그에다 세상을 향한 불만을 쏟아낸다. 우리는 가족, 우리의 생활, 우리의 직업 등 모든 것에 관해 공개적으로 화풀이를 한다. 우리의 감정은 검색이 가능하다. 영원히!

우리는 항상 아이들에게 인터넷에 뭘 올릴 때는 조심하라고 충고한다.

자칫하면 아이들의 대학입학이 불리해질 수도 있고, 미래의 일자리가 위태로울 수도 있고, 어리석은 포스트 하나가 아이들을 평생 쫓아다닐 수도 있기 때문이다.

하지만 본래 말과 행동은 다른 법. 당신도 누군가가 페이스북이나 트위터에 자기 직장이나 상사에 대해 불평한 걸 자주 보지 않나? 당신은 상사와 페이스북 친구가 아닐 수도 있지만 친한 동료들과는 친구일 것이다. 동료가 그 포스트에 대해 언급하는 바람에 상사가 그걸 보게 될지도 모른다. 동료가 상사에게 일러바칠 가능성도 배제할 수 없다. 가족에 대해서도 생각해 보라. 당신에게는 청소년 자녀가 있는가? 청소년들은 때때로 부모를 미치게 만든다. 지금 당신도 가족들과의 관계 때문에 어려움을 겪고 있을지 모른다. 하지만 그렇게 사적이고 민감한 문제를 SNS에 올려놓으면 가족들도 언젠가는 그걸 보게 된다. 내가 장담한다.

우리 삶에서 인간관계는 섬유와도 같다. 어떤 관계는 가느다란 실처럼 아슬아슬하게 유지되다가 여차하면 끊어진다. 관계란 한순간에 바뀔 수 있는 것이다. 당신이 쓴 글이 100퍼센트 진실일지라도 마찬가지다. 공개적인 화풀이를 꼭 해야 할지 다시 생각해 보라.

화풀이를 하면 속이 후련해진다. 화난 마음을 우리의 가슴속에 담아두지 않고 표출하면 기분은 나아진다. 그래도 내 생각에는… 그걸 인터넷에 올리지 않는 게 더 나을 때가 있다.

엄마?
나 어디가
아픈 것 같아.
세상에!
마리야!
떨어지기
전에 꼭
잡아, 마리.
애들을
생각해!
크리스마스에
이게 무슨
꼴이야.

크리스마스 악몽

마리 볼맨

폭발의 규모와 형태는 다양하다. 나의 경우 폭발은 고함치기, 험한 말 내뱉기, 울기, 문 쾅 닫기로 나타난다. 하지만 지금부터 이야기하려는 폭발은 좀 다르다. 그때 나는 육아와 삶 전반의 무게가 너무 커서 한 번도 하지 않았던 행동을 했다. 고마운 일이지만 그후로도 그런 행동은 하지 않았다. 그건 내 삶의 역사에 길이 남을 최악의 사건이었다.

나와 함께 2006년 크리스마스로 가보자. 일년 중 최고로 행복한 시간인 크리스마스. 나의 두 아들은 각각 3세와 8개월이었다. 휴일을 앞두고 있을 때 으레 그렇듯 나는 무척 분주했다. 그리고 아니나 다를까, 크리스마스 전주에 첫째 아들이 아팠다. (우리 첫째가 아프다는 건 보통 일이 아니다. 이 아이는 진짜 심하게 앓는다. 그리고 매번 아플 때마다 천식 증상이 나타나고 나중에는 최악의 감기에 걸린다.) 엄마들은 다 알겠지만 아이가 아프지 않더라도 연말은 스트레스가 가득한 시기다. 터놓고 말하자면 나는 스트레스 수치가 높았다. 다행히 크리스마스이브가 되자 아이는 조금 나아져서 우리 부모님 댁에 갈 수 있게 됐다. 아이가 건강한 상태는 아니었지만…. '우리가 굳이 그 이야기를 부모님에게 해야 할까? 어차피 아무도 모를 텐데 뭐.' 적어도 내 생각엔 그랬다.

부모님 댁에 가보니 축제 분위기가 물씬 풍겼다. 크리스마스 캐럴이 울려 퍼지고, 엄마가 우아하게 꾸민 식탁에 친척들이 모두 둘러앉아 맛있는 크리스마스이브 저녁식사를 즐기고 있었다. 우리는 자수로 장식된 식탁보, 리넨 냅킨, 예쁜 접시 앞에서 이야기를 나눴다. 심지어 샐러드포크까지 나와 있었다. 우리집에서는 쓰지 않는 물건들. 모든 게 그림처럼 완벽했다. 아, 그러니까 우리 큰아이가 발작적으로 기침을 하기 시작할 때까지는 완벽했다.

아이는 기침을 하고 또 했다. 처음에는 짧은 헛기침 같았는데 나중에는 심해져서 호흡곤란이 걱정될 지경이었다. 마침내 아이는 먹은 걸 접시에다 다 토했다. 이모, 삼촌, 사촌, 할머니, 할아버지 앞에서 한바탕 난리를 친 셈이다. 그럴 때면 우리 친척들이 유머감각이 뛰어난 사람들이라는 점에 감사할 따름이다. 하지만 우리 엄마의 아름다운 식탁보가 뱃속에 들어갔다 다시 나온 크리스마스 스파게티로 뒤덮인 모습을 보니 그것도 별 위안이 되지 못했다. 얼마나 창피했던지! 그리고 나는 짐작도 못

하고 있었지만, 그건 앞으로 다가올 대소동의 시작일 뿐이었다.

그날 오후는 별일 없이 지나갔다. 친척들로부터 짓궂은 놀림을 당한 것만 빼면. 우리는 큰아이를 조용한 곳에 혼자 뒀다. 친척들 모두에게 감기를 옮기는 거야말로 우리가 가장 원하지 않는 일이었기 때문이다. 모두가 행복한 저녁시간을 보내는 동안 밤이 깊어지고 있었다. 이제 아이들을 재워야 한다… 산타할아버지가 오시는 밤 아닌가! 부모님 댁에 머무르고 있었던 우리는 세찬 폭풍이 다가오는 줄도 몰랐다.

두 아들을 재운 후에 나는 엄마와 함께 슬쩍 빠져나가서 크리스마스이브 예배에 참석했다. 크리스마스 분위기에 젖어 편안한 마음으로 집에 돌아와보니 남편과 우리 아버지가 세탁기 앞에서 허리를 구부리고 작동법을 알아내려고 낑낑대고 있었다. 내 귀에 들린 말은 이런 거였다. "이게… 똥이 묻어서… 그래서 우리가 제일 뜨거운 물로 세탁을 하려고 하는 거야." 잠깐, 뭐라고요? 누구 똥이라는 거지? 당연히 우리 18개월짜리 아이의 똥이었다. 내가 교회에 간 동안 아이가 일어나서 폭발 같은 설사를 했는데, 그게 새는 바람에 아이의 옷과 요람에도 똥이 잔뜩 묻었다는 것이다. 이것 참. 크리스마스 아침이 아주 재미있겠는걸.

나는 꼬박 30분 동안 혼자 툴툴대면서 배설물을 닦아냈다. 그때 욕실에서 남편이 불쑥 나오더니 큰일이 났다고 말한다. 설사와 구토 증세가 동시에 나타나는 그 불운의 병에 자기도 걸렸단다. 남편의 얼굴을 보니 시체 같았고, 표정은 죽음의 문턱에 닿은 것만 같았다. 으악! 뭐 이런 일이 다 있어? 나더러 아픈 아이 둘이랑 빌빌대는 남편을 돌보면서 몇 시간 후에 찾아올 크리스마스 아침식사를 준비하라고? 이건 현실이 아니다. 일년 중 가장 행복한 날에… 빌어먹을!

나도 이루 말할 수 없이 힘들었다. '기진맥진'이라는 표현도 부족하다. 한밤중인데 몸과 마음이 다 지쳤다. 그래도 똥을 다 치우고 나서 산타 할아버지 놀이를 시작했다. 크리스마스 양말의 속을 채우고, 트리 밑에 놓을 선물도 혼자서 다 준비했다. 그리고 나니 나도 털썩 주저앉아 산타 할아버지가 주는 쿠키와 우유를 먹고 싶을 지경이었다.

날카로운 비명을 지르고 싶기도 했다. 폭발이 다가오는 게 느껴졌다. 하지만 나는 용감하게 앞으로 나아갔다. 엄마들은 항상 그렇게 하니까. 남편이 물을 한잔 마시려고 계단을 내려왔다. 나는 자고 있는 아이들을 들여다보기 위해 계단을 올라가다가 남편과 마주쳤다. 남편의 상태는 내가 생각했던 것보다 더 나빴다. 열이 나고 온몸의 통증도 심하지만 잦으면서도 격렬한 구토와 설사에 비하면 그건 아무것도 아니라고 했다(쓸데없는 정보가 너무 많다고? 미안).

나는 아이들이 자는 방을 들여다봤다. 아이들은 각자 침대에 누워서 평화롭게 자고 있었다. 곧 다가올 엄청난 사태의 조짐을 전혀 모르는 얼굴이었다. '그래도 아이들은 조용한 밤을 즐기고 있구나.' 어, 이런. 나도 몸이 안 좋은 것 같았다. 약간 어지럽기도 했다. 이 몸으로 다시 계단을 내려가서 내일 아침식사 준비를 끝마칠 수 있을까? 그래도 난 해야 한다. 내가 준비를 안 하면 누가 한단 말인가?

계단 맨 위에서 아래를 내려다보니 현기증이 난다. 왜 이러지? 한 번에 한 걸음씩 가자. 한 칸. 또 한 칸. 아…. 또 한 칸. 잠깐만. 왜 집안이 빙빙 돌지? 쇄 이렇게 식은땀이 나지? 잠깐만 앉아 있자. 왜 세상이 깜깜해지는 거야? 이럴 땐 어떻게 해야 할까? 나는 답을 안다. 우리 엄마를 불러야 한다. 옆방에서 자고 있는 엄마. "엄마! 엄마!" 우리 엄마가 침대에서 벌떡 일어나서 나왔다. 그때만 해도 엄마는 내가 소동을 일으킬 줄은 몰랐을 것이다. 크리스마스 전날 밤의 대소동. "엄마? 나 어디가 아픈 것 같아." 그 말과 함께 나는 전기가 나갈 때처럼 일순간에 까무러쳤다.

이제부터는 내가 기억하지 못하는 부분이다. 내가 정신을 잃었기 때문이다. 하지만 그 이야기를 워낙 자주 들어서 이제는 전설처럼 느껴진다. 하필이면 그날 나는 새틴 잠옷을 입고 있었다. (저질스런 생각 마시오, 여러분. 비치는 것도 아니고 섹시한 것도 아니었다. 단추가 달린 긴바지와 긴소매 잠옷이었다.) 그래서 나는 정신을 잃고 쓰러지는 순간부터 계단 아래로 미끄러지기 시작했다. 계단 밑에 있었던 남편은 힘없는 발걸음으로 위로 올라오려고 노력했다. 혼자 서 있기도 힘들 만큼 기운이 없었던 남편이 계단 꼭대기에 있는 나를 도와주러 달려온다는 건 불가능했다.

모든 건 우리 엄마의 몫이었다. 우리 엄마는 즉시 행동에 돌입했다. 우선 내 몸이 계단 맨 아래까지 미끄러져 내려가지 않도록 내 팔을 꽉 잡았다. 나는 3킬로그램짜리 꼬마요정이 아니다. 엄마가 나를 잡아당기려면 온몸의 힘을 다 그러모아야 했다. 바로 그때 방귀가 나왔다. 그렇다. 잠옷 차림으로 나를 꽉 붙잡고 있던 엄마, 딸이 계단에서 추락사하는 걸 막으려고 죽기 살기로 애쓰면서 우리 아빠를 부르고 있던 엄마, 크리스마스 음식을 먹고 뱃속에 가스가 차 있던 엄마의 한 방이었다. 그것도 사위 앞에서! 이 모든 소동에서 내가 아쉬워하는 게 있다면 그 소리를 내가 직접 듣지 못했다는 것이다.

조용한 가운데 시간이 흘렀다. 마침내 나의 의식이 돌아오고 있었다. 귀가 멍멍하게 울리긴 했지만 사람들의 목소리가 다시 들리기 시작했다. 나는 계단 위에서 몸을 일으켜 왼쪽을 쳐다봤다. 남편이 왜 난간에 매달려서 계단을 한 칸 한 칸 힘들게 올라오는 거지? 나는 뒤를 돌아봤다. 왜 우리 아빠가 속옷 바람으로 계단참에 서 있지? 그리고 우리 엄마는 왜 저렇게 헉헉거리지? 엄마 얼굴이 붉어진 건가?

여러분은 곧이듣기 어렵겠지만, 크리스마스 대소동은 여기서 끝나지 않았다. 다 생략하고 다음날 아침으로 가보자. 무시무시한 메리 크리스마스! 산타할아버지가 왔고, 푸짐한 아침식사가 준비됐다. 하지만 그 음식들을 먹을 수 있을 만큼 건강한 사람은 별로 없었다. 우리는 다 같이 크리스마스트리 둘레에 모여 선물을 풀어봤다.

그런데 우리 아빠는 어디 있지? 마치 등장 신호를 받은 연극배우처럼 차고 문이 열리더니 아빠가 그 안에서 나왔다. "차고에는 들어가지 마라." 아빠가 힘없이 말했다. 아빠의 얼굴은 말이 아니었다! 아빠가 차고 바닥 곳곳에 떨어뜨린 덩어리로 미뤄볼 때, 그해의 감기는 질병의 역사에서 가장 전염성이 강하고 빨리 퍼지는 감기였던 듯하다.

우리는 여섯 명 중 다섯 명이 아프다는 사실을 애써 무시하면서 만장 제로 선물을 개봉했다. '이건 내가 계획했던 완벽한 휴일이 아니야. 이만하면 내 인생 최악의 크리스마스라고 해도 되겠다. 내가 이렇게 죄책감을 많이 느꼈던 때가 또 있었던가?' 우리는 더이상 폐를 끼치지 말아야겠다고 판단했다. 그래서 고개를 숙인 채 가방을 싸들고 부모님 댁에서 나왔다. 그런데 그걸로도 끝이 아니었다.

역사적인 크리스마스 소동이 벌어진 지 일주일 후, 우리에게서 옮은 감기는 다음과 같이 퍼져나갔다. 나의 올케와 조카들이 크리스마스 날 아프기 시작했다. 그들은 올케네 부모님 댁에 갔고, 올케네 부모님과 그쪽 사촌들에게도 감기를 옮겼다. 그쪽 사촌들은 자기들의 엄마(내 올케의 올케)에게 감기를 옮겼다. 올케의 올케는 자기 엄마에게 또 옮겼는데, 자신이 한평생 걸려본 감기 중에 이번 감기가 가장 지독한 감기라고 그분(그러니까 올케의 올케의 엄마)도 말씀하셨다고 한다. 그 감기가 또 누구에게 어떻게 옮겨갔는지는 하늘만이 안다. 이런 걸 끝까지 추적하는 건 좋지 않다. 만약 여러분 중 하나가 그 전염의 꼬이고 꼬인 사슬을 다 밝혀낸다면 내가 상을 주겠다. 과일케이크 어떤가?

이 이야기의 교훈은 뭘까? 절대, 절대, 절대, 어떤 경우에도 아픈 아이를 친척 모임에 데려가지 말자. 여러분의 아이들이 몸이 좋지 않다는 걸 다른 사람이 몰라도 된다고 가정하지 말자. 그랬다가 전염병이 창궐해서 전국 각지로 번져나갈지도 모른다.

여러분이 의식을 잃고 계단 아래로 굴러떨어질 수도 있다. 내가 장담하건대 그런 일은 세월이 흘러도 잊혀지지 않는다. 우리의 지옥 같았던 크리스마스는 무려 7년 전의 일인데도 우리 친척들은 여전히 그때를 회상하곤 한다. 그 모든 사건은 우리 집안의 전설로 남았다. 당시에는 나도 몰랐지만, 나의 '엄마 대폭발'은 해마다 우리를 즐겁게 해주는 하나의 선물이 됐다. 세상의 모든 엄마들, 그리고 아이들, 모두모두 폭발 없는 휴일을 보내길 바란다.

 블로그 '메이크 유어 오운 댐 디너(Make Your Own Damn Dinner)'

마리 볼맨(Marie Bollman)은 전직 특수교사이며 지금은 미네소타 주에서 전업주부로 살고 있다. 남편과 함께 9세, 7세, 4세인 세 아이를 데리고 사는 그녀는 카페인을 수시로 흡입하고, 음악을 사랑하고, TV 리얼리티쇼를 곧잘 보고, 정치 이야기를 즐긴다. 가족을 무척 아끼지만 가족을 위해 요리하는 건 정말 싫어한다. 집안을 청소하는 일보다는 '메이크 유어 오운 댐 디너'에 자녀 양육의 이모저모를 글로 쓰는 일이 더 좋다고 한다.
http://makeyourowndamndinner.com
www.facebook.com/makeyourowndamndinner/timeline/

손님들은 하루 일찍 떠났다

제니퍼 웨스트

여행 중에 불쑥 찾아온 지인 때문에 폭발한 적 있는 사람? 나는 많고 많은 폭발 이야기 중에 무엇을 소개할까 고민하다가 금세 이것으로 결정했다. 하지만 본격적인 폭발 스토리로 넘어가기 전에 우리 가족의 구성에 대해 잠시 이야기하자.

우리는 재혼가족이다. 남편과 내가 결혼했을 때 나는 딸이 하나, 남편은 아들이 둘이었다. 곧 우리 사이에서 아이가 하나 더 태어났기 때문에 우리는 모두 여섯 식구가 됐다. 아이 하나에서 아이 넷으로 바뀐다는 건 굉장한 변화였다. 그래서 여행도 휴가라기보다는 중노동의 연속으로 느껴질 때가 종종 있다.

지난여름, 우리는 아이들을 다 데리고 휴양여행을 떠났다. 우리 가족은 매년 같은 곳에 놀러 간다. 어떤 이들은 매년 새로운 곳에 가는 걸 좋아하지만, 우리는 오래 남을 추억과 가족의 전통을 만들기를 원하기 때문이다. 막내가 돌쟁이였던 작년에도 우리는 그곳으로 여행을 다녀왔다. 앞으로도 매년 그곳을 찾을 계획이다.

그곳은 플로리다 주 나바레라는 작고 특색 있는 바닷가 마을이다. 남편 친구가 그곳에 집을 한 채 가지고 있다. 나바레는 하얀 모래가 깔린 해변이 있어서 무척 아름답고, 땅이 널찍하고, 피서객이 몰리지 않는 곳이다. 숙소 밖으로 나가서 인도를 따라 잠깐만 걸으면 우리의 전용 해변에서 얼마든지 쉴 수 있다. 천국이 따로 없지 않은가? 하얗고 아름다운 해변, 크리스털처럼 투명한 파란 바닷물, 가까운 곳에서 파도를 타며 춤추는 돌고래. 우리가 머물 민박집은 14명이 묵을 수 있는 3층 주택이다. TV 드라마에 나오는 것처럼 완벽한 그 집을 우리 가족이 다 차지한다. 한마디로 나바레는 불평하려야 불평할 거리가 없다.

나바레는 우리가 사는 곳에서 차로 10시간 거리에 있다. 다섯 아이를 데려가야 하는데 그중 둘은 아직 기저귀를 차고 있으니 10시간짜리 드라이브는 즐거운 시간이 아니다. 왜 다섯이냐고? 우리집의 첫째인 딸아이가 자기와 같이 놀러 다닐 또래 친구가 필요하다고 주장했기 때문이다. 사실 그건 우리에게도 좋은 일이었다. 그 친구는 딸아이보다 한두 살이 많은데다 아주 성숙한 아이라서 우리집에 둘이 있으면 육아도우미가 온 것처럼 든든했으니까.

우리의 자동차 이야기도 잠깐 해볼까? 몇 년 전에 우리는 남편의 소형 스포츠카를 처분하고 우리 아이들을 몽땅 태우고 다니기에 적합한 차로 바꿨다. 이제 우리는 7명까지 탑승 가능하고 좌석 뒤쪽에 짐칸도 있는 SUV를 몰고 다닌다. 즐거운 여행을 하고 싶다면 자동차 뒤에 짐받이를 매달아서 여자아이들이 자기들 짐으로 차 안의 공간을 다 차지하지 못하게 해야 한다. 우리는 한 사람당 배낭 하나만 허용한다. 그 안에 뭘 집어넣든 지유이지만 배낭에 들어가지 않은 물건은 집에 둬야 한다. 웬만한 민박집에 가면 세탁기와 건조기가 있으니 옷을 많이 챙겨갈 필요도 없다.

본론으로 들어가기 전에 배경설명을 조금만 더 해야겠다. 나의 폭발은 여행을 떠난 지 24시간 안에 발생한다. 그리고 이건 단순한 엄마 폭발 이야기가 아니다. 나 말고도 망가질 사람들이 있다. 여러분은 이렇게 생각하고 있을지도 모른다. '일곱 명이 열 시간 동안 차를 타고 이동하면 누군들 폭발을 안 일으키고 배기겠어?' 그 말이 맞다. 폭발은 필연이었다. 누군가가 술을 마셨다면 더욱 그렇다. 취할 만큼 마셨다면 더더욱.

10시간 후, 우리는 마침내 목적지에 도착했다. 숙박업체에 들러서 민박집 열쇠를 받았지만, 우리가 조금 일찍 왔기 때문에 집이 아직 준비되지 않았다고 했다. 우리는 아이들을 다시 차 안으로 밀어넣고 늦은 점심을 먹으러 갔다. 일곱 명이 앉을 자리가 있는 식당을 찾기도 어려웠지만,

일곱 명을 먹이려면 비용도 만만치 않게 든다. 차 안에 너무 오래 갇혀 있어서 정상이 아닌 아이들 다섯을 데리고 조그만 식당에 틀어박혀 있자니 해변이 그리웠다. 밖에는 비가 내렸다. 휴가여행이 그렇게 시작되는 건 최상의 시나리오는 아니었지만, 나는 낙관적인 태도를 유지하려고 노력하고 있었다. 그런데….

남편이 입을 열었다. 그날 밤에 친구 하나가 놀러올 '수도' 있단다. 친구는 우리와 함께 하루나 이틀쯤 묵고 갈 수도 있단다. 남편이 큰 아이들 한둘을 데리고 바닷가 낚시를 가기로 했는데 친구도 따라가기로 했단다. 다 괜찮다. 조금 불편하긴 하겠지만 나는 아무려면 어떠냐는 마음이었다. 남편의 친구가 오는 길에 정체불명의 여자친구를 사귀어서 같이 오고 있다는 사실을 알기 전까지는. 이제 우리는 손님 두 명을 대접해야 하고, 침대 하나를 더 준비해야 하고, 음식도 두 사람 몫을 더 해야 한다. 폭발로 이어질 확률이 높은 투덜거림이 시작됐다.

점심식사를 마친 우리는 민박집에 들어가서 아이들을 마음껏 뛰어놀게 했다. 비는 이제 그쳤고. 발코니에서 바라보는 경치는 아무리 봐도 싫증이 나지 않았다. 우리가 아름다운 해변 풍경과 바다 색깔을 보며 감탄하는 동안 바다에서는 돌고래 한 무리가 펄쩍 뛰어오르며 놀고 있었다. 그리고 구름이 걷히기 시작했다. 파란 하늘이 조금씩, 조금씩 보이더니 해가 고개를 내밀었다. 그날 하루의 뒷부분은 나쁘지 않을 것 같다는 예감이 들었다! 아이들이 뛰어다니며 각자 어느 방을 쓸지 고르는 동안 우리는 짐을 풀었다. 나는 식료품을 사러 나갔다. 어른 둘에 아이 다섯을 먹이려면 식비가 상당히 드는데, 거기에 어른 둘이 또 추가된다니. 내가 그 많은 식재료를 카트 한 대에 어떻게 다 담았는지 신기할 정도였다. 그 카트를 내가 밀었다는 건 더 신기한 일이었다. 그 이야기는 다음을 위해 남겨두자.

집에 돌아와서 식료품을 꺼내 정리한 후 나는 해변으로 나가서 가족들과 재회했다. 우리는 구름이 조금 낀 하늘 아래서 아이들이 파도를 타고 노는 모습을 지켜보며 나른한 오후를 즐겼다. 남편 친구 일행은 아직 도착하지 않았다. 우리는 그들이 밤늦게 올 거라고 예상하고 있었다. 여행 첫날, 우리가 해변에서 보낸 낮 시간은 무척 즐거웠고 저녁에 먹은 음식 맛도 좋았다. 그날 저녁은 여행 기간을 통틀어 가장 즐거운 시간이었다. 그때부터는 줄곧 나빠지기만 했기 때문이다.

남편 친구와 그의 여자친구는 밤 10시에 도착했다. 우리 막내는 원래 일찍 자는데, 그날은 손님이 오는 바람에 막내도 나머지 아이들과 함께 재워야 했다. 그래서 나는 평소보다 일찍 침실로 들어갔고, 아침까지는 손님들의 얼굴을 보지 못했다.

아침이 되자 우리 막내가 조금 일찍 일어났다. 나는 아래층으로 내려가서 또 일어난 사람이 있는지 확인하고 아침식사 준비를 시작했다. 재료를 꺼내려고 냉장고를 열어보니 내가 집안으로 가지고 들어오지 않은

것들이 꽤 많았다. 파인애플 주스, 보드카, 럼주, 맥주, 맥주, 그리고 또
맥주. 해변에서 맥주와 과일주스를 적당히 마시는 거야 상관없지만, 이
건 민박집에다 양조장을 차린 꼴이 아닌가. 살짝 짜증이 나긴 했지만 나
는 그걸 머릿속에서 지워버리려고 애썼다. 아침식사 준비를 시작하자 모
두들 잠에서 깨어나 아래층으로 내려왔다. 나는 남편의 친구 일행과 인
사를 나눴다. 그때까지만 해도 분위기가 괜찮았다.

아침식사가 끝나자 모두 옷을 갈아입고 해변으로 나갔다. 남편과 남
편 친구는 해변에 텐트를 치기 시작했다. 나는 아이들을 다 데리고 나가
서 점심식사 전까지 놀게 했다. 햇볕이 쨍쨍하고 아름다운 아침이었고,
모든 게 무난하게 굴러갔다. 나는 긴 의자에 앉아서 아이들이 파도 속에
서 놀고 조개껍질을 찾으러 다니는 모습을 바라보고 있었다. 그러는 동
안 손님들이 아까 말한 음료를 손에 들고 해변으로 나왔다. 오전 9시에
말이다.

나는 흥을 깨고 싶지 않아서 아무 말도 안 했다. 하지만 나는 원래 물과
이온음료 말고는 아무것도 마시지 않는 사람이다. 그날 하루가 어떻게
전개될지 예상이 되기 시작했다. 불행히도 나의 보잘것없는 '예감'은 항
상 옳다.

오전 10시 30분이 지나자 남편 친구의 여자친구는 만취 상태가 됐다.
그녀는 아주 활달한 성격이었지만 취해서 갈지자걸음으로 움직이고 있
었다(사족을 달자면, 주위 사람이나 앞으로 다시 만나게 될 사람 앞에서는 절대

여보, 내 친구 커플이야.
친구야 맥주 콜?
아…
내가 뭘?
그만해!
엄마~
이런 민폐 커플을 봤나.
아침 9시부터 술이라니!

그런 모습을 보이지 마시라). 나는 아이들이 그런 꼴을 보는 것이 싫어서 조용히 그들을 부축하여 시원한 곳으로 데려갔다. 두 사람은 몸의 열을 식히고 이른 점심을 먹었다. 다 같이 점심식사를 하고 막내가 소파에서 낮잠에 빠져든 후에 나는 다시 해변으로 나가서 어른들이 잘 있는지 살펴봤다. 당연한 이야기지만 해변의 상황은 내가 들어갔다 나오기 전보다 조금 더 위태로워졌다.

남자들은 햇볕을 받으며 맥주를 마시는 중이었다. 그들은 몸에 오일을 바르는 게 좋겠다고 판단한 모양이다. 선크림이 아니라 오일이냐고? 그렇다, 오일. 남편 친구의 여자친구는 맥주를 좋아하지 않는 모양이었다. 그녀는 파인애플 주스와 럼을 연거푸 마시다가 의자에서 기절했다. 이따금씩 깨어난 그녀는 젖가슴을 한쪽씩 들춰 우리에게 보여줬다. 그건 아름다운 모습이 아니었다.

나는 아직 폭발하지 않았다. 여러분은 그게 믿어지는가? 조금만 기다리시라. 나는 해변에 앉아 햇빛을 즐기면서 큰 아이들을 기다렸다. 곧 아이들이 내게 와서 막내가 낮잠에서 깨어났다는 소식을 전해줄 터였다. 나의 기다림은 길지 않았다. 잠시 후 여자아이들이 다가왔을 때, 나는 남편을 붙잡고 다정하지 않은 말투로 "나랑 같이 집으로 걸어가자."고 말했다.

나는 이미 골이 나 있었다. "아이들이 보는 앞에서 이게 무슨 꼴

이야? 당신이 친구와 놀고 싶어 하는 건 나도 이해해. 하지만 당신 친구는 여자친구를 집안으로 데려가서 샤워를 시키고 약을 먹여야 해. 숙취가 심해서 약이 필요할 거야."

우리는 합의에 도달했다. 남편과 남편 친구가 괜찮은 해산물 레스토랑에 가서 저녁식사를 포장해 오고, 나는 집 근처에 있으면서 아이들과 여자 손님을 돌보기로 했다.

나는 아이들을 데리고 다시 해변으로 나왔다. 우리의 손님은 옷이 반쯤 벗겨진 상태로 잠들어 있었다. 그 모습이 야해 보이진 않았다. 하지만 술에 취한 상태로 온종일 햇볕 아래 저렇게 있어도 괜찮은 걸까? 그 꼴을 지켜보고 앉아 있는 동안 나는 점점 더 화가 났다. 이건 우리 가족의 휴가여행이었다. 그런데 여행이 서서히 엉망진창으로 변해가고 있었다.

아이들은 오후 5시가 다 되도록 재미있게 놀았다. 식당에 갔던 남편과 친구가 돌아오자 나는 아이들을 데리고 위층에 올라가서 청소를 시작했다. 잠자는 손님을 깨우려고 하는 순간 그녀가 스스로 눈을 번쩍 떴다. 몇 시간 동안 술을 마시고 뜨거운 햇볕을 받았으니 속이 좋지 않았을 건 분명했다. 그녀는 야외용 의자의 모서리에 대고 토하기 시작했다. 그녀가 몇 번 토하고 나자 나는 마침내 평정을 잃었다. 이제는 정말로 참을 수가 없었다. 토사물로 모래가 뒤덮였는데도 그녀는 다시 의자에 등을 기대고 잠을 자려고 했다. 더는 못 참아! 나는 화가 머리끝까지 났다!

나는 민박집 계단을 올라가서 남편과 남편 친구를 불러다놓고 내 머릿속에 있는 말을 다 토해냈다. 이건 가족여행이다, 노출이 심한 여자들이 나오는 TV 프로그램이 아니다, 누군가가 해변으로 나가서 저 여자를 데리고 들어와야 한다! 나와 남편은 기분이 좋지 않았고, 남편 친구는 창피해하는 듯했다. 그런데 우리의 여자 손님은 우아한 태도로 우리를 맞이했다. 그녀는 아무 말 없이 계단을 올라가서 다음날 아침까지 내려오지 않았다. 그리고 그들은 아침에 떠났다!

그랬다. 손님들은 하루 일찍 떠났다. 그때부터 남편은 아이들을 데리고 낚시를 하러 갔고, 우리의 여행도 조금은 즐거워졌다. 우리는 처음으로 우리 가족끼리만 온종일 해변에서 놀았고, 남편은 햇볕에 그을려 새카매진 몸에다 선크림을 1톤쯤 발라댔다.

여행을 떠나면 '사건'이 벌어질 수 있다는 건 나도 안다. 하지만 그 24시간 동안 벌어진 일들을 생각하면 아직도 속이 부글부글 끓는다. 자, 여러분, 이 작은 이야기에서 몇 가지 귀중한 정보를 얻어 가시길 바란다. 오전 9시에 알코올을 입에 대지 말 것. 늘 그렇게 살아서 익숙한 사람은 예외겠지만. 그리고 미리 태닝을 한 게 아니라면 온몸에 오일을 바르고 햇볕을 쬐지 마시라. 아니, 미리 태닝을 했더라도 그건 안 하는 게 좋겠다.

햇볕 아래 쓰러지지 마시라. 그리고 잘 알지도 못하는 사람들 앞에서 젖 가슴을 내보이는 술주정은 하지 마시라. 절대로. 어떤 상황에서도 하지 마시라. 토사물이 모래에 묻혀버린 게 그나마 다행한 일이었다.

 블로그 '핑크웬(PinkWhen)'

제니퍼 웨스트(Jennifer West)는 남부 출신이며 현재는 루이지애나 주에 산다. 각종 공예 중독자인 그녀는 마음에 드는 물건을 발견하면 그걸 직접 만들어보려는 강력한 충동에 사로잡힌다. 그녀의 블로그 '핑크웬'에는 DIY, 공예, 재활용품을 이용한 공예, 요리, 건강한 생활 등의 정보가 올라온다. 그녀와 남편과 네 아이가 모이면 드라마에 나오는 것 같은 행복한 가족이 된다. 12세와 2세 딸, 8세와 5세 아들을 키우고 있으니, 그들이 눈 코 뜰 새 없이 바쁜 건 당연한 일이다!

www.pinkwhen.com

www.facebook.com/PinkWhen

아보카도보다 낯선

안드레아 S. 무어

"그냥 대답을 해주지 그래요?"

그건 질문이라기보다는 명령에 가까웠다. 하늘에 계신 우리 아버지여…. 나는 얼른 소리 없이 주기도문을 외기 시작했다. 주기도문은 워낙 익숙해서 머리로 생각하지 않아도 단어가 떠올랐다. 주기도문을 암송한건 물에 계속 떠 있기 위해서였다. 그대로 있다가는 내가 곧 물에 빠질 것 같았기 때문이다.

주기도문은 나의 안전망이다. 나는 고요하고 차분해지기 위해, 제모할 때 고통을 분산시키기 위해, 혹은 바로 이런 예기치 못한 순간에 주기도문을 활용한다. 이번 경우는 울면서 소리치는 세 살짜리 딸에게 대답을 하라고 나를 윽박지르는 여자에게 덤벼들고 싶은 마음을 억누르기 위해서였다. "엄마! 엄마!" 나는 상품이 진열된 통로를 무심하게 지나면서 아보카도 하나를 집었다. 만약 내가 몸을 홱 돌려 "그냥 대답을 해주지 그래요!"라고 소리치는 여자에게 이 아보카도를 던졌다면 상당히 멀리까지 갔을 것 같다.

하지만 너무 앞서가지 말자.

멕시코 최대의 축제인 '싱코 데 마요(1862년 5월 5일 멕시코군이 프랑스군에게 대승을 거둔 것을 기념하는 날 - 옮긴이)' 주간이었다. 좋은 아내와 엄마가 되고 싶었던 나는 생선 타코에 망고 살사를 얹어 근사한 저녁식사를 준비하기로 마음먹었다. 나는 딸아이의 접이식 변기와 물티슈 옆에 있는 거대한 여행가방 같은 장바구니에 장보기 목록을 집어넣었다. 립글로스, 휴대용 변기, 지갑, 그리고 장보기 목록. 아이를 데리고 슈퍼마켓으로 가는 데 필요한 물건은 그게 다였다. 30도를 웃도는 더운 날씨에 트레이닝복을 입고 있는 여자가 나를 구박할 걸 미리 알았더라면 작은 쓰레받기도 하나 챙겼을 것이다. 아, 내가 잠시 주제를 이탈했다.

사람이 붐비는 주차장에 들어가기 위해 좌회전 신호를 기다리는 동안, 아이는 차가 자신이 가장 싫어하는 장소로 가고 있다는 사실을 알아차렸다. 우리 딸은 쇼핑카트, 의자, 안전벨트가 있는 곳이면 다 싫어했다. 한마디로 미국을 싫어했다. 아이가 재빨리 말했다. "엄마, 쇼핑카트 싫어." 그렇겠지! 그때가 오후 3시였다. 아이와 나는 아침 10시부터 낮잠 한 번 못 자고 이런저런 볼일을 보러 돌아다녔다. 우리는 둘 다 피곤해서 신경이 날카로워진 상태였다. 차를 세워놓고 내리기 전에 나는 아이 쪽으로 고개를 돌려 짧게 의논을 했다. 뇌물을 제공하겠다는 제안도 했다.

"가게 안에 들어가면 넌 쇼핑카트에 탈 거야. 엄마는 몇 가지 물건을 얼른 살 거야. 다 끝나고 나오면 치킨너겟이랑 감자튀김이랑 사과주스를 먹으러 갈 거야. 좋지?" 나는 딸에게 "어때?"라는 말을 한 적이 없다. 단 1초라도 내가 허락을 구하는 거라고 여기기를 바라지 않기 때문이다. 하지만 그날만은 제발, 제발 딸아이가 허락해 주기를 간절히 소망했다. 하지만 아이는 눈물을 글썽이며 똑같은 말을 또 했다. "쇼핑카트 싫어."

젠장. 나는 결심했다. 빨리 해버리자. 얼른 들어갔다 나오고, 우리 모두 영원히 행복해지는 거야. 그래. 그렇게 될 거야. 유명한 자장가 가사에 의하면 여자아이들은 "설탕과 양념과 온갖 좋은 것들(19세기 초부터 불려온 영미권의 유명한 자장가 〈What Are Little Boys Made Of?〉 가사의 일부 - 옮긴이)"로 만들어진 존재가 아닌가? 허튼소리 말자. 나는 그 노래 가사를 지은 사람을 허위광고죄로 고소할까 생각 중이다.

나는 길게 뻗어 흔들거리는 딸아이의 다리를 억지로 쇼핑카트에 집어넣었다. 그러는 내내 아이는 앙앙 울면서 슈퍼마켓에만 오면 하는 말을 되풀이했다. "쇼핑카트 싫어. 엄마! 쇼핑카트 싫어." 나는 아직 매장에 들어가지도 않았는데 아이는 벌써 핵폭탄급 폭발의 조짐을 보였다. 나는 아이를 끌어당겨 한 번 안아주고 아이의 등을 쓰다듬으며 속삭였다. "무

대답 좀
해 주지
그래요?
엄마!
엄마!
엄마!
우리 애가
이러는 건
쇼핑카트에
타기 싫은
것 뿐이에요!
아시겠어요!
엄마에게
파워를~
어머님
힘내세요~

키.” 그건 내가 딸아이를 부르는 별명이었다. 그밖에도 아이가 크면 굉장히 부끄러워할 것 같은 별명들이 잔뜩 있다. “엄마가 몇 가지만 살게. 그동안 쇼핑카트에 앉아 있자. 그러고 나서 너겟이랑 감자튀김을 먹자. 오래 걸리지 않을 거야.” 오래 걸리지 않을 거다. 대형마트에 들어온 것도 아니고 광신도들이 가득한 쇼핑 천국에 온 것도 아니니까.

아이는 계속 징징대다가 큰 소리로 울기 시작했다. 울면서도 주문을 외는 것처럼 카트가 싫다는 말을 반복했다. 나는 아이에게 그래도 쇼핑카트 안에 있으라고 단호하게 말했다. 아이는 피곤해서 짜증을 내고 있었다. 나 역시 피곤해서 기분이 별로였으므로 아이에게 더이상 대답을 하지 않았다. 어차피 나의 대답은 안 바뀔 터였다.

아이의 요구를 모두 들어주지는 않는다는 게 내가 엄마로서 세운 원칙이었다. 특히 아이가 징징거리고 떼를 쓸 때는 절대로 요구를 들어주지 않았다. 지금 내가 아이를 쇼핑카트에서 내려준다면 아이가 뭘 배우겠는가? 자기가 시끄럽게 울어대고 감정을 폭발시키면 엄마가 자신의 요구를 들어준다고 여길 것이다. 나는 딸에게 그런 메시지를 전하고 싶지 않았다. 그래서 더이상 대답하지 않았다.

나는 말없이 아이의 작은 손을 어루만지면서 카트를 밀고 앞으로 곧장 나아갔다. 매장 안의 손님들이 우리를 쳐다봐도 모른 척했다. 나는 차 안에서부터 아이에게 말했고, 매장 안에서도 두 번이나 말했다. 너는 쇼핑카트를 타야 한다고. 그걸로 이야기는 끝이다. 그러나 트레이닝복을 입은 여자는 나의 메시지를 받지 못했는지, 내가 부탁하지도 않았는데 육아법에 관한 충고를 한 바가지나 대접하려 했다. 짜증을 애피타이저로 내놓고 디저트로는 혐오를 곁들여서. "아이에게 대답 좀 해주지 그래요?"

아직 주기도문을 절반도 못 외웠을 때였다. 나는 고개를 획 돌려 그 여자에게 좀 비켜달라고 부탁했다. 내 아이가 지금 졸려서 그러는 거고, 아이에게 대답을 해준다고 해서 울음을 그치는 것도 아니고, 아이는 쇼핑 카트에서 내려달라는 말을 계속할 거라고 처음 만난 여자에게 구구절절 설명하고 싶은 마음은 없었다.

아이들은(그리고 엄마들도) 원래 감정을 격렬하게 표출할 때가 있는 거고, 15킬로그램이 넘게 나가는 아이를 안고 매장을 돌아다니면서 토티야와 토마토를 구입할 생각은 없다고 설명하고 싶지 않았다. 내가 왜 그걸 설명해야 하냐고! 그때 나의 퓨즈가 끊어졌다. 사실 난 이성을 잃지 않으려고 무던히도 애썼다. 그곳은 공공장소였고, 콧물을 흘리며 울고 있는 아이 앞이었으니까. 그런데 그 여자가 먼저 성질을 냈고, 그녀를 상대하는 과정에서 나 역시 노발대발했다.

내 생각에는… 슈퍼마켓의 입구와 출구에 각각 설치된 자동문이 실제로 닫히고, 빨간색 비상등이 번쩍이고, 슈퍼마켓 이름이 적힌 간판의 네

온사인은 다음과 같은 글자로 바뀌어 깜박이고 있었던 것 같다. "경고 : 폭발 5초 전. 4, 3, 2…" 나의 체온은 위험할 정도로 높아졌다. 혹시 에어컨이 고장을 일으켰나? 나는 '엄마 폭발' 상태로 넘어갔다. 잠시 후 나는 경찰서 뒷좌석으로 들어가고 있었다. 아니, 그런 것 같았다. '누가 경찰서에 와서 내 딸을 데려가지?' 경찰차 뒷좌석에 앉아서 이동하는 동안 나는 그걸 걱정했다. 그 순간 나는 나 아닌 어떤 존재로 변신해서 말 그대로 녹아내리고 있었다. 슈퍼마켓의 번쩍이는 조명, 수많은 구경꾼들의 눈초리, 창피한 마음, 그리고 그 여자의 뻔뻔함이 나를 녹여버렸다!

딸은 나의 폭발 신호를 보고 자기도 마음껏 폭발해도 된다고 여겼는지 계속해서 고래고래 소리를 질렀다. 그리고 엉엉 울면서 사이사이에 "쇼핑카트 싫어!" 라는 구호를 외쳤다. 이게 현실이란 말인가? 그래. 현실로 돌아오자. 트레이닝복을 입은 여자와 나는 잠시 입씨름을 벌였다. 내 입에서 튀어나가는 단어들이 그 여자의 단어들보다 훨씬 빨랐으므로 (엄마에게 필수적인 멀티태스킹 능력 덕분이다.) 나는 다음과 같은 말로 대화를 끝냈다.

"남의 일에 끼어들지 마세요. 어린애가 우는 게 그렇게 거슬리면 집

근처에 있는 성인 전용 슈퍼마켓에 가시면 되잖아요.” 에헴. 상황 정리
끝!

아직 대폭발의 여운이 사라지지 않은데다 내 귀로 스며드는 연기 때문
에 시야가 흐렸다. 그래서 트레이닝복을 입은 여자가 어디론가 사라졌다
는(아마도 다른 누군가의 육아에 간섭하러 갔겠지.) 사실을 알아차리는 데 평
소보다 오래 걸렸다. 나는 더이상 축제를 즐길 기분도 나지 않았고, 내가
좋은 아내와 엄마라는 생각도 안 들었다. 나는 졸음에 겨워 울고 있는 딸
을 쇼핑키트에서 꺼냈다. 딸아이가 처음부터 원했던 일을 이제야 해준
셈이다.

빈손으로 매장을 나서면서 나는 조용히 주기도문을 암송했다. … 저희
에게 잘못한 이를 저희가 용서하오니 저희 죄를 용서하시고 저희를 유혹
에 빠지지 않게 하시고 악에서 구하소서.

 블로그 ‘비쿠오티드(BeQuoted)’

안드레아 S. 무어(Andrea S. Moore)는 샌프란시스코 출신의 자유기고가이며 사회복
지사업을 담당하는 의료인이다. 블로그 ‘비쿠오티드’ 수석 편집자인 그녀는 자존감과
자신감, 육아, 교육, 결혼, 연애, 유머, 건강관리에 관한 글을 열심히 올린다. 현재 버지
니아 주에서 남편과 함께 딸을 키우며 살고 있다.
http://be-quoted.com

인생은 너무 짧다, 유머 스위치를 켜라

마르시아 케스터 도일

해마다 크리스마스가 다가오면 나는 이번 연말은 노먼 록웰Norman Rockwell(20세기 미국 중산층의 일상생활을 친근감 있게 묘사한 그림으로 유명한 화가 - 옮긴이)의 그림처럼 즐거우리라는 기대를 품는다. 길에는 눈이 쌓이고, 종이 울리고, 합창단이 캐럴을 부르고, 거리에는 쇼핑하러 나온 행복한 사람들이 가득한 크리스마스!

그런데 월마트에서 30분만 줄을 서고 나면 크리스마스 시즌의 현실을 몸으로 느끼게 된다. 어린아이들은 비명을 질러댄다. 어른들도 성질을 낸다. 여기 모인 사람들은 부시 대통령 시절부터 목욕을 한 번도 안 한 것처럼 고약한 냄새가 났다. 매장 안의 스테레오에서는 페리 코모Perry Como(프랭크 시나트라와 비슷한 시기에 활동했던 가수 - 옮긴이)가 노래하는 평화롭고 사랑스러운 크리스마스 노래들이 나오지 않는다. 총이며 돈이며 괭이가 어쩌고 하는 릴 웨인Lil Wayne의 랩이 울려 퍼질 뿐이다.

2007년 크리스마스는 여느 해보다 더 분주했다. 나는 학교 모금행사 3개를 동시에 준비하고 시간제로 두 가지 일을 하면서 우리집의 10대 아이들을 돌봐야 했다. 남편도 직장에서 연일 야근을 했다. 그렇잖아도 할 일이 많아서 힘겨워하고 있었던 우리 부부의 스트레스 수치는 연말이 되자 더욱 높아졌다.

터놓고 말하자면, 크리스마스가 다가오면 나는 군부대의 부지런한 하사관처럼 행동한다. 그놈의 노먼 록웰이 그려낸 이미지를 우리집에 적용하여 내가 어릴 때 보고 들었던 전통적인 방식대로 크리스마스를 보내겠다고 고집한다. 참고로 옛날 우리집에서는 추수감사절 칠면조 요리가 차갑게 식기도 전에 크리스마스 축하연 준비를 시작했다.

2007년에도 다르지 않았다. 맨 먼저 25개의 커다란 캠핑용 수납함에 들어 있는 물건들을 꺼낸다. 수납함에는 남편이 '크리스마스 쓰레기' 라는 애정 어린 명칭으로 부르는 물건들이 잔뜩 들어 있다. 남편은 '조립 요함' 이라는 라벨이 붙은 수납함들을 보자마자 기나긴 12월이 되겠다고 생각했는지, 알코올이 함유된 에그노그(달걀을 주재료로 해서 만든 크리스마스 칵테일 - 옮긴이)를 잔뜩 마시며 마음을 가다듬었다. 우리는 서로 엉켜버린 야외용 전구들, 눈을 깜박이는 산타, 조명으로 장식된 트리들을 놓고 옥신각신했다. 남편은 앞뜰 잔디밭의 잔디 한 포기 한 포기에다 인공적인 조명을 씌웠다고 해도 과언이 아니다. 어쩌면 항공우주국 사람들이 우주공간 속의 우리집을 관측할 수도 있었을 것이다.

우리 부부를 더 힘들게 만든 건 연말 쇼핑을 하고 나서 수직으로 상승한 신용카드 대금이었다. 우리는 신용카드 대금 때문에 우리집을 담보로 두 번째 대출을 받아야 하나 고민하고 있었다. 크리스마스에 돈을 펑펑 쓰면서 놀고 나면 남편은 그린치(흥을 깨는 사람)와 스크루지(구두쇠)가 합쳐진 존재로 변신한다.

우리의 인내심이 한계에 달한 어느 날 저녁, 나는 굉장히 긴 장보기 목록을 손에 쥐어주면서 남편을 대문 밖으로 내보냈다. 그래야 내가 조리대 위의 거대한 쿠키반죽에 매달릴 수 있으니까. 다음날 아침 아이들의 학교에 쿠키 100개를 보내야 했다. 이 반죽을 언제 다 밀어서 굽나 생각하니 혈압이 자꾸 올라갔다. 이렇게 바쁠 때 나를 도와줄 산타의 요정들은 어디 있는 거야? 사실 나의 요정들이 어디 있는지는 이미 알고 있었다. 요정들은 비디오게임을 하거나, 랩음악을 쾅쾅 울리게 틀어놓고 있거나, 친구와 함께 앉아 리얼리티쇼를 보고 있었다. 내 안에서 원망의 감정이 끓어오르기 시작했다. 나는 이를 바득바득 갈면서 아이들에게 좀 도와달라고 했다.

"지금은 바쁜데!"

"다음 레벨까지 깨야 하니까 잠깐만 기다려."

"엄마, 나 전화하고 있는 거 안 보여요?"

그 순간 나는 돌변했다. 〈비버는 해결사〉라는 TV 드라마에 나오는 현 모양처 엄마에서 〈존경하는 어머니Mommie Dearest〉라는 영화에 나오는 악마 같은 엄마로 변신하는 데 걸린 시간은 1나노세컨드. 광기 어린 눈동자와 홍수처럼 쏟아내는 잔소리 덕분에 10대 아이들이 소파에서 벌떡 일어나 구키 미션에 뛰어들었다.

밀가루 반죽을 100개의 동그란 모양으로 빚어서 오븐에 굽고 제과용 설탕가루sugar powder에 두 번 굴려줘야 했다. 힘들고 시간도 오래 걸리는 작업이지만 그 결과물이 달콤하고 맛나기 때문에 헛수고는 아니었다. 우리는 공장 조립라인의 노동자들처럼 일했다. 반죽을 밀고, 굽고, 설탕가루에 굴리고. 그건 단조로운 작업이었다. 종일 부엌에 서 있었던 나는 굳게 다문 턱에 힘이 들어가고 발목도 아팠다. 너저분한 조리대 위에는 설탕가루 봉지 몇 개가 늘어서 있었다.

첫째인 큰아들이 갓 구워서 따뜻한 쿠키들을 부지런히 설탕가루에 굴리다가 갑자기 눈을 빛내며 고개를 들었다. 나는 그 표정을 금방 알아봤다. 그건 처음이 아니었고, 그런 표정이 나왔다 하면 좋은 일은 절대로 일어나지 않는다. 아들은 지루한 노동을 재미있게 만들기 위해 설탕가루

스트레스엔
슈거파운드
전투가 최고!
나 한 봉지만.

한 줌을 자기 친구의 얼굴에 던졌다. 불쌍한 친구는 놀라서 움직이지도 못하고 서 있었다. 설탕이 묻은 그 아이의 얼굴은 하얀 마스크를 쓴 것처럼 보였다. 그 아이가 믿기지 않는다는 듯이 눈을 몇 번 눈을 깜박였더니 작은 설탕가루 뭉치들이 눈썹에서 뺨으로 떨어졌다. 그 모습을 보는 나의 마음은 매우 불편했다.

아들의 친구가 복수하기로 마음먹는 순간 일은 걷잡을 수 없이 커졌다. 누군가가 경보기를 울려서 지옥으로 통하는 모든 문이 열린 형국이랄까. 극도로 흥분한 아이들은 각자 설탕가루를 한 움큼씩 쥐고 서로에게 던지기 시작했다. 우리는 둥글게 뭉친 설탕가루를 피하기 위해, 전쟁놀이를 할 때처럼 가구를 뛰어넘고 식탁 밑으로 기어들어갔다. 집안에 안전한 공간은 하나도 없었다. 나는 설탕 공격을 피하기 위해 내 방으로 숨어들어 문을 잠갔다. 문짝에 기대어 서 있으니 심장이 쿵쿵 뛰었다. '대체 이게 무슨 일이야?' 크리스마스 쿠키를 만들고 있었던 악동 같은 10대 아이들이 우리집을 체계적으로 파괴하고 있었다.

잠시 후, 괴이하게도 집안이 조용해졌다. 우리 아이들이 드디어 정신을 차렸나? 나는 살짝 방문을 열고 소리 없이 나갔다. 그러자 복도에서 북미 인디언들의 전쟁영웅 '크레이지 호스Crazy Horse'도 무색하게 만들 법한 함성이 자랑스럽게 울려 퍼지더니 다섯 명의 아이들이 나를 향해 달려왔다. 설탕가루 뭉치가 내게 날아왔다. 아이들의 공격이 끝날 무렵 나는 만화영화 〈눈사람 프로스티Frosty the Snowman〉에 나오는 악당 눈사람과 닮은꼴이 됐다.

아무것도 모르는(모르는 게 약이지!) 남편이 과카몰리(아보카도를 으깨어 토마토·양파·양념을 넣은 멕시코 요리 - 옮긴이)와 훌륭한 와인을 찾으려고 슈퍼마켓 통로를 누비는 동안, 그의 가족은 장렬한 설탕가루 전투를 치르고 있었다. 우리는 30분 동안 서로를 공격하면서 소리를 지르고 깔깔 웃었다. 나중에는 웃다가 옆구리가 아플 지경이었다. 나는 벌떡 일어나 눈을 깜박였다. 그놈의 설탕가루 때문에 시야가 흐릿했다.

빙 크로스비Bing Crosby가 "화이트 크리스마스"라고 노래했을 때만 해도 몰랐는데, 이제 보니 그는 우리 아이들과 내가 온 집안에 만들어놓은 인공적인 겨울왕국을 노래한 거였구나 싶었다. 우리는 모두 숨이 찼다. 하얀 가루가 겹겹이 묻은 탓에 서로의 얼굴을 알아보기도 어려웠다. 우리는 엉터리 서커스에 출연하는 미치광이 광대들 같았다.

그 순간, 내가 꼭꼭 숨겨놓고 있던 연말 스트레스와 분노가 내 몸에서 한꺼번에 빠져나갔다. 나는 나를 둘러싼 새하얀 얼굴들을 바라보며 신나게 웃었다. 어찌나 웃어댔는지 눈에 눈물이 다 고였다. 이렇게 해서 우리 가족은 스트레스를 풀었다. 그때 갑자기 전화벨이 울렸다. 행복한 생각에 잠겨 있던 나는 현실로 돌아왔다.

전화한 사람은 남편이었다. 장을 다 보고 잠시 후에 집에 도착한다고 했다. 헉! 나는 우리가 만들어낸 눈덩이 같은 설탕가루 덩어리들을 둘러보며 정리정돈에 관한 지시를 내리기 시작했다. 살충제를 뿌릴 때의 개

미떼처럼 모두가 흩어졌다. 우리는 비질을 하고, 걸레질을 하고, 청소기를 돌렸다. 1분 1초를 다투는 자동차경주의 레이서들처럼.

남편이 도착했을 때 우리의 얼굴은 말끔했고 집안은 반짝반짝 빛날 만큼 깨끗했다. 모두 부엌 식탁에 둘러앉아 저녁식사를 하는 동안, 나는 아들의 왼쪽 귓바퀴에서 하얀 가루가 조금씩 떨어지는 걸 봤다. 쿡쿡 웃음이 나오려는 걸 겨우 참았다.

몇 년 후, 거실의 가구를 옮기던 중 나는 소파 뒤에서 제과용 설탕가루 덩어리를 발견했다. 그걸 보니 인생은 화를 내면서 살아가기에는 너무 짧다는 생각이 새삼 들었다. 무엇보다 월마트에서 LED 크리스마스 장식품을 가득 담은 카트를 끌고 줄을 서 있는 사람들에게 그 이야기를 들려주고 싶었다.

이 이야기의 교훈 : 스트레스가 당신의 기분을 좌지우지하게 하지 말라. 유머 스위치를 켜고 유연하게 대처하라. … 아니면 제과용 설탕 한 봉지를 사서 아이들과 설탕가루 전투를 시작해 보라.

 블로그 '메노파우살 마더(Menopausal Mother)'

마르시아 케스터 도일(Marcia Kester Doyle)은 유머가 넘치는 블로그 '메노파우살 마더'를 운영하면서 폐경기의 장단점에 관한 글을 올린다. 그녀에게 와인과 누텔라('악마의 잼'으로 불리는 코코아 잼—옮긴이) 한 병을 선물해 보라. 그러면 그녀는 당신의 절친이 된다. 그녀는 2013년 '서클 오브 맘스(Circle of Moms)' 대회에서 블로거 부문 상위 25인에 선발되기도 했다.
www.menopausalmom.com / www.facebook.com/MenopausalMother

폭발 후 회복하기

아하, 엄마 폭발을 일으켰다고요? 잠시 메두사로 변신했다고요? 하지만 이제는 뱀들을 모자 밑에 감추고 문명 세계로 돌아갈 준비가 됐다고요? 폭발에서 회복하는 데 도움이 되는 것들이 여기 있답니다. 당신에게 가장 효과가 좋은 방법을 선택하세요.

심호흡을 한다. 엄마 폭발이 진행되는 동안에는 호흡도 멈췄을 것이다. 두 번 들이쉬고, 두 번 내쉬어라. 한 번 더. 당신의 심장박동을 느끼며 천천히 호흡하면서 정상 상태로 돌아가라. 이마의 땀을 닦아내고, 향수를 뿌리고, 땀에 젖은 옷도 갈아입어라.

와인이나 맥주나 보드카 한잔을 준비한다. 술이 싫다면 차나 커피 한잔도 좋다. 천천히 마시면서 마음을 진정시켜라. 초콜릿도 먹어보라.

폭발의 원인을 제공한 작은 요정들과 거리를 둔다. 물론 영원히는 아니고! 잠시 아이들과 떨어져 있으면 회복이 더 빠르다. 이건 아이들을 돌봐줄 다른 어른이 곁에 있거나 악동들을 혼자 두는 것이 불법이 아닌 경우에만 가능한 방법이다.

뜨거운 물을 받아서 거품목욕이나 샤워를 한다. 물은 진정작용을 한다. 손가락이 쪼글쪼글해질 때까지 물속에 있어라.

이어폰을 끼고 음악의 마법에 의존한다. 당신을 무아지경에 가까운 상태로 빠뜨리는 음악이 좋다. 케니 G, 야니 등의 뉴에이지 음악을 추천한다.

칠면조 샌드위치를 먹는다. 견과류나 치즈처럼 트립토판을 많이 함유한 음식이면 무엇이든 좋다. 추수감사절에 남자들이 기분이 좋아지는 것도 트립토판 때문이다. 어쩌면 지금의 당신에게도 효과가 있을지도 모른다.

밖에 나가서 달리기를 한다. 운동은 몸에 남아 있는 분노를 연소시키는 효과가 있다. 아까 와인과 초콜릿을 먹으며 섭취한 칼로리를 연소시키는 건 보너스.

재미있는 시트콤을 한 편 본다. 웃으면 긴장이 풀어진다. 특히 〈프렌즈Friends〉는 아이들이 등장하지 않을 확률이 99퍼센트이다.

자신을 용서한다. 세계 최고의 엄마에게도 폭발은 일어난다.

애초에 폭발의 원인이 됐던 골칫덩이를 기억하는가? 그 녀석에게 다가가서 꼭 껴안고 키스를 해줘라. 폭발이 끝나면 당신에게도 긍정적인 신체접촉이 필요하다. 아이들을 오랫동안 꼭 껴안아주면서 엄마는 화를 낼 때조차도 너희들을 사랑한다는 사실을 알려줘라.

여자는 모르는 엄마의 직업병

엄마 폭발

초 판 1쇄 인쇄 | 2016년 1월 10일
초 판 1쇄 발행 | 2016년 1월 15일

지은이 | 글쓰기로 자신을 보호해온 28인의 엄마 블로거
옮긴이 | 안진이

펴낸이 | 김명숙
펴낸곳 | 나무발전소
교 정 | 정경임
디자인 | 이명재

등 록 | 2009년 5월 8일(제313-2009-98호)
주 소 | 서울시 마포구 합정동 358-3 서정빌딩 7층
이메일 | tpowerstation@hanmail.net
전 화 | 02)333-1962
팩 스 | 02)333-1961

ISBN 979-11-86536-32-2 13370

책 값은 뒷표지에 있습니다.
잘못된 책은 바꾸어 드립니다.